中國學術思想 研究輯刊

十四編

林慶彰 主編

第 13 冊

魏晉玄理與玄風研究（下）

江建俊 著

花木蘭文化出版社

國家圖書館出版品預行編目資料

魏晉玄理與玄風研究（下）／江建俊 著—初版—新北市：
花木蘭文化出版社，2012〔民 101〕
目 4+228 面；19×26 公分
（中國學術思想研究輯刊 十四編：第 13 冊）
ISBN：978-986-322-023-7（精裝）
1. 魏晉南北朝哲學　2. 玄學

030.8　　　　　　　　　　　　　　　　101015379

ISBN-978-986-322-023-7

9 789863 220237

中國學術思想研究輯刊
十四編　第十三冊　　　　　　ISBN：978-986-322-023-7

魏晉玄理與玄風研究（下）

作　　　者	江建俊
主　　　編	林慶彰
總 編 輯	杜潔祥
出　　　版	花木蘭文化出版社
發 行 所	花木蘭文化出版社
發 行 人	高小娟
聯絡地址	新北市永和區中正路五九五號七樓
	電話：02-2923-1455／傳眞：02-2923-1452
網　　　址	http://www.huamulan.tw 信箱 sut81518@gmail.com
印　　　刷	普羅文化出版廣告事業
封面設計	劉開工作室
初　　　版	2012 年 9 月
定　　　價	十四編 34 冊（精裝）新台幣 56,000 元

魏晉玄理與玄風研究（下）

江建俊　著

目次

下篇　魏晉玄風研究

第七章　反映魏晉世風之思想

前　言

　　《列子・楊朱篇》的「享樂」思想與鮑敬言「無君」思想，是魏晉士人的突出反映，却又回過頭來深深的影響魏晉世風，由於當時世人在否定與懷疑外在的權威性後，返回自我，喚起內在人格的覺醒與自由之追求，因此他們格外珍惜自己的生命，尤其在當時特殊的政治環境下，個己意識代替群體意識，於是以保存自己及自己的家族利益超過國家之上，造成士風之不競，此從大族之把持政治，却多憒憒而逐雅追風，足以反映之。

第一節　《列子・楊朱篇》之「享樂」思想

　　張湛〈楊朱篇〉題注云：

> 夫生者，一氣之暫聚，一物之暫靈。暫聚者終散，暫靈者歸虛。而好逸惡勞，物之常性。故當生之所樂者，厚味、美服、好色、音聲而已耳。而復不能肆性情之所安，耳目之所娛，以仁義爲關鍵，用禮教爲衿帶，自枯槁於當年，求餘名於後世者，是不達乎生生之趣也。

張湛認爲任情極性，窮歡盡娛，雖近期促年，亦所貴也，反之「惜名拘禮，內懷於矜懼憂苦，以至死者，長年遲期，非所貴也。」故刻意從俗，違性順物，失當身之暫樂，懷長愁於一世，雖肢體且存，實鄰於死者。他們認爲生則有堯舜、桀紂之別，死則同爲腐骨，所以要及時行樂，「且趣當生，奚遑死後」的享樂思想，乃是當時士流習尚，〈楊朱篇〉云：

> 太古之人，知生之暫來，知死之暫往，故從心而動，不違自然所好，
> 當身之娛，非所去也，故不爲名所勸。從性而遊，不逆萬物所好，
> 死後之名，非所取也，故不爲刑所及。名譽先後，年命多少，非所
> 量也。

這種徹底樂生放佚思想，深深的反映魏晉士人的價值觀。如《世說·言語》86 云：「王子敬語王孝伯曰：『羊叔子自復佳耳，然亦何與人事？故不如銅雀台上妓。』」此以羊祜比歌妓爲雋語。〈任誕〉20 載：

> 張季鷹縱任不拘，時人號爲江東步兵。或謂之曰：「卿乃可縱適一時，
> 獨不爲身後名邪？」答曰：「使我有身後名，不如即時一杯酒。」

〈任誕〉21 又云：

> 畢茂世（卓）云：「一手持蟹螯，一手持酒杯，拍浮酒池中，便足了
> 一生。」

石崇言「士當身名俱泰」，故競奢縱侈，無所不用其極。又如郭璞耽酒好色，時或過度，干寶誠之，郭璞答曰：「吾所受有本限，用之恒恐不盡，卿乃憂酒色之爲患乎？」（《晉書·郭璞傳》）及時行樂乃當時風氣，《列子》張湛注序又云：「窮達無假智力，治身貴於肆任，順性則所之皆適，水火可蹈，忘懷則無幽不照」。以「肆任順性」爲適，實一代之心靈。這種以快意當前爲達生的觀念，彌漫於貴遊名士之間，這種厭世觀是魏晉時代老莊思想流行的產物。

《列子·楊朱篇》又云：「故智之所貴，存我爲貴；力之所賤，侵物爲賤。」由「存我」的觀念出發而「惜生」，「惜生」故有「養生」，當時注重養生之道者眾，尚論養生之理者繁。或執心靈自由之「逍遙論」，或逐官能享樂之「縱欲論」，二論俱有偏頗，故有主形神兼養之養生說，使「養生」與「養身」賅備而得養生大理。今養生論，唯存嵇康〈養生論〉、向秀〈難嵇叔夜養生論〉、嵇康復撰〈答向子期難養生論〉三文及葛洪〈養生論〉等篇而已。而史載：「華陀曉養性之術」，王羲之「雅好服食養性」，王導過江好談養生之理，仙道又有丹鼎、房中之術；佛教則藉虛幻塡補彼岸的精神空缺。可見魏晉注重存養之多面向。像向秀〈難嵇康養生論〉，言「有生則有情，稱情則自然」，故反對「去滋味，窒情欲」，於是服食導引的風氣大行。在《列子·楊朱篇》中則以「勿壅勿閼」、「恣耳之所欲聽，恣目之所欲視，恣鼻之所欲向，恣口之所欲言，恣體之所欲安，恣意之所欲行」，不予阻礙，此風影響魏晉士人對生命的把握態度。因爲當時豪門世族、貴遊子弟，他們平素享受「豐屋、美服、

厚味、姣色」，過著豪華侈靡的生活，故有「貴生存我」的思想，由此思想發端，則但求「門戶之計」，無甚宏志。他們崇尚自然無為，優遊卒歲，其言行以「愼」為指針。如《世說・德行》15：「晉文王稱阮嗣宗『至愼』，每與之言，言皆玄遠，未嘗臧否人物。」又〈德行〉29：「王長豫為人『謹順』，事親盡色養之孝。丞相見長豫輒喜，見叔豫輒嗔。長豫與丞相語，恒以『愼密』為端。」羊祜《誡子書》：「恭為德首，『愼』為行基。」李秉〈家誡〉：「……上日，為官長當清、當愼、當勤……必不得已，『愼』乃為大。」傅亮有〈演愼論〉：「愼也者，言行之樞管」，此實可反映當時士人「保生惜生」之需求。而「惜生」更表現於追求生命之延長與享樂，他們從事藝文活動，或嘯傲山林，或服食、求仙，而求長生，說穿了，正惜今日之所欲而已！

　　高門貴遊，生活優裕而多閒暇，但衷心皆因時局之不穩定，政爭之慘烈而深懷憂懼，對現實與出路皆喪失信心，因時空錯位，對自己的功業、財產、身分地位、享樂的把握，並不十分牢靠，因為這是外加的，隨時會消失；此對生死存亡的感慨所蔚成的「憂生之嗟」，反激成寶生、貴生、惜生、樂生，然而，因為他們愈追求保住自己的生命，愈覺得生命的無常，愈求長生則愈覺生命的短促，這是理想與現實的落差，也是太關心自己，太愛惜自己的結果。

　　自何晏〈五言詩〉：「鴻鵠比翼遊，群飛戲太清。常畏大網羅，憂禍一旦并。豈若集五湖，從流唼浮萍。永寧曠中懷，何為怵惕驚。」又：「轉蓬去其根，流飄從風移。茫茫四海途，悠悠焉可彌。願為浮萍草，託身寄清池。且以樂今日，其後非所知。」此即存在著朝不保夕的不安心態。他如阮籍〈詠懷〉言：「人生若塵露，天道邈悠悠」，皆人命奄忽之歎。又如石崇晚節樂放逸，營別業，「出則以遊目弋釣為事，入則有琴書之娛」（〈思歸引〉），然當畫夜遊宴之餘，「感性命之不永，懼凋落之無期」（〈金谷詩序〉）。生命的無常感，每浮現於尋歡作樂之間。又如周顗每謂人曰：「人生幾時，但當快意耳！」此常是失志或達生者所發自肺腑之言。

　　王羲之於終日登山臨水，在「卒當以樂死」之餘，亦馬上浮現生命無常感，此從〈蘭亭詩序〉所云：

> 夫人之相與，俯仰一世，或取諸懷抱，悟言一室之內，或因寄所託，
> 放浪形骸之外。雖趣舍萬殊，靜躁不同，當其欣於所遇，暫得於己，
> 快然自足，不知老之將至。及其所之既倦，情隨事遷，感慨係之矣。
> 向之所欣，俯仰之間，已為陳跡，猶不能不以之興懷，況修短隨化，

終期於盡，古人云：「死生亦大矣！」豈不痛哉！

感生死之轉瞬，良辰之易逝，故發茲詠。又如《世說・文學篇》101 云：

王孝伯在京行散，至其弟王睹戶前，問：「古詩中何句爲最？」睹思
未答。孝伯詠「所遇無故物，焉得不速老」，此句爲佳。

此可窺魏晉士人深沈的無常感。這是對形軀的執著，故表面看似悲觀消極，
實際上是對生命的強烈留戀。《列子・楊朱篇》借晏平仲之言曰：「既死，豈
在我哉？焚之亦可，沈之亦可，瘞之亦可，露之亦可，衣薪而棄諸溝壑亦可，
袞衣繡裳而納諸石槨亦可，唯所遇焉。」晉處士皇甫謐〈篤終〉即云：「吾欲
朝死夕葬，夕死朝葬，不設棺槨，不加纏歛，不修沐浴，不造新服，殯唅之
物，一皆絕之。」因爲執此形，形盡則可無所執矣！當時劉道眞、摯仲治、
江應元皆遺令薄葬，此看似豁達，實是對生命的嘲弄。

在「憂生」之意識下，「逃玄」的思想乃極普遍，他們或有置身宦途，但
隨牒推移，以「憒憒」爲雅，以玄遠爲高；有的則縱放於酒，佯狂隱跡，土
木形骸，蔑視俗檢；或有養性服食，以琴詩自樂，安分適性，與化爲體。他
們所採取的處世態度縱或有異，而寶生全志之意則同。

第二節　鮑敬言之「無君」思想

由於魏晉篡亂相尋，兵連禍結，人民憊嚐亂禍之苦，於是出現懷疑或否
定君主制度的新思潮，當他們追溯痛苦之根源時，發現皆由有君之故，於是
他們相引而反對君主統治，反對名教禮法，嚮往朴直自然之生活。自阮籍、
嵇康以下，凡愛好老莊，希企隱逸者，多有「無君」的傾向，可知亂逆不絕
之黑暗時代，正是「無君論」孳衍的溫床！

魏晉是「多忌諱」的時代，在上者多巧詐，其信有不足焉，於是人民亦應
之以不信。《世說・尤悔篇》載王導見明帝，紓司馬懿創業之始，如何誅除名族，
寵樹同己；及司馬昭如何弒高貴鄉公之事，明帝聞之，覆面箸床曰：「若如公言，
祚安得長！」人民對這樣的政權，及其所頒之政教，焉得不懷疑？〔註1〕此悠悠
風塵，皆奔競之士也。干寶《晉紀・愍帝紀》言：「夫作法于治，其弊猶亂；作

〔註1〕干寶《晉紀總論》云：「晉之興也，功烈於百王，事捷於三代，蓋有爲以爲之
矣。宣景遭多難之時，務伐英雄，誅庶傑以便事，不及修公劉太王之仁也。」
清・嚴可均《全上古三代秦漢三國六朝文》（北京：商務印書館，西元 1999
年），頁 2192。

法于亂，誰能救之」，有識之士不願淪爲俎上肉，推究亂源，遂萌生「無君」之思想。

在這種時代環境下，士人爲了解脫心情之苦悶，而找到「玄學」，使飄泊的心靈暫得棲止；更找到老、莊，以做爲安身立命的憑藉，他們的思想、言行，深深受著老、莊之影響，尤其莊子之崇尚逍遙，更投合他們的口味，他們之敢於批判禮教，都是受莊子之影響，因《莊子》一書中，多有對君主凶殘本質加以揭發與批判者，使魏晉「無君論」者論議時有所資藉。〔註2〕

魏晉「無君」之論所採用的方式，亦同於莊子，如（一）揭露統治者之罪惡，以爲聲討的張本。（二）痛斥恣意剝削，屠割天下之不合理。（三）懷疑「君權神授」說。（四）指出人類生來平等，無尊卑主從之序。（五）對古代大道未虧時之無君時代深致嚮往之情，以與時政作強烈對照。（六）對儒者、禮法之士極盡嘲弄之能事。（七）隱跡山林，不與統治者合作等。茲嘗試論之：

《世說・棲逸篇》2 注引王隱《晉書》言：「魏、晉去就，易生嫌疑，貴賤並歿」；《晉書・阮籍傳》也說：「屬魏晉之際，天下多故，名士少有全者。」當正始十年，司馬懿發動政變，將曹爽之黨包括何晏、桓範等八族，男女無少長，及已嫁人者並誅除略盡，當時有「名士減半」之稱。士人睹此事變，思想起了一百八十度的轉變，他們反司馬氏之篡權，也反對他們提倡的虛僞名教，對擁護司馬政權之禮法之士更是深惡痛絕。當初何晏、王弼還極力的宣揚名教出於自然，到了嵇康、阮籍，自然與名教徹底的分裂，勢不兩立，他們主張抉破禮法之束縛，恢復人性之自然，他們標出「越名教而任自然」，高喊「禮豈爲吾輩而設！」無君的思想，就在這時候孕育。首先，我們談談阮籍「無君」主張之內容：

阮籍「無君」思想，表現於其〈大人先生傳〉與〈達莊論〉兩篇文章中。〈達莊論〉乃演說莊意，固無論已，〈大人先生傳〉之寫作據傳言是其見了蘇門山修道士孫登後而作，據此，二篇之內容已可略窺一斑。〈大人先生傳〉云：

> 昔者天地開闢，萬物並生，大者恬其性，細者靜其形。陰藏其氣，
> 陽發其精，害無所避，利無所爭，放之不失，收之不盈。亡不爲夭，

〔註2〕亂世相率逃到安全的山林，如《三國志・田疇傳》：「（田疇）入徐無山中，營深險，平敞地而居，躬耕以養父母，百姓歸之，數年間至五千餘家。」西晉末太尉郗鑒「舉千餘家俱避難於魯之嶧山」（《晉書・郗鑒傳》），又《晉書》載劉毅上表言江州人民不勝戰亂、徭賦之苦，而紛紛避入深山幽峯之中。此逃避「有君」所帶來之苦難也，「無君論」由之產生。

存不爲壽，福無所得，禍無所咎，各從其命，以度相守。明者不以
智勝，闇者不以愚敗，弱者不以迫畏，強者不以力盡。蓋無君而庶
物定，無臣而萬事理，保身修性，不違其紀。

此緬懷上古無君臣、禮法，而天下自定、人民自安之至德盛世，認爲此乃合
乎自然。他說：「夫無貴則賤者不怨，無富則貧者不爭，各足於身，而無所求
也。恩澤無所歸，則死敗無所仇⋯⋯此先世所至止也。」至道之世，無紛爭，
秩序井然，下逮德衰，詐僞以起。他說：

君立而虐興，臣設而賊生，坐制禮法，束縛下民，欺愚誑拙，藏智
自神，強者睽視而凌暴，弱者憔悴而事人。假廉而成貪，內險而外
仁，罪至不悔過，幸遇則自矜。（同上）

這是統治者的假面具被扯下後，所呈現的面貌。又云：

今汝尊賢以相高，競能以相尚，爭勢以相君，寵貴以相加，驅天下
以趣之，此所以上下相殘也。（同上）

君臣之制和禮法名教非出自然，所以不但不能帶來安定幸福，反而成了禍亂
死亡之根源。阮籍在此揭發了統治者之邪惡本質，對暴君、諛臣及「坐制禮
法」之君子，一一加以痛斥。他認爲國君「竭天地萬物之至，以奉聲色無窮
之欲」，乃非所以養百姓也，他堅決反對這種「悉天下以奉一身」的不合理之
事！他又指出刑賞、禮法皆被利用爲摧殘人民之工具，其言曰：

於是懼民之知其然（註：指知其竭天地萬物之至，以奉聲色無窮之
欲），故重賞以喜之，嚴刑以威之。財匱而賞不供，刑盡而罰不行，
乃始有亡國、戮君、潰敗之禍。⋯⋯汝君子之禮法，誠天下殘賊、
亂危、死亡之術耳；而乃自以美行不易之道，不亦過乎？

至此，君子統治之易貌隱情、詭形詐名等勾當，毫無保留的暴露出來！這樣無
形中已否定了君立臣設乃天理自然的說法，而認爲是爭奪欺騙得來的。因爲他
對混亂之政治、殘敗的社會之反省，於是有超世絕群，遺俗獨往之思。他說：

上古質樸淳厚之道已廢，而末枝遺葉並興，豺虎貪虐，群物無辜，
以害爲利，殞性亡軀，吾不忍見也，故去而處茲，人不可與爲儔，
不若與木石爲鄰。

此爲「全生免害」而逃世也，是對專制統治投了否決票；然後他百般的揶揄
諷刺在專制淫威下討生活，爲邪惡勢力張目的寄生蟲——禮法之士，他說那
些「誦乎六經之教，習乎吾儒之跡」的禮法之士，「手執珪璧，足履繩墨」，

無非爲了陰取祿位，以滿足貪欲耳，這些人，「咸以爲百年之生難致，而日月之蹉無常，皆盛僕馬，修衣裳，美珠玉，飾帷牆，出媚君上，入欺父兄，矯厲才智，競逐縱橫」（〈達莊論〉）。爲了及時行樂，無所不用其極，非弄到家敗國亡不止。在〈大人先生傳〉中，他諷刺這些禮法之士曰：

> 天下之貴，莫貴於君子，服有常色，貌有常則，言有常度，行有常式，立則磬折，拱若抱鼓，動靜有節，趨步商羽，進退周旋，咸有規矩，心若懷冰，戰戰慄慄；束身修行，日愼一日，擇地而行，唯恐遺失。誦周、孔之遺訓，歎唐、虞之道德。唯法是修，唯禮是克。手執珪璧，足履繩墨。行欲爲目前檢，言欲爲無窮則。少稱鄉閭，長聞邦國。上欲圖三公，下不失九州牧，故挾金玉，垂文組，享尊位，取茅土，揚聲名於後世，齊功德於往古，奉事君王，牧養百姓，退營私家，育長妻子，卜吉而宅，慮乃億祉，遠禍近福，永堅固已，此誠士君子之高致，古今不易之美行也。

此將規規小儒之形像，刻意著墨，意在挖苦，故下文更以褲中蟣虱比之：

> 且汝獨不見夫虱之處於褲之中乎！逃于深縫，匿夫壞絮，自以爲吉宅也。行不敢離縫際，動不敢出褲襠，自以爲得繩墨也，饑則嚙人，自以爲無窮食也。然炎丘火流，焦邑滅都，群虱死於褲中而不能出。
>
> 汝君子之處寰區之內，亦何異夫虱之處褲中乎？悲夫！

將魏晉門閥士族及儒學禮法之士之依附權勢勾勒無遺。他唾棄名教是顯然的，從他高喊「禮豈爲吾輩而設」，居喪飲酒食肉，及何曾（禮法之士）所彈劾爲「縱情背禮敗俗」可知，因爲他浸染老莊已深，故崇尚自然，對政治之覆手翻雲，禮法名教之被利用，深致不滿。在他的「詠懷詩」中，屢屢的加給禮法之士以不雅的稱號如「工言子」、「傾側士」、「佞邪子」、「閑都子」、「繽紛子」、「紛綸客」、「便娟子」、「明哲士」、「夸毗子」、「繁華子」、「閑遊子」、「擋路子」等。可見他對「禮法之士」之仗勢欺人，苟容偷合是如何的厭惡了。他揭去了蒙在禮教上之虛僞面紗，並加以直斥隱諷，此已開了魏晉時期無君論思潮之先河！

　　同時代之嵇康，與阮籍等遊於竹林下，亦有無君論之傾向，在其〈太師箴〉、〈與山巨源絕交書〉、〈釋私論〉、〈難自然好學論〉等文中，皆可見此痕跡。只因他所處的時代，正是司馬氏無所不用其極的奪取曹魏政權之具體行動中，政途極端險惡，而他因與魏宗室有姻親關係（長樂亭主婿），政治立場

自然是趨向曹氏的，這也迫使其命運同曹魏共浮沈，他雖以「沈默」作無言的抗議，但因不接受徵召，犯了「不得爲臣」之嫌；同時因龍章鳳姿，傾動時人，又被視爲「有不測之心」之「臥龍」，終被司馬氏逮到「小譽」，而加以「大戮」。〔註 3〕其實嵇康之不仕，即是一種「無君」之行，也就是不接受其統治。

由於他處於政爭之漩渦，目睹司馬氏假借名教以誅除異己，故「非湯、武，薄周、孔」，提出「越名教而任自然」。他嚮往「厥初冥昧，不慮不營」（〈太師箴〉）的上古朴質社會，他認爲最理想的世代是：

> 洪荒之世，大朴未虧，君無文於上，民無競於下，物全理順，莫不
> 自得。飽則安寢，飢則求食，怡然鼓腹，不知爲至德之世也。若此，
> 則安知仁義之端、禮律之文？（〈難自然好學論〉）。

他借歌頌遠古社會之天下無事，「賢愚各自得志，晏然逸豫內忘」（嵇康〈六言詩〉），以反映當時政治之黑暗——機詐、虛僞、殺戮、動輒得咎，處處陷阱，處處拘絆。他又在〈太師箴〉中歌頌道：

> 赫胥既往，紹以皇義，靜默無文，大朴未虧，萬物熙熙，不夭不離。

至德之世，合乎自然，故爲黃金時代。及「至人不存，大道凌遲」的時代，「造立」許多名教規章，完全不是出於自然，他在〈難自然好學論〉中言：

> 始作文墨，以傳其意，區別群物，使有類族；造立仁義，以嬰其心，
> 制其名分，以檢其外，勸學講文，以神其教；故六經紛錯，百家繁
> 熾，開榮利之塗，故奔騖而不覺。

統治者鼓吹仁義，制名定分，更引導人們爭名奪利。故〈太師箴〉中又說：

> 智慧日用，漸私其親，懼物乖離，摯義盡仁，利巧愈競，繁禮屢陳，
> 刑教爭施，天性喪眞。季世凌遲，繼體承資，憑尊恃勢，不友不師，
> 宰割天下，以奉其私，故君位益侈，臣路生心，竭智謀國，不吝灰
> 沈。賞罰雖存，莫勸莫禁，若乃驕盈肆志，阻兵擅權，矜威縱虐，
> 禍蒙丘山。刑本懲暴，今以脅賢，昔爲天下，今爲一身，下疾其上，
> 君猜其臣，喪亂弘多，國乃殞顚。

此明顯是衝著司馬氏而發的。在季世爭亂之時代，家亡國破，人民「禍蒙丘山」，所以君臣、名教，成了罪惡之源，嵇康一一加以揭露並申斥之。他由反對司馬氏，從而反對禮法，掊擊六經，他認爲儒家六經乃束縛人性的東西，

〔註 3〕嵇康爲呂安作證，被鍾會譖以欲助毋丘儉起兵，及非毀典謨等就戮。

是違背自然的，他在〈難自然好學論〉中言：

> 六經以抑引爲主，人性以縱欲爲歡，抑引則違其願，縱欲則得自然，
> 然則自然之得，不由抑引之六經，全性之本，不須犯情之禮律，故
> 仁義務于理僞，非養眞之要術，廉讓生于爭奪，非自然之所出也。

此先引老莊之說以否定儒經名教，從而辛辣的貶斥道：

> 以明堂爲丙舍，以誦諷爲鬼語，以六經爲蕪穢，以仁義爲臭腐，睹
> 文籍則目瞧，修揖讓則變傴，襲章服則轉筋，談禮典則齒齲，於是
> 兼而棄之，與萬物爲更始。

此將儒經禮法之價值，全然扯落，他指出學習六經只爲獲取名利耳，所以「六經未必爲太陽」，而不學此「未必爲長夜」了！這種「非毀典謨」的言論，正因其以老子、莊周爲師也！〔註4〕

竹林七賢之一的劉伶，平時陶兀昏放，放情肆志，常以細宇宙，齊萬物爲心，著〈酒德頌〉，取笑禮法之士如蜾蠃與螟蛉，是亦崇尚自然無爲，反對干涉者。

他如《列子·楊朱篇》歷來多稱爲魏晉人之僞作，足以代表魏晉爲我、放逸之思想傾向，其中亦有無君論思想，如：

> 夫善治外者，物未必治，而身交苦；善治內者，物未必亂，而性交
> 逸。以若之治外，其法可暫行於一國，未合於人心；以我之治內，
> 可推之於天下，君臣之道息矣。

這種重生、貴己、存我之人生觀，必然會落到無君論的結果，而無君乃爲了更利我之放逸、自然。又〈湯問篇〉描寫終北之國：

> 人性婉而從物，不競不爭，柔心而弱骨，不驕不忌，長幼儕居。不
> 君不臣，男女雜遊，不媒不聘，緣水而居。不耕不稼，士氣溫適，
> 不織不衣，百年而死，不夭不病，其民孳阜。

這種無君臣，無禮法，純任自然之理想國，實是當時黑暗政治之反激。〔註5〕而當時隱逸風氣之流行，亦在擺脫政治之束縛，以得自適也。

〔註4〕嵇康〈與山巨源絕交書〉言作官有七不堪，二不可，〈答難養生論〉言聖人無私心，「以萬物爲心，在宥群生。……與天下同於自得，穆然以無事爲業！」在〈卜疑〉中擬一理想人物——宏達先生，「超世獨步」、「交不苟合」，皆見其崇尚自然也。

〔註5〕另〈黃帝篇〉載華胥氏之國，其國無師長，自然而已，其民無嗜欲，自然而已！

「無君論」發展至鮑敬言，可謂達到顛峯，在此之前阮籍、嵇康已開拓了反現實政治之先路，至鮑敬言更總結前人之成果，而向前跨了一大步，透過對辯，在理論上已提昇到相當完密的地步，而邁越昔賢，今從葛洪《抱朴子‧詰鮑篇》中，保留了鮑氏「無君論」之資料。

鮑敬言本老、莊之觀點，反對君主統治，認爲古代無君勝於今世，而與葛洪展開激烈辯論。首先，他駁斥了儒家「天生烝民而樹之君」的說法是不符事實的，因而竭力反對「有君論」者如葛洪輩所言的：「沖昧既闢，降濁升清」、「乾坤定位，上下以形。遠取諸物，則天尊地卑，以著人倫之體；近取諸身，則元首股肱，以表君臣之序，降殺之軌，有自來矣」等論調，認爲事實上本無階級之等，其言曰：

> 夫天地之位，二氣範物，樂陽則雲飛，好陰則川處，承柔剛以率性，
> 隨四八而化生，各附所安，本無尊卑也。

他以天地由陰陽二氣陶塑而成，陽成天，陰成地，化生萬物。自然萬物本乃天生平等的，故人類也是人人平等的，其間本無貴賤上下之分。這是對於天尊地卑，君尊臣卑觀念的批判。天是無意志的，不可能爲民立君，上下尊卑的觀念，乃由人類賦予的，那麼，把君主說成是奉天承運，撫育下民的說法是沒有根據的。〔註6〕準此，鮑敬言更揭發君權乃由強者凌制弱者，智者欺詐愚者的產物，他說：

> 夫強者凌弱，則弱者服之矣，智者詐愚，則愚者事之矣，服之，故
> 君臣之道起焉；事之，故力寡之民制焉。然則隸屬役御，由乎爭強
> 弱而校愚智，彼蒼天果無事也。

這種由「凌弱欺愚」所產生的統治，本非人民之所願，乃爲枷鎖，他說：

> 削桂刻漆，非木之願；拔鷮裂翠，非鳥所欲；促轡銜鑣，非馬之性；
> 荷軏運重，非牛之樂。……夫役彼黎烝，養此在官，貴者祿厚，而
> 民亦困矣。

因爲「群生以得意」爲歡，人本性自由，一切之束縛、迫害、詐巧任力，皆違眞伐生之根。其次，他極力暴露有君之害，其言曰：

> 夫獺多則魚擾，鷹眾則鳥亂，有司設則百姓困，奉上厚則下民貧。
> 壅崇寶貨，飾玩台榭，食則方丈，衣則龍章，內聚曠女，外多鰥男。

〔註6〕鮑敬言〈無君論〉云：「儒者曰：『天生烝民，而樹之君。』豈其皇天諄諄言，亦將欲之者爲辭哉？」此皆對君主統治的合理性提出懷疑。

採難得之寶，貴奇怪之物，造無益之器，恣不已之欲，非鬼非神，財力安出哉？夫穀帛積，則民有飢寒之儉；百官備，則坐靡供奉之費。宿衛有徒食之眾，百姓養遊手之人，民乏衣食，自給已劇，況加賦斂，重以苦役，下不堪命，且凍且飢，冒法斯濫，於是乎在。

王公貴族窮奢極侈，恣肆享樂，平民則被盤剝得無以自存。鮑敬言質問道：這些統治者又不是鬼，又不是神之法力無邊，那來得如此揮霍？還不都是搾取來的！人民勞之不休，而上者奪之無已，以至弄得「田蕪倉虛，杼軸之空，食不充口，衣不周身」之情況下，欲令勿亂，其可得乎？而君主為了懼禍防亂，一方面「閑之以禮度，整之以刑罰」，或採麻醉政策，或採高壓控制；一方面更增加軍備，高壘深池，以俟反側，以君主握有法律與軍隊，剝奪了人民之自由，造成了君民之對立，且此二者無形中又加重人民負擔，百姓愈難以為生，愈有造反之可能。他說：

王者憂勞於上，台鼎顰蹙於下，臨深履薄，懼禍之及。恐智勇之不用，故厚爵重祿以誘之；恐奸釁之不虞，故嚴城深池以備之。而不知祿厚則民匱而臣驕，城嚴則役重而攻巧。

鮑敬言斥此為「救禍而禍彌深，峻禁而禁不止」，此種惡性循環皆由有君之故，因為有君之設，人壓迫人之不合理現象便產生了；一種制度成立，則奸偽也跟著出現了。他說：

關梁所以禁非，而猾吏因之以為非焉；衡量所以檢偽，而邪人因之以為偽焉。大臣所以扶危，而姦臣恐主之不危。兵革所以靜難，而寇者盜之以為難，此皆有君之所致也。

何況君主的野心，為爭奪土地、金玉、權柄，而大肆「造剡銳之器，長侵割之患」，對外發動戰爭，「推無仇之民，攻無罪之國，僵尸則動以萬計，流血則漂櫓丹野」，兵連禍結的結果，是人民遷徙流離，野無人煙；而殘暴無道之君，「肆其虐亂，天下無邦，忠良見害於內，黎民暴骨於外」，弄得民不聊生。那麼，有君不但是人民貧困、飢餓之根源，亦是一切災禍之根源，向使無君，即使有生性殘暴不仁者，其危害性必然也小得多。他說：

使夫桀、紂之徒，得燔人，辜諫者，脯諸侯，菹方伯，剖人心，破人脛，窮驕淫之惡，用炮烙之虐。若令斯人，竝為匹夫，性雖凶奢，安得施之？使彼肆酷恣欲，屠割天下，由於為君，故得縱意也。

蓋其居於統治地位，故得竭天地萬物，以奉無窮之欲，屠割天下，為所欲為

矣。故與其有一儉僕、不好戰之君，眾以爲美談，不過亦如「盜跖分財，取少爲讓」耳，豈若根本取消產生愿禍之根源。他說：

> 散鹿台之金，發鉅橋之粟，莫不歡然，況乎本不聚金，而不斂民粟乎？休牛桃林，放馬華山，載櫜弓矢，猶以爲泰，況乎本無軍旅，而不戰不戍乎？

因此，他主張廢除國君之設立，以還一無君無臣，人人自足安樂之社會。

鮑敬言從歌頌上古無君的社會，藉以反諷有君之害。他以無君之太朴時代爲人類之黃金時代，君臣既立，眾愿因以日滋，痛苦乃隨之而起，其言曰：

> 曩古之世，無君無臣，穿井而飲，耕田而食，日出而作，日入而息。泛然不繫，恢爾自得，不競不營，無榮無辱。山無蹊徑，澤無舟梁。川谷不通，則不相并兼；士眾不聚，則不相攻伐。是高巢不探，深淵不漉，鳳鸞棲息於庭宇，龍鱗群遊於園池，飢虎可履，虺蛇可執，涉澤而鷗鳥不飛，入林而狐兔不驚，勢利不萌，禍亂不作。干戈不用，城池不設。萬物玄同，相忘於道。疫癘不流，民獲考終。純白在胸，機心不生，含餔而熙，鼓腹而遊。其言不華，其行不飾。安得聚斂以奪民財，安得嚴刑以爲坑穽？

在這種社會裡，「身無在公之役，家無輸調之費，安土樂業，順天分地，內足衣食之用，外無勢利之爭」，既無尊卑貴賤之別，亦無兼并剝削之事，此實宣揚了人人平等之觀念。又無戰亂，人人過著素樸的生活；社會上無爾虞我詐，無虛誇浮濫。個個「純白在胸，機心不生」則無宰割凌暴之事。此鮑氏深受老、莊「返本歸眞」學說的影響，始有烏托邦世界之歌頌，亦可見出當時人民對統治者之不滿與抗議，明知此種社會已不可再，却反映當時人民追求安居樂業之生活的強烈願望，在某種情況下，也可以說是給當時統治者澆了一盆冷水，給予一不小的衝擊，我們不能以他嚮慕上古社會而斥其爲「退化論」，違反了歷史發展進程等，此如陶淵明對桃花源之描寫及借武陵人之口，道出「不知有漢，無論魏晉」（〈桃花源記〉）之無君的心聲，正有批判現實政治之意義在！〔註7〕

「無君」論代表魏晉士人對君主是否帶給人民幸福產生懷疑下的產物，以老莊衍盛的時代，士人個體自覺意識超出群體自覺，則崇尚自然，反人文禮教，「無君論」之提出，是有其背景者。

〔註 7〕 可以視爲是一面鏡子，照見當時政治社會的弊端。無君思想、養生遊仙與當時西方天國信仰，桃花源仙境的紛紛出現，可窺當時士人心靈。

　　無君論的積極意義，為對於現實政治之鞭笞，具有強烈的批判性；同時也代表人民追求自由，反抗政治壓迫的呼聲，也是對未來一份美好之憧憬。

　　魏晉無君論者，或揭發統治者之罪惡，或對維護君權之禮法之士百般嘲諷，或構築仙鄉，以縱其高蹈之思，俾在精神上遺絕濁世。它有代人發洩對爭亂、聚歛、苛刑等之怨懟情緒，故在研究魏晉政治、社會、思想上具有不可磨滅的價值。

　　無君思想若與當時士人之「詠史」以借古諷今，「遊仙」之縱任高蹈、滓穢塵網及迷信佛教之乘虛蹈空，甚至與士人的清談、放誕、耽酒、服食、遊宴之及時行樂風氣比配而觀，或從一些疾時之作，如魯褒〈錢神論〉、王沈〈釋時論〉、杜嵩《任子春秋》等之諷刺衰俗，當可發現此中消息。

第三節　魏晉士人之人生觀

　　兩漢經學所塑造的忠臣孝子之傳統，經漢末天下大亂，使此理想的人生道路受到沖擊而動搖。士人們因親眼看到杌隉紛擾的世局，親身經歷顛沛蓬轉的生活，在痛定思痛之餘，對人生之價值、理想及前途，不得不加以修正。在他們心底，都隱藏著悲情，也都存著危懼感，曹操的「對酒當歌，人生幾何？譬如朝露，去日苦多。」（〈短歌行〉），曹植的「人生處一世，去若朝露晞」（〈贈白馬王彪〉），「天地無終極，人命若朝霜」（〈送應氏詩〉），他如建安七子從孔融之「人生有何常，但患年歲暮」（〈雜詩〉），陳琳「騁哉日月逝，年命將西傾」，阮瑀「良時忽一過，身體為土灰」（〈七哀詩〉），劉楨「四節相推斥，歲月忽已殫」（〈贈五官中郎將〉），應瑒「常恐傷肌骨，身殞沈黃泥」（〈侍五官中郎將建章臺集詩〉），至嵇康、阮籍詩文中多存「憂生之嗟」，篇篇貫注著憤世嫉俗之激情，尤其禪代之際，誅除異己，在「忠不足以衛己，禍不可以豫度」（註8）的情況下，士人多反激成一種珍惜有限生命、及時行樂的生活態度，老莊「達生任性」之旨被援為人生觀，更委蛇為放縱形骸，解散禮法或消極無為，與世浮沈。今述當時較有代表性之人生觀如下：

一、安身保己

　　自何、王提出天地萬物皆以「無」為本，他們認為「天地任自然，無為

〔註 8〕束皙〈玄居釋〉，《全晉文》頁 1964。

無造，萬物自相治理」，他們強調人類應順應自然，採無爲無執之態度，即道家之「靜因之道」，「無爲」爲本，得本則無患害，《老子·五十章》注云：「故物，苟不以求離其本，不以欲渝其眞，雖入軍而不害，陸行而不可犯也」，此所謂「本」、「眞」，就是「無」（道）。人生修養之最高境界，即「體冲和以通無」，所謂「和」是無求無欲，「不以物累其眞，不以欲害其神」（《老子·三十二章》注），如嬰兒之「物全而性得」（《老子·十章》注），則無往不宜，無處不安。

在「天地將閉，平路將陂」（《易·泰·九三》王弼注語）之世代，要保全自己，莫若處卑不競，與時偕行。王弼《周易·頤卦》注：「夫安身莫若不競，修己莫若自保」、「守道則福至，求祿則辱來」，故不爲事始，須唱乃應，這樣庶幾無虞。《老子·五十章》注云：「夫蚖蟺以淵爲淺，而鑿穴其中，鷹鸇以山爲卑，而增巢其上，矰繳不能及，網罟不能到，可謂處於無死地矣。然而卒以甘餌，乃入於無生之地，豈非生生之厚乎？」有求有欲，則入於死地，故「有道者務欲還反無爲」（《老子·三十章》注）。何晏、王弼即以「無爲」應世，此風影響魏晉士人心靈甚深且遠，「愼默」之端及明哲保身，即本乎此也。

二、恬淡寡欲

嵇康在〈答難養生論〉中云：「以大和爲至樂，則榮華不足顧也，以恬澹爲至味，則酒色不足欽也。」又云：「夫嗜欲雖出于人，而非道之正，猶木之有蠚，雖木之所生，而非木之宜也。故蠚盛則木朽，欲勝則身枯，然則欲與生不并立，名與身不俱存，略可知矣。」他認爲人之欲望奢求是害生之具，故應提昇自己，克制情欲，無求於富貴與榮名，其〈養生論〉云：

> 知名位之傷德，故忽而不營，非欲而強禁也，識厚味之害性，故棄而
> 弗顧，非貪而後抑也。外物以累心不存，神氣以醇白獨著。曠然無憂
> 患，寂然無思慮，又守之以一，養之以和，和理日濟，同乎大順。

他強調「意足」的精神境界，認爲意足則無所不足，意不足，則雖養以天下，猶覺不足。所以他勸人拋棄榮利酒色之耽好，「智用則收之收恬，性動則糾之以和」，〈答難養生論〉云：

> 世之難得者，非財也，非榮也，患意之不足耳，意足者，雖耦耕畎
> 畝，被褐啜菽，豈不自得。不足者，雖養以天下，委以萬物，猶未

　　愜，然則足者不須外，不足者無外之不須也。無不須，故無往而不
　　乏；無所須，故無適而不足，不以榮華肆志，不以隱約趨俗，混乎
　　與萬物並行，不可寵辱，此真有富貴也。

一方面杜絕外物之誘惑，一方面以理性克制情感，使生命恬靜醇和，並同於
大美。寡欲知足，心無措乎是非，而行不違道，則為君子。此君子為避世修
道之君子。

三、放佚享樂

　　有些士人存著遊戲人間的態度，而曠任其言行，他們縱情於享樂，尤其元
康以後，此風大行。他們破壞禮法名教，追求自由。像劉伶成天酣飲，狹天地，
細萬物。向秀以「五穀與鮮味，最足豐身，富貴逸樂，最堪悅生，天命有限，
苟盡豐身悅生之樂，足慰世情，故寡欲者不足多慕。」在其〈難養生論〉中伸
明「稱情則自然」，若絕情欲，則與無生有何差別？因為嗜欲、好榮惡辱、好逸
惡勞皆為人之自然本性，故「生之為樂，以恩愛相接……燕婉娛心，服饗滋味，
以宣五情，納御聲色，以達性氣，此天理自然，人之所宜」，無形中，已為士人
之用情縱欲，達生任性，及時行樂的頹廢之行，提供了理論根據。

　　他們非毀禮法，如阮籍〈大人先生傳〉言禮法為「天下殘賊、亂危、死
亡之術」，在其〈答伏義書〉云：

　　夫人之立節也，將舒網以籠世，豈樽樽以入圈？方開模以範俗，何
　　暇毀質以通檢？

人生在世，不能抑己之本性接受世俗之約束，須衝決網羅，從志所好。

　　如元康名士，本身非傲生之匹，純為縱欲而縱欲。貴遊子弟相效任誕，或
閉室酣飲，裸裎散髮，連日不醒，酒是他們澆愁、尋歡、肆志的工具；又服寒
食散，以求「神情開朗」，結果乖錯性情，喜怒無常；故作驚世駭俗之行為，卻
自命風流。在這種時代的風氣下，《列子・楊朱篇》的享樂思想之出現，也就不
足為奇了。〈楊朱篇〉言：「仁聖亦死，凶愚亦死。生則堯舜，死則腐骨；生則
桀紂，死則腐骨。腐骨一矣，孰知其異？」人被拋擲出來，本非所願，面對命
運，又只有無可奈何，故唯把握眼前的美厚聲色，才是真實。所以為「競一時
之虛譽，規死後之餘榮」而不能自肆，這是很愚蠢的。他認為「生之難遇而死
之易及」，不知享樂，而欲「尊禮義以誇人，矯情性以招名」，此生不如死也。
因為身後名實不足以潤枯骨。〈楊朱篇〉是魏晉貴遊追逐享樂下的產物，也是厭

世的思想下的產物,其所標榜的是眼前的快樂,以快樂做為人生的最高目的。「肆之而已,勿壅勿閼」,聽任官能之所欲。名利對他們來說,就如株塊般無以異,嵇康〈與阮德如詩〉云:

> 榮名穢人身,高位多災患。未若捐外累,肆志養浩然。

群生以「肆志」為歡,乃當時普遍意識。人生貴得「適意」爾,故趨舍隨意,與世浮沈。

四、委運任化

當時持適性安命之論者,當推郭象,在其《莊子注》中,隨處提點安命之理,郭象以為事物之存在是根據各自的自性,由自性所規定的是「命」,〈天運注〉云:「命之所有者,非為也,皆自然耳。」命是不知其所以然而然,也就是自然,為無可奈何者,〈養生主注〉云:「小大之殊,各有定分」、「天性所受,各有本分,不可逃,亦不可加」。舉凡大小、美醜、智愚、貴賤、通塞,無非不可改之「性」、「命」,命非己制,故無所用其心,唯有委天順運矣。故「庖人尸祝,各安其所司;鳥獸萬物,各足于所受;帝堯許由,各靜其所遇」(〈逍遙遊〉注)能安於命者,則無往而非逍遙。賢人君子之致爵祿,並非私取,乃「受之而已」(〈山木〉注),他人是「毫分」希企不得的,故小不能求大,賤不能求貴,「各有定分,非羨欲所及」(〈逍遙遊〉注),若以下冒上,則物喪其真,忘其本分矣;卑賤貧弱,皆命之安排。這樣,無跂尚之情於其間,自可去除悲累等不安之情。〈德充符〉注云:「苟知性命之固當,則雖死生窮達,千變萬化,淡然自若而和理在身矣!」沒有羨欲,也沒有矜誇,則雖「匡陳羑里,無異於紫極間堂」(〈逍遙遊〉注),安於所傷,則雖橫逆亦不能傷矣。

對於生死問題,他亦以靜於所受之態度對之,不求生惡死,〈德充符〉注云:

> 生為我時,死為我順;時為我聚,順為我散。聚散雖異,而我皆我
> 之,則生故我耳,未始有得,死亦我也,未始有喪。

生死乃「我」之不同形態而已,死生變化,乃不得己,皆是「命」,但當「順」耳,無矯效於其間。

總之,無論貴賤貧富,皆要安之,連生死亦然,不可惡死求生。人人安於自己之本性,一切之制度,皆不得不然。倫理之序,尊卑之位,就如「天之自高,地之自卑」(〈齊物論〉注)皆自然爾,但當安之耳。這是統治者所執以麻醉人心,抑其傾側窺伺,以塞閉爭門者,而失意之士人,亦得以撫慰

心裡不平，使上下相得矣。當時「與世波流」之風，實受此說之遺毒也。

從上面魏晉士人之人生觀，加以剖析，可窺其時代之風氣與思潮，趨向於消極，多為保身之道，或無為寡欲，或樂生縱佚，或夷神委命，或存避世，或超世，或憤世，或混世，較撐不起剛健人生，而難掩其虛弱病態也。

小　結

思想反映時代，而時代亦蔚成思潮，所以思想的發展不是憑空而來，也不是孤立的，它是在重重的政治經濟的決定作用下，與其他社會意識形態起著互動作用。為什麼士大夫會醉心談辯，貴遊名士會如此慕尚風流，而言談舉止都好像刻意求雅求奇；日常生活，不再以實用、道德為優先考慮，而以「回歸自然」為第一要求，其縱情山水，希企隱逸，愛美賞美成風，種種看似虛浮，卻實出帝室式微，由王、庾、桓、謝等高門貴族執政的特殊時代，他們從「大團體」中退回自己的天地，慎密的安排自己的生活，故流於放浪形骸，縱欲享樂，以玄虛掩蓋頹唐。他們高談虛論，左琴右書，望若神仙，羞為鄙樸，徒以姓望邑里相矜，而此實「費人君祿位」（《顏氏家訓‧涉務》）者！

當時士人講求「言」外得「意」，「遺形得神」，故自視極高，不為塵網所拘累，其由「放曠」往上提昇而求高雅，由厭世一轉為樂生。他們雖與世俗處，「不能免俗」，卻要假借「隱意」來沖淡俗情，假借文藝以美化生命。

我們從〈楊朱篇〉的享樂思想及鮑敬言的「無君」思想，可窺當時老莊自然主義的衍盛。其反干涉，重視自我，耽於眼前，乃成一時風尚，從當時士人之人生觀，可以得到印證。李澤厚〈論魏晉風度〉云：

> （魏晉士人）畏懼早死，追求長生，服藥煉丹，飲酒任氣，高談老莊，雙修玄禮，既縱情享樂，又滿懷哲意，這就構成似乎是那麼瀟灑不群，那麼超然自得，無為而無不為的所謂魏晉風度，藥，酒，姿容，論道談玄，山水景色……成了襯托這種風度的必要的衣袖和光環。〔註9〕

此能得魏晉世風的底蘊者，在「身」與「名」的安頓中，有的先考慮全身保家而後追求樂生佚身；有的顧及「身後名」，而奮力於忠君立功，或行孝敦品以立節，而為素論所稱；或著述撰文，立言不朽；或以醫藥、方伎、才藝等

〔註 9〕李澤厚著《美的歷程》（台北：谷風出版社，西元 1987 年）。

一技之長，揚名於世。或好諧謔，或以異行，或以驚筵之語，或好交結名流，沽名釣譽者，價值觀十分多元。甚者，自行刊石勒功，作家傳，重譜牒，或脅迫文人作賦以載其父子之名，如陶胡奴、桓溫脅迫袁宏在〈東征賦〉列陶侃及桓彝，以垂永世之名。身名俱泰雖然是士人的普遍理想，然而也有落得身名俱滅者，或有身亡名存者；或有身存名毀者，而方外之士，遺身逃名，身名皆忘，反而身存名聞，凡此，不一而足。以下吾人特別擇取最具特色的時代風氣——清談、風流任誕、尚美、朝隱，以展開當時士人崇尚清虛之美的玄風論述。

第八章　清　談

前　言

　　「清談」又稱清言、微言，是魏晉學風之一大特色，當時不分階級身分、男女長幼，皆好談辯，他們對談辯的熱衷著迷，幾乎到了廢寢忘食的地步，每當一理標出，「通」者蠭起，所貴者在一語破的，其妙者稱爲「名通」，「名通」常使四座抃舞厭心，其強而有力之理，常逼得對方汗流浹背。因爲事關名望，所以辯者無不全力以赴，這時名家邏輯思維，兵法原則，談辯方術，發辭吐音每被研精，是談何容易？茲述談辯原始，談辯之形式與盛況，談辯的主題，清談的意義與影響等，以見當時士大夫所醉心的玄談之一斑。

　　但是有一點須注意的是：即使當時由帝王〔註1〕到婦孺、和尚都騖於談辯，却仍有一些務實之士，頗不以爲然，如《世說・政事篇》18載：

　　　　王、劉與林公共看何驃騎，驃騎看文書不顧之。王謂何曰：「我今故
　　　　與林公來相看，望卿擺撥常務，應對玄言，那得方低頭看此邪？」

　　　　何曰：「我不看此，卿等何以得存？」諸人以爲佳。（《箋疏》頁182。）

此爲對虛浮士流，竟日清談，過「寄生」生活的尖銳的批判。王羲之亦斥以「虛談廢務，浮文妨要」（〈言語〉70），庾翼則對當時「高談莊、老，說空終日」者，爲「寔長華競」（〈貽殷浩書〉），於是有「清談亡國」之論。本文不

〔註1〕晉簡文帝集諸談士夜坐，每自設粥，（見書鈔一百四十四引《俗說》，見魯迅
　　　　《古小說鉤沈》頁74。

對清談評價，祇如實陳述此風尚之流衍及影響耳。

第一節　「魏晉名理」辨義

在未進入本章主題以前，須先辨明「名理」一詞之正確涵義。

自〈荀彧傳〉注引《晉陽秋》云：「太和初，（荀粲）到京邑與傅嘏談，嘏善名理，而粲尚玄遠。」故有以「名理學」爲別於玄論之外的一個哲學流派，有以名理學爲玄學之否定。其實名理學是魏晉玄學的方法，是「辨名析理」的簡稱，玄論派依然要用之，它不是一個哲學派別，譬如鍾會「精練名理」、衛瓘「清貞有名理」、衛玠「少有名理」、裴頠「善談名理」、王敦「少有名理」、殷浩「能言名理」、劉疇「善談名理」、裴遐「善敘名理」、謝玄「善名理」……故「名理」是通稱，並非興起於「玄論」之前，於「玄論」興起後即衰微的一個派別；且上列所舉精名理者，多以善談出名，因此，幾乎每一個清談家皆須具備「名理」的素養。

所謂「名理」的方法何指？也就是檢驗名言概念與實物現象的關係，透過核「實」定「名」的基礎，更探求宇宙與人生的各層面，如《世說·文學》21言王丞相過江，止道「聲無哀樂、養生、言盡意之理」，其〈聲無哀樂論〉中云：

> 夫聲之于音，猶形之於心，有形同而情乖，貌殊而心均者，何以明之？聖人齊心等德，而形狀不同也。苟心同而形異，則何言乎觀形而知心哉？且口之激氣爲聲，何異於籟籥納氣而鳴邪？啼聲之善惡，不由兒口吉凶，猶琴瑟之清濁，不在操者之工拙也。心能辨理善談，而不能令內籥調利，猶瞽者能善其曲度，而不能令器必清和也。器不假妙聲而良，籥不因惠心而調，然則心之與聲，明爲二物，二物之誠然，則求情者不留觀于形貌，揆心者不借聽于聲音也。察者欲因聲以知心，不亦外乎？

嵇康言「推類辨物，當先求之自然之理，理已定，然後借古義以明之」，這就是他的方法論，他在辨析「心」與「聲」各自獨立後，必然的推出「聲無哀樂」之理，然後舉證，以闡述此理。由此可知，「名理」是當時思想家建立自己之論點（理論體系）的工具，而挾著這種「辨名析理」的方法，隨著政治、社會思潮的改變，名理的內涵亦有不同，於是有才性名理、玄學名理、政治

名理〔註2〕之不同。才性名理，是用名理的方法以辨人物才性，而玄學名理是用名理的方法講老莊，建立一己之新說者。如王弼應用「不能辨名，則不可與言理；不能定名，則不可與論實」之名實觀（《老子指略》），以證明「無」為萬有之「本體」云：

> 無形無名者，萬物之宗也。不溫不涼，不宮不商。聽之不可得而聞，視之不可得而彰，體之不可得而知。味之不可得而嘗。故其為物也則混成，為象也則無形。

他以「無」釋「道」，以其「無形無名」，此從視、聽、體、味等方面去辨知，證明無形，無形故不得有名，權假稱為「道」；而萬物有形有名，則道與萬物之關係被轉換為「無」與「有」的關係，從而王弼推出「有以無為本」之命題。再轉個角度，萬有既以「無」為本，故政治上、人生上，則提出「有以無為用」之說，也就是一切施為皆要合乎「自然」的原則。《老子指略》云：

> 夫素樸之道不著，而好欲之美不隱，雖極聖明以察之，竭智慮以攻之，巧愈思精，偽愈多變，攻之彌甚，避之彌勤，則乃智愚相欺，六親相疑，樸散真離，事有其奸。蓋舍本而攻末，雖極聖智，愈致斯災。

王弼貴「無」，自然有「崇本息末」、「崇本統末」之說，並在處理上能「統宗會元」，以簡御繁，而控有其「理」。在論證「以無為本」之說時，他舉靜動、常變、一多、寡眾、母子、本末、體用等概念以說明之。此皆以「辨名析理」之方法以建立其哲學體系、政治思想者。

隨著談辯的需要，更有逕取先秦名家之命題以談者，如爰俞「辯于論議，采公孫龍之辭以談微理」（《三國志・鄧艾傳》引荀綽《冀州記》）。又《世說・文學》16載樂廣為客解「旨不至」之理；阮光祿能為「白馬論」（〈文學〉24），司馬道子問「惠施何以無一言入玄」（〈文學〉58），又魯勝為《墨辯》作注，其序云：

> ……名必有形，察形莫如別色，故有堅白之辯，名必有分明，分明莫如有無，故有無序之辯。是有不是，可有不可，是名兩可。同而有異，異而有同，是之謂辯同異。至同無不同，至異無不異，是謂辯同辯異。同異生是非，是非生吉凶，取辯于一物，而原極天下之污隆，名之至也。

〔註2〕如江統〈徙戎論〉即透過正反議論以伸其說。

當時士流醉心有無、同異、合離、可否、是非、先後、優劣、虛實、正變等名學之辯,實爲提昇純粹思維水準的關鍵。

所以「名理」並非玄論流行前專講名實關係,並與政治用人密不可分的一個派別,它亦不是被「玄論」所取代、所否定。它是一種析名實、探玄理的方法。

第二節　魏晉清談原始

東漢談講風氣已開,〔註3〕郭林宗「善談論、美音制」,符融「幅巾奮袖,談辭如雲,李膺每捧手歎息」(華嶠《後漢書》)尹敏與班彪相與談,「夜則達旦」(《東觀漢記》),孔公緒「清談高論,噓枯吹生」(張璠《漢記》),「(謝甄)與陳留邊讓並善談論,俱有盛名。每共候林宗,未嘗不連日達夜。」(〈郭林宗傳〉),此僅指與虛談之性質近者耳,他如許靖之「清談不倦」、荀爽之「清談」、龐士元之清談移時忘食(《書鈔》九十八引〈荊州先賢傳〉),可見談風早流行於東漢,難怪徐幹《中論‧覈辯篇》對世俗之辯有所針砭:

> 俗之所謂辯者,利口者也。彼利口者,苟美其聲氣,繁其辭令,如激風之至,如暴雨之集。不論是非之性,不識曲直之理,期於不窮,務於必勝。

他乃賦予正「辯」之概念:

> 夫辯者,求服人心也,非屈人口也,故辯之爲言,爲其善分別事類

〔註 3〕歷來言清談起源者有下列諸說:
　　(一)東漢之辯論經義
　　(二)答客難,應譏之設「主」「客」往覆申辯
　　(三)王充——據孫道昇「清談起源考」以王充爲玄學與曠達之起始。

王充 ─ 蔡邕 ┬ 王粲 ─ 王業 ─ 王弼 ─ 玄學
　　　　　　└ 阮瑀 ─ 阮籍 ─ 曠達

　　(四)清議——郭麟閣「魏晉風流」
　　(五)郭林宗:陳寅恪〈逍遙遊向郭義與支遁義探義〉言:「清談之風實開自林宗」,故抽象研究人倫識鑒之理論,亦由林宗啓之也。
　　(六)荀爽:荀爽父荀淑,爲東漢中葉末期,不好章句訓詁,經學之新學人物之一。
　　(七)劉卲:如任繼愈等。
　　(八)何晏、王弼:趙翼《廿二史劄記》論「六朝清談之習」。

而明處之也，非謂言辭切給而以陵蓋人也。

而當時劉卲，亦以善「清談」見稱，〔註4〕他目睹當時清談之士，但以談爲目的，競操兩可之說，設無窮之辭，而不辯理之所在，故力申「辯以定理」之義，《人物志‧材理篇》云：

> 夫辯，有理勝，有辭勝。理勝者，正白黑以廣論，釋微妙而通之。辭勝者，破正理以求異，求異則正失矣。

若不是當時談辯風氣已極盛行，則徐幹、劉卲等不會起而糾之，而欲導其入辯理之正途。又如果不是當時有很多爲辯而辯者，極端講求談辯方術，則劉卲不會在《人物志》中特立〈材理〉一篇，專論談辯之原則與方術應用，劉卲云：

> 由此論之，談而定理者眇矣，必也聰能聽序，思能造端，明能見機，辭能辯意，捷能攝失，守能待攻，攻能奪守，奪能易予，兼此八者，然後乃能通於天下之理。

又云：

> 善接論者，度所長而論之。歷之不動，則不說也；傍無聽達，則不難也……善喻者，以一言明數事，……善難者，務釋事本。……善攻彊者，下其盛銳，扶其本指，以漸攻之。……善躡失者，指其所跌。……善難者，徵之使還……。

從其談辯技巧之研精，實可測知當時談辯的盛況。

早期清談固有轉化清議之內涵，如清議之裁量執政，批評人物，啓廸清談中品藻人物這一部分，在形式上清談亦有承自清議者，但察其特色及內容，本自有別，不可相混。清議即使在清談極盛之時，依然有其勢力，而不與清談同科。

故嚴格說來，清談當興起於正始年間，在正始之前，祇能稱清議，爲臧否人物，議論政治，追根詰底，與察舉有關。而清談則爲玄虛之談，是魏晉門閥貴遊、士大夫閒暇生活之消遣，其「談辭如雲」正自有「娛心悅耳」之效，與「談天衍，雕龍奭」類同。

由何晏召開的談座，盛言天人新義，及退而著論，以老、莊玄理爲本，標「貴無」之說，以是開了魏晉新學，故魏晉清談原始，當推「正始之音」。

〔註4〕夏侯惠薦劉卲曰：「臣數聽其清談，覽其篤論，漸漬歷年服膺彌久」，見《三國志‧劉卲傳》，頁619。

第三節　正始之音

由漢代經學到魏晉玄學的勃興，此學術「質變」的關鍵，當推何晏為代表的「正始之音」，所謂「正始之音」是魏齊王芳正始年間，何晏、王弼祖述老、莊，立論以為天地萬物以「無」為本，以道釋儒，崇尚自然無為，倡言「得意忘言」，並熱衷玄談清言，從此開了玄學取代經學的端緒。以其敲響魏晉新學風的鐘聲，故為後世所艷稱。顧炎武《日知錄》云：

> （正始）一時名士風流，盛於洛下，乃其棄經典而尚老莊，蔑禮法而崇放達，視其主之顛危，若路人然，即此諸賢為之倡也。自此以後，競相祖述。如《晉書》言，王敦見衛玠，謂長史謝鯤曰：不意永嘉之末，復聞正始之音！沙門支遁，以清談著名，于時莫不崇敬，以為造微之功，足參諸正始。《宋書》言：羊玄保二子，太祖賜名，曰咸曰粲，謂玄保曰：欲令卿二子有林下正始餘風。王微與何偃書曰：卿少陶玄風，淹雅修暢，自是正始中人。《南齊書》言：袁粲言於帝曰：臣觀張緒有正始遺風。《南史》言：何尚之謂王球正始之風尚在。

又《世說·文學》22 載：

> 殷中軍為庾公長史，下都，王丞相為之集，桓公、王長史、王藍田、謝鎮西並在。丞相自起解帳帶麈尾，語殷曰：「身今日當與君共談析理」，既共清言，遂達三更。丞相與殷共相往反，其餘諸賢，略無所關。既彼我相盡，丞相乃歎曰：「向來語，乃竟未知理源所歸，至於辭喻不相負。『正始之音』，正當爾耳！」

此皆證明「談風」推原於「正始」，亦以「正始」為模則。而正始時期，曹爽專政，何、丁、鄧浮華士又被重用，作威服，盛遊宴，樂談座，暢虛玄，實文飾太平之舉。

《文心雕龍·論說篇》云：

> 迄至正始，務欲守文，何晏之徒，始盛玄論。於是聃周當路，與尼父爭塗矣。

《世說·賞譽》23 注引《晉陽秋》云：

> 昔何平叔諸人沒，常謂清言盡矣。

此明標何晏首開正始玄風。但《晉書·王衍傳》云：

> 魏正始中，何晏、王弼等祖述老莊。

《日知錄》云：

> 演說老、莊，王、何爲開晉之始。

《顏氏家訓‧勉學篇》云：

> 何晏、王弼祖述玄宗，遞相誇尚，景附草靡，皆以農、黃之化，在
> 乎己身，周、孔之業，棄之度外。

《世說‧文學》85注引檀道鸞《續晉陽秋》云：

> 正始中，王弼、何晏好莊、老玄勝之談，而世遂貴焉。

《南齊書‧王僧虔傳》載其〈戒子書〉云：

> 汝開老子卷頭五尺許，未知輔嗣何所道，平叔何所說，……而便盛
> 於麈尾，自呼談士，此最險事。

此以何、王開談講之形式，且以老、莊爲內容，「何、王」因此聯稱，也有稱
爲「王、何」者，不管稱爲「王、何」，或「何、王」，皆代表著其爲清談、
玄學宗師的意思。

　　然而若推實際領袖人物，仍以何晏爲代表，因爲他在政治上頗有地位，
號召力大，而王弼在當時猶一介少年書生，其出身，乃緣何晏之拉拔。《世說
新語‧文學》6注引《文章敍錄》云：

> 晏能清言，而當時權勢，天下談士，多宗尚之。

以何晏「素有高名於世」，早於明帝之前，即與鄧颺等共相題拂，結黨浮華，
其中即有「臧否人物」的成份，而清談之前身即漢末清議，何晏於人倫臧否
或與焉，故後來爲吏部尙書，典選舉，爲官人之事，嘗爲「名士品目」，故天
下士子爭趨之。《世說新語‧文學篇》6云：

> 何晏爲吏部尚書，有位望，時談客盈坐，王弼未弱冠，往見之。晏
> 聞弼名，因條向者勝理語弼曰：「此理僕以爲極，可得復難不？」弼
> 便作難，一坐人便以爲屈，於是弼自爲客主數番，皆一坐所不及。

因爲談坐非普通人所得召集，必在政治上、社會上著有地位，所謂的地望、
人望、門望、德望、財望者，乃得吸引一些攀龍附鳳者，故「清談」與「貴
遊」常是離不開的，何晏正具有多方面之領袖地位，尤其「主詮選」更是關
鍵。因爲曹爽親信爲當時名士之大本營，名士風習之一爲修「浮華」，而清談
正是浮華行爲的一種。據《北堂書鈔》卷九十八引〈何晏別傳〉即載曹爽常
大集名德，長幼莫不預會，及欲論道，曹羲乃歎曰：「妙哉平叔之論道，盡其
理矣！」既而清談雅論，辯難紛紜，不覺諸生在坐。可見何晏在談界倍享盛

名,按何晏少即以才秀知名,好老莊言,以「材辯顯於貴戚之間」,曾與衛瓘、樂廣、鄧颺、曹羲談論,其說《老》、《莊》、《易》,為時人所不能折,故皆歸服之。王弼就在這時與於談座,而為何晏所賞識,嘆之為「可與言天人之際」者。因為王弼論「道」,也就是清談辯理時,「自然有所拔得」過於晏,晏乃為之延譽,並多次推薦給曹爽,且力爭之,及爽不能用,而為之「歎恨」,是藹然長輩提攜後進之誠,時何晏年已五十餘,而王弼猶未弱冠,故世所稱艷的「正始之音」,仍推何晏為倡導人物。而何晏之「貴無」思想更彌漫魏晉,而成一代宗風,影響殊深且遠。

所以,嚴格說來,「清談」當始於何晏、王弼所開的「正始之音」。從前引何晏所召集的談座,乃事無前例,它具有下列特點:

（一）談客盈坐,皆是四方高手。

（二）不分年齡、階級,均可與於談座,平等對辯。

（三）勝理一出,駁理紛紜,往反辯難,針鋒相對。

（四）在沒有對手時,可自為客主,更相覆疏,以盡其理。

（五）以辭理兼具,極具娛心悅耳之趣味。

（六）以理定勝負,非逞意氣。

（七）坐客是聽眾,亦是裁判。

（八）強中自有強中手,輸者每默然伏理。

（九）勝理的一方,從此聲名大噪,成了進身之階。

（十）談辯以老莊玄虛之談為主,取代俗事的閒聊,也取代臧否人物為主的才性之辨。

由上列所述,「清談」之風行,其來有自。於是上至王公貴戚,下至販夫走卒,仕女僧徒,黃髮垂髫,皆善談辯,而蔚成風氣。

第四節 「談何容易」

一、魏晉士人之談話藝術

魏晉士人講話技術超越一般凡人。人總是要講話的,甚至不說不行,但是講話又容易惹禍,說錯了一句話、或道出了真心話,而這句話又與政治立場有關的,身家往往受牽累,面對「多故」的時代,這些高級知識分子自然

會想一想，如何去說話，使所有說出的話既不得罪人，亦不犯「大忌諱」，落人把柄，成為被整肅的對象，所以盡量的說些模稜兩可，不著邊際的話來保護自己。而又要顯才調，於是就要依希其旨，您說它這樣也可以，那樣也可以，莫衷一是，此操「兩可之言」，誠如王坦之結合孔老，標「在儒而非儒，非道而有道」，而達到玄同彼我、疊疊日新的境界，即可謂「暢玄」。

「兩可」之言外，為了使語言更加雋永有趣，於是提昇一層，將群理融合貫通後，機應敏捷的說些極富機智的話，這好像在「博人一粲」的「機應」，充滿於《世說新語》及裴啓《語林》等小說家言中。而幽默常最痛苦，渠以幽默掩飾痛苦，諷刺之中看似有趣，其實其中含有眼淚，所以我們不能以遊戲之言視之，當看到其莊嚴的一面。

由幽默更往上翻一層，則是不言、無言，《世說》中常言某人「喜慍不形於色」、「未嘗疾聲朱顏」、「晦默不言」、「未嘗臧否人物」等，這種不平常的舉動，其實是達到最高的保身智慧，他們什麼話都不說，但誠如《世說·德行》34 所載：

> 謝太傅絕重褚公，常稱：「褚季野雖不言，而四時之氣亦備」。

他們非槁木死灰，沒有批評，相反的，他們比別人有更多的意見，但不跟別人一樣的是他比別人聰明，他的批評存於心，此所謂「皮裡陽秋」者也。因為在機事屢起的時代，「有為者拔奇吐異，而禍福繼之」，〔註5〕所以不能隨便說話。

那麼，「說」與「不說」，一也，說亦說，不說亦說，皆說也。你以為他不說，其實他說個沒完，你以為他說了，其實他所說亦是不着邊際的，玄之又玄的，你說他是這樣，他又不是，你說他不是這樣，他偏偏是。如有人以人物問司馬徽者，徽不辨高下，皆言「佳」，其妻勸其當有所判，使各得所，他應以「汝此言亦復佳」，此實存有玄趣及發人深省的應世智慧，因其所以「避時」也。〔註6〕《世說·文學》16：

> 客問樂令「旨不至」者，樂亦不復剖析文句，直以麈尾柄确几曰：「至不？」客曰：「至！」樂因又舉麈尾曰：「若至者，那得去？」於是客乃悟服。樂辭約而旨達，皆此類。

以麈尾敲桌示至，旋又拿開否認至，至與不至皆相對不能確定，此以事物之變動不居，否認事物以常住性，當時清談家正援此辯論術，以應用在各個場

〔註5〕　《世說·賞譽》44 注引《名士傳》載庾敳「慎默」，《箋疏》頁 447。
〔註6〕　見梁元帝《金樓子·雜篇》台北：世界書局，1975。

合，而贏得「玄遠」之趣。

而「玄遠」，就如一層美麗的面紗，罩住了他們油滑、偷苟的一面，看似遠離現實，但「終在域中」。就如王衍，居台司，論理「超超玄著」，而義理有不安，輒隨口改更，時人稱爲「口中雌黃」，可見持論莫衷一是，行事亦營「三窟」之計，是足以亂天下者。

二、清談應具備的素養

自東漢士人嚴別「清」「濁」，至魏晉貴族門第社會也有清、濁之分，清談之爲「清」，在其不談俗事，而專談玄理，他們須精通基本的典籍：《老》、《莊》、《易》三玄。歷來最能具體概括清談所須具備之條件的，當推《南齊書・王僧虔傳》引僧虔〈誡子書〉中所說的：

> 往年有意於史，取《三國志》聚置牀頭，百日許，復徙業就玄，自當小差於史，猶未近彷彿。曼倩有云：「談何容易！」見諸玄，志爲之逸，腸爲之抽，專一書，轉誦數十家注，自少至老，手不釋卷，尚未敢輕言。汝開《老子》卷頭五尺許，未知輔嗣何所道，平叔何所說，馬、鄭何所異，指例何所明，而便盛於麈尾，自呼談士，此最險事。設令袁令命汝言《易》，謝中書挑汝言《莊》，張吳興叩汝言《老》，端可復言未嘗看邪？談故如射，前人得破，後人應解，不解即輸賭矣。且論注百氏，荊州八袠，又才性四本，聲無哀樂，皆言家口實，如客至之有設也。汝皆未經拂耳瞥目，豈有庖廚不修，而欲延大賓者哉？就如張衡思侔造化，郭象言類懸河，不自勞苦，何由至此？汝曾未窺其題目，未辨其指歸，六十四卦，未知何名，《莊子》眾篇，何者內外？八袠所載，凡有幾家？四本之稱，以何爲長。而終日欺人，人亦不受汝欺也。

文中所言三玄及其注爲清談之指歸，而荊州新學、才性四本、過江三理、郭象自生獨化等皆清談之中心主題，談何容易？既須研精名辯之術（形式），且以重內容，故須有高深之學問底子，而對於玄學發展之歷史，亦須瞭如指掌，如何、王之新義，亦須深究乃能應付自如，得到勝理。尤其《老》、《莊》更是玄學的訓練教材，無此二書之素養，則連啓口的餘地都沒有，勉強去談即如「著弊絮在荊棘中，觸地掛閡。」（《世說・排調》52）

他如《易》王注與鄭注之區別，亦須能辨，到後來，佛教義理也得領會，

並使思理日益精進，否則將無以上場辯論，即若上場，亦祇能拾人牙慧，面對咄咄逼人之攻難，徒暴露學殖不進，天分有限之缺點而已！

當時清談的論題極廣，有因事而發，有些則出舊注（如三玄）之新義，其往復辯論的名題如「有、無、本、末」之辯，駁難不絕。時裴頠標「崇有」，而「貴無」派之王衍攻難交至；又《晉書‧紀瞻傳》載紀瞻與顧榮同赴洛陽，在路上共論「易太極」，顧榮主張太極生天地萬物，而紀瞻則認為宇宙萬物乃是自然之存在，非由「無」所產生出來，榮終無言以辯，此皆世界本源之討論。其如管輅與單子春論金木水火土鬼神之情。〔註7〕又阮籍與蘇門山人談「太古無為之道，及論五帝三王之義」〔註8〕而王衍、裴楷與王戎等於洛水遊時論史漢、說延陵子房，達到超超玄著之境。（〈言語〉23則）

他如「才性」問題，亦為魏晉直到南朝清談家反覆討論之名題，其中殷浩且是才性四本論的名家。

時因志怪盛行，故又有鬼神有無之辯，而阮脩、阮瞻、謝鯤則執「無鬼」論。又有涉及「夢」的形成之討論，《世說‧文學》14載：

> 衛玠總角時問樂令「夢」，樂云「是想」。衛曰：「形神所不接而夢，豈是想邪？」樂云：「因也。未嘗夢乘車入鼠穴，擣虀噉鐵杵，皆無想無因故也」。衛思「因」，經日不得，遂成病。樂聞，故命駕為剖析之。衛既小差，樂歎曰：「此兒胸中當必無膏肓之疾！」

此正視「夢」之問題，竟思解成病。衛玠認為作夢乃精神脫離形體而獨立活動，樂廣認為醒時所思所做過的事情，睡時會在夢中浮現，夢是精神活動在睡眠中的延續，它受人之行為活動的限制。《世說‧文學篇》49又載：

> 人有問殷中軍：「何以將得位而夢棺器，將得財而夢矢穢？」殷曰：「官本是臭腐，所以將得而夢棺屍；財本是糞土，所以將得而夢穢污。」時人以為名通。

此言「名通」，是通理之別有趣味理致，足以發人深省者，殷浩以「官為臭腐，財為糞土」解夢，有卑賤名利之意，自較詳夢之以吉凶朕兆為說者，更具玄味也。

又，論聲之有無哀樂、養生之形神孰重，言盡不盡意三理，乃言家口實。還有對三玄探討與發揮，各有新詣，如關於「老莊與聖教同異」、「聖人貴名

〔註7〕見《三國志集解》引《管輅別傳》，頁692。
〔註8〕見《魏志‧阮籍傳》注引《魏氏春秋》。

教，老莊明自然，其旨同異」之問題，亦名士所關懷。而《易》學方面，鍾會主張「易無互體」，荀顗難之，王弼亦反對互體。殷浩與孫盛辯論「易象妙於見形」；殷仲堪與慧遠論「易以何爲體」，及逍遙向郭義、支遁義，形神生滅果報有無，眞俗之際，皆爲一時名論，即鬼神有無等議題，皆須涉獵。

至於「旨不至」之理；莊子「有用無用」、「齊物」、「漁父」之旨；公孫龍「白馬論」及佛義如五陰、十二入、四諦、十二因緣等事數，及《維摩詰》經義，般若諸宗義，亦須向和尚諮詢，以得正解。其中有一則屬認識論性質，見《世說‧文學》48 所載：

> 殷、謝諸人共集。謝因問殷：「眼往屬萬形，萬形來入眼不？」

此佛學上的認識問題，注引「《成實論》曰：『眼識不待到而知虛塵，假空與明，故得見色。若眼到色到，色閒則空明。如眼觸目，則不能見彼。當知眼識不到而知。』依如此說，則眼不往，形不入，遙屬而見也。」可見佛義亦爲談題。而爲了達到辭清語妙，還須通曉名家詩文，像詩經、楚辭，嵇阮、左思之詩，用以整飾文辭。又取名家辯論術及兵法、縱橫術，以出奇制勝。

清談之主題，表面爲遠離現實，純爲談辯而談辯，其實它常曲折的反映現實，批評現實。若談而不能成理，爲眾人所注意，引起迴響，則衹是「游談」而已！

第五節　魏晉清談之形式及盛況

一、清談盛況

（一）熱中賭理

清談等於「理賭」，在「談言微中」，一往破的。《世說‧文學》28 載：

> 謝鎭西少時，聞殷浩能清言，故往造之。殷未能有所通，爲謝標榜諸義，作數百語。既有佳致，兼辭條豐蔚，甚足以動心駭聽。謝注神傾意，不覺流汗交面。殷徐語左右：「取手巾與謝郎拭面。」

清談之能吸引人者，須才藻新奇，義理精構，足以動心駭聽。也就是「義」、「言」皆須時時求新求進，談辯方術亦須講求，以是之故，須隨時充實精進，若於研理稍懈，便覺「舌本閒強」。《世說‧文學》42 載：

> 支道林初從東出，住東安寺中。王長史宿構精理，并撰其才藻，往

　　與支語，不大當對。王敘致作數百語，自謂是名理奇藻。支徐徐謂
　　曰：「身與君別多年，君義言了不長進」，王大慚而退。

支道林重義理，王濛重才藻，故指以義理不長進。〈文學篇〉13 又云：

　　諸葛宏年少不肯學問。始與王夷甫談，便已超詣。王歎曰：「卿天才
　　卓出，若復小加研尋，一無所愧。」宏後看莊、老，更與王語，便
　　足相抗衡。

老、莊為清談之士所必研尋之要籍，不懂老、莊，幾至無以言之地步，故向、
郭、支皆以《莊子》名家。而清談聲價，常影響其社會地位、學術地位、甚
至仕途。故時人皆以「第一理」相期。倘在清談之場合，敗下陣來，聲價每
因之跌落。

　　反之，則憑談辯之才，自為人所識，如〈文學〉所載「康僧淵初過江，
未有知者，恒周旋市肆，乞索以自營。忽往殷淵源許，值盛有賓客，殷使坐，
粗與寒溫，遂與義理。語言辭旨，曾無愧色，領略粗舉，一往參詣。由是知
之。」又張憑因於劉真長坐判客主義，言約旨遠，而被延以上坐，並被推薦
為要職。而即席對辯，不分對象，磨練技巧，勝算的成份就大。而辯才也是
觀人的一端，所以多能矜莊以涖之。可見當時評人物重清談之義理的一斑。
又如《晉中興書》所云：「郗超、支道林以清談著名于時，風流貴勝，莫不崇
敬。」談能得時譽，且為人所敬，如裴頠被稱為「言談之林藪」、張憑號為「理
窟」等。

　　其中談士各有勝場，如殷中軍於「才性」偏精，每言及才性四本論，「便
若湯池鐵城，無可攻之勢」（〈文學〉34），支遁雖有警覺其將以「合同離異」
來擒之，遂改轍遠之，誰知數四交，不覺入其玄中。相王撫肩笑曰：『此自是
其勝場，安可爭鋒。』」則才性論至東晉仍為言家口實，而以殷淵源最為研精。
至於支道林則以「逍遙論」名噪一時。沙門談「逍遙」，知其為擅談座之意勝
過演伸佛義，《世說・文學篇》32 云：

　　莊子〈逍遙篇〉，舊是難處，諸名賢所可鑽味，而不能拔理於郭、向
　　之外。支道林在白馬寺中，將馮太常共語，因及逍遙。支卓然標新
　　理於二家之表，立異義於眾賢之外，皆是諸名賢尋味所不得，後遂
　　用「支理」。

阮裕則精「白馬論」，〈文學篇〉24 云：

　　謝安年少時，請阮光祿道「白馬論」。為論以示謝，于時謝不即解阮

語，重相咨盡。阮乃歎曰：「非但能言人不可得，正索解人亦不可得！」
先秦名家公孫龍及惠施之名論，成爲他們論辯清談的工具。其至鄧析「操兩
可」（如鍾會、庾敱），莊、惠「知之濠上」等「鉤鈲析亂」之詭辯皆爲談家
所援。另外魯勝注《墨辯》，按《墨辯》有譬、侔、援、推等推理方法，皆影
響於談辯方式也。

裴頠則以〈崇有論〉著名，〈文學篇〉12 載：

> 裴成公作崇有論，時人攻難之，莫能折。唯王夷甫來，如小屈。時
> 人即以王理難裴，理還復申。

而謝安精《莊子・漁父篇》，據《世說・文學》55 載其敘「漁父」之意，作萬
餘語，才峯秀出。大抵宏揚「法天貴真，不拘於俗」之理。而羊孚則善「齊
物論」（〈文學〉62），可見《莊子》諸篇皆爲熱門談題。〔註9〕

其如王衍好縱橫之術，故有「三窟」之計；祖逖素好縱橫，袁悅之能長
短說，甚有精理，服闋還都，止齎《戰國策》，言天下之要惟此書。則「捭闔」
之術亦所講求，如「挫銳解紛」、「借以爲難」，及「以子之矛攻子之盾」等詞
皆是也。

及士人接受佛學，取佛學「不二」之論證，使所談之理更臻造微之境。
時除「才性」外，餘多先秦道家及名家論題，故多「兩可」、「有無」、「堅白」
之論，但多賦予當代色彩，而「玄」之所以爲「玄」，也正見諸辭勝於理的「荒
唐言」中。

爲了壓倒對方，辯爭極爲激烈，〈文學〉31 載：

> 孫安國往殷中軍許共論，往反精苦，客主無間。左右進食，冷而復
> 煖者數四。彼我奮擲塵尾，悉脫落滿餐飯中。賓主遂至暮忘食。殷
> 乃語孫曰：「卿莫作強口馬，我當穿卿鼻。」孫曰：「卿不見決鼻牛，
> 人當穿卿頰。」

必馴服對方，爭得上風乃已，甚且廢寢忘食，達旦微言，〔註10〕竟至發病不
起者，如衛玠體素羸，因通宵清談，「爾夕忽極，于此病篤，遂不起」（《世說・
文學》20）。亦有病中不廢談者，如謝朗「新病起，體未堪勞」，竟與支道林

〔註9〕《莊子・逍遙》、〈齊物〉、〈漁父〉皆爲清談之名題，與士人追求自由，言語
功能的反省，及出處之決擇有關。

〔註10〕《晉書・樂廣傳》：「裴楷嘗引廣共談，自夕申旦」。《世說・賞譽》57：「王丞
相招祖約夜語，至曉不眠」。〈雅量〉11 注引《晉諸公贊》：「（裴）逸……從兄
頠器賞之，每與清言，終日達曙」。

苦辯，其母乃垂涕抱以歸。（見〈文學篇〉39）。還有居喪亦談者，如謝玄在艱中，仍與支道林談（〈文學〉41），其著迷的程度有如此者。

而談時每玄遠其旨，使論敵不知所乘。因務勝而常不辯理之所在。《世說·文學》40又云：

> 支道林、許掾諸人共在會稽王齋頭。支爲法師，許爲都講。支通一義，四坐莫不厭心。許送一難，眾人莫不拃舞。但共嗟詠二家之美，不辨其理之所在。

是清談走到偏鋒，但見彼「通一義」，此「送一難」，足快人心，而一理既出，有下二百籤、七百語、數千言，甚至作萬餘語者，往反相苦。數交之後，已見高下，若理已亂，便不能繼續下去。此墮入對方圈套，已被對方之理所擒，己理站不住脚，所論竟和對方論點相同矣。此時，可請行家助一臂之力，《世說·文學》56載：

> 殷中軍、孫安國、王、謝能言諸賢，悉在會稽王許。殷與孫共論易象妙於見形。孫語道合，意氣干雲。一坐咸不安孫理，而辭不能屈。會稽王慨然歎曰：「使眞長來，故應有以制彼。」既迎眞長，孫意已不如。眞長既至，先令孫自敍本理。孫粗說己語，亦覺殊不及向。劉便作二百許語，辭難簡切，孫理遂屈。一坐同時拊掌而笑，稱美良久。

此合力以對敵，而期於必勝也。當時講佛經時，設有「都講」，爲與法師對話之人，代表聽眾向法師質疑，在往復問答之間，使聽眾了解經義，都講亦在提醒法師於經文某些重要內容上闡述，因都講本身具備相當基礎，故代弟子發問，頗能深入淺出，這樣足以發揮較大的教育功能。時爲兩造釋意的「騎驛者」，其地位同於「都講」。而談座所發精旨，其旨佳者，號稱「名通」，如〈文學〉46所載：

> 殷中軍問：「自無心於稟受。何以正善人少，惡人多？」諸人莫有言者。劉尹答曰：「譬如瀉水著地，正自縱橫流漫，略無正方圓者。」一時絕歎，以爲「名通」。

且在玄談盈坐之場合，爲一理而辯來辯去，雖有走偏鋒而失理源所歸的情況，但當時這種一題既出，使四座「通」的形式，其追根究底，服膺眞理的態度，甚且有思索玄理不得，竟至成病者，可見其熱衷於此道也。

　　（二）軍事術語之應用

　　當時形容辯論之激烈，每援軍事術語以喻之，《世說·文學》34載：

殷中軍雖思慮通長，然於才性論偏精。忽言及四本，便若湯池鐵城，
無可攻之勢。

才性殆是淵源崤、函之固。（〈文學〉51）

劉眞長與殷淵源談，劉理如小屈，殷曰：「惡！卿不欲作將，善雲梯
仰攻。」（〈文學〉26）

〈言語篇〉79也載：

謝胡兒語庾道季：「諸人莫當就卿談，可堅城壘。」庾曰：「若文度
來，我以偏師待之；康伯來，濟河焚舟。」

《高僧傳》卷七〈僧徹傳〉亦載：

至年二十四，（慧）遠令講《小品》，時輩未之許，及登座，詞旨明
析，聽者無以折其鋒。遠謂之曰：「向者劬對，並無遺力，汝城隍嚴
固，攻者喪師。反轇能爾，良爲未易。」由是門人推服焉。

而最著名的莫過於《三國志・魏志・管輅傳》注引〈輅別傳〉載管輅於辯論
前先喝酒壯膽，進而往返折衝：

輅解景春（諸葛原）微旨，遂開張戰地，示以不固，藏匿孤虛，以
待來攻。景春奔北，軍師摧衄，自言吾觀卿旌旗，城池已壞也。其
欲戰之士，於此鳴鼓角，舉雲梯，弓弩大起，牙旗雨集。然後登城
曜威，開門受敵。上論五帝，如江如漢；下論三王，如翩如翰。其
英者，若春華之俱發；其攻者，若秋風之落葉。聽者眩惑，不達其
義，言者收聲，莫不心服；雖白起之坑趙卒，項羽之塞灘水，無以
尚之。于時客皆欲面縛銜璧，求束手於軍鼓之下。輅猶總干山立，
未便許之。

《隋志・經部總敘》有言：「晉世重玄言，……學不心解，專以浮華相尙，豫
造雜難，擬爲讎對，遂有芟角、反對、互從等諸翻競之說。」上所列「芟角、
反對、互從」以不見於《晉書》、《世說》之中，始且保留，但當時重談辯方
術則無可疑問。

《文心・論說篇》言：「論之爲體，所以辨正然否，窮於有術，追於無形，
跡堅求通，鈎深取極，乃百慮之筌蹄，萬事之權衡也。故其義貴圓通，辭忌
枝碎，必使心與理合，彌縫莫見其隙，辭共心密，敵人不知所乘，斯其要也。
是以論如析薪，貴能破理。斤利者，越理而橫斷；辭辨者，反義而取通。」
此所述，其實即辯論術也。所以談何容易？《晉書・庾峻傳》云：「常侍帝講

詩，中庶子何劭論風雅正變之義，峻起難往反，四座莫能屈之。」當論辯開始，主者先通一理，他人則乘瑕抵隙，找岔發難，在無人發難時，還可自爲客主，或交換其理，更相覆疏，達到談辯趣味之顚峯，此皆貴遊娛耳悅心，顯露才思，滿足虛榮的活動，與博奕之性質相近。以許多口舌話頭饒趣味、富玄機、耐推敲，故爲貴遊所熱衷。

談辯最大的吸引力即談論的本身，據《世說新語》中所載，一次熱烈的談辯，常使在坐眾人稱心快意，汗流浹背，手舞足蹈，比什麼豐盛筵肴都過癮，爲什麼那麼迷人呢？因爲其中含有「賭」勝的成份，爲了求勝，不論「辭勝」或「理勝」，有時「理勝」未必討好，如果談者不能應用談辯方術，諸如劉邵《人物志・材理篇》所云的「聰能聽序，思能造端，明能見機，辭能辯意，捷能攝失，守能待攻，攻能奪守，奪能易予」等，以立於不敗之地，挫銳解紛，此王僧虔〈誡子書〉所說的：「談故如射，前人得破，後人應解，不解即輸賭矣！」造次之間，由不得深思熟慮，必才思捷敏，機鋒伶俐，當下疏通。而像裴遐爲職業談家，更講求辭清語妙，此注意到音響效果者。據《世說》當時以談出名者，如王弼、裴徽、何晏、裴頠、郭象、裴遐、殷浩、支遁、許詢、劉惔、孫盛等各懷絕活，倘士人於談坐時略無所關，祇「結舌注耳」的份，終將被人瞧不起。

清談乃魏晉士人習尚之一，他們視之爲「高雅」的行爲，所以士大夫、貴遊子弟、方外僧徒、衣冠仕女，率能清言。談座上之談辯能力，不但有助於聲名、士望之提高，也爲攀龍附鳳的進身階，同時也是排遣苦悶，趣味生活的活動，故士流無不樂此不疲。

（三）輕詆排調

據《文心・諧隱》篇言：「魏晉滑稽，盛相驅扇」，見《世說新語・言語》所錄當時士人之對話，曾非治國平天下之宏論，也不是立身處世之南針，而多具會心之情趣，極富機敏、詼諧、新穎、奇諤、尖刻，頗耐人尋味，具有開人心脾，消憂解悶，逞才鬥智之效果，這亦是在審美的氛圍下的產物。〔註11〕其聲容笑貌，宛在眼前，這些也是重視個人感情解放的結果，亦是清談的餘緒，《世說》之〈排調〉、〈言語〉、〈輕詆〉、〈文學〉多載當時俳諧調嘲之應對，充滿機趣。如〈排調〉31 載：

〔註11〕亦可視爲是浸透苦痛所發出的智慧之言。朱光潛《詩論》即言豁達者徹悟人生世相，其談諧是從悲劇中看透人生世相。

郝隆七月七日出日中仰臥。人問其故？答曰：「我曬書」。

據崔寔《四民月令》曰：「七月七日曝經書及衣裳。」習俗然也，郝隆「未能免俗」，聊以應景，而又不落俗，其行其言皆具嘲弄意味，故新穎有趣，〈排調篇〉8 又云：

王渾與婦鍾氏並坐，見武子從庭過，渾欣然謂婦曰：「生兒如此，足慰人意。」婦笑曰：「若使新婦得配參軍，生兒故可不啻如此。」

夫婦之私，事有難言，「頭巾味」重者聞之，必鄙為倡家蕩婦之言，然在當時，故視為絕妙之詞。與此內容相近者又有〈排調〉11：

元帝皇子生，普賜群臣。殷洪喬謝曰：「皇子誕育，普天同慶。臣無勳焉，而猥頒厚賚。」中宗笑曰：「此事豈可使卿有勳邪？」

元帝之言雖「謔」却合乎時空環境，故一言既出，整個氣氛被烘托得喜氣洋洋。〈排調〉40 又言：

張蒼梧是張憑之祖，嘗語憑父曰：「我不如汝。」憑父未解所以。蒼梧曰：「汝有佳兒。」憑時年數歲，斂手曰：「阿翁，詎宜以子戲父？」

張憑忒能為其父諱，其慧辯是足以排難解紛者，〈排調〉29 又云：

王、劉每不重蔡公。二人嘗詣蔡，語良久，乃問蔡曰：「公自言何如夷甫？」答曰：「身不如夷甫。」王、劉相目而笑曰：「公何處不如？」答曰：「夷甫無君輩客！」

是一語而報三生之仇矣。〈排調〉32 又載：

謝公始有東山之志，後嚴命屢臻，勢不獲已，始就桓公司馬。于時人有餉桓公藥草，中有「遠志」。公取以問謝：「此藥又名『小草』，何一物有二稱？」謝未即答。時郝隆在坐，應聲答曰：「此甚易解：處則為遠志，出則為小草。」謝甚有愧色。桓公目謝而笑曰：「郝參軍此通乃不惡，亦極有會。」

郝隆借題發揮，譏刺謝安出處不一，隱志不終。《世說‧傷逝》3 云：

孫子荊以有才，少所推服，唯雅敬王武子。武子喪時，名士無不至者。子荊後來，臨屍慟哭，賓客莫不垂涕。哭畢，向靈牀曰：「卿常好我作驢鳴，今我為卿作。」體似真聲，賓客皆笑。孫舉頭曰：「使君輩存，令此人死！」

弔喪出以「驢鳴」，在突兀處見真情；而「使君輩存，令此人死！」則虐矣！蓋獨鍾死者，意於弔喪時聞笑聲，乃夷然不屑，出言斥之。此皆超越禮俗，

不能以常識視之。〈排調篇〉21 又載：

> 康僧淵目深而鼻高，王丞相每調之。僧淵曰：「鼻者面之山，目者面
> 之淵。山不高則不靈，淵不深則不清」。

康僧淵包裝內心不滿，先自我解嘲，再施逆擊。〔註12〕〈排調〉18 又載：

> 王丞相枕周伯仁膝，指其腹曰：「卿此中何所有？」答曰：「此中空
> 洞無物，然容卿輩數百人」。

此吐辭自高也。在應對間，既捷給，又欲破他立我，故往來較量，雅俗並陳。

當時嘲謔之風極盛，如《晉書·范寧傳》載寧常患目痛，就中書侍郎張
湛求方，湛因嘲之曰：

> 古方，宋陽里子少得其術，以授魯東門伯，魯東門伯以授左丘明，
> 遂世世相傳。及漢杜子夏、鄭康成、魏高堂隆、晉左太沖，凡此諸
> 賢，並有目疾，得此方云：用損讀書一，減思慮二，專內視三，簡
> 外觀四，旦晚起五，夜早眠六。凡六物，熬以神火，下以氣篩，蘊
> 於胸中七日，然後納諸方寸。修之一時，近能數其目睫，遠視尺捶
> 之餘。長服不已，洞見牆壁之外。非但明目，乃亦延年。

此以經學傳承來調嘲。就如阮籍取笑禮法之士「立則磬折，拱若抱鼓，動靜有
節，趨步商羽，擇地而行」，極力挖苦其迂腐之狀。《抱朴子》中論及當時嘲戲
之談，「或上及祖考，或下逮婦女。往者務其必深焉，報者恐其不重焉。倡之者
不慮見答之後患，和之者恥于言輕之不塞。……以不應者為拙劣，以先止者為
負敗。」此皆受當時逞奇善辯風氣之影響，亦世風好尚通脫，喜作狡獪之語，
以為日常生活之調劑，也援引為談資，除發揮娛情之作用，亦以解紛釋仇。

（四）和尚之辯論經義

當時和尚講論經義，亦多難問縱橫，攻難備至。《高僧傳》卷五載：

> （佛圖）澄講，（道）安每覆述，眾未之愜，咸言：「須待後次，當
> 難殺崑崙子。」即安後更覆講，疑難鋒起，安挫銳解紛，行有餘力，
> 時人語曰：「漆道人，驚四鄰。」

同卷〈竺法汰傳〉又載：

> 時沙門道恒，頗有才力，常執心無義，大行荊土。汰曰：「此是邪說，
> 應須破之。」乃大集名僧，令弟子曇壹難之。據經引理，析駁紛紜。

〔註12〕《言語》17 載鄭艾口吃，語稱艾艾，司馬昭戲之曰：「卿云艾艾，定是幾艾」？
　　　　對曰：「鳳兮鳳兮，故是一鳳」。是以「鳳」自比，以維尊嚴。

恒仗其口辯，不肯受屈，日色既暮，明旦更集。慧遠就席，攻難數番，關責鋒起。**恒**自覺義途差異，神色微動，麈尾扣案，未即有答。

遠曰：「不疾而速，杼軸何爲。」座者皆笑矣。心無之義，於此而息。

《高僧傳》卷六又言慧遠講說，有客難實相義，「往復移時，彌增疑昧」。又僧肇「及在冠年而名振關輔，時競譽之徒，莫不猜其早達，或千里負糧，入關抗辯。肇既才思幽玄，又善談說，承機挫銳，曾不流滯。時京兆宿儒，及關外英彥，莫不挹其鋒辯，負氣摧衄。」竺道生唱「頓悟成佛」，「守文之徒，多生嫌嫉，與奪之聲，紛然競起。」釋弘充「善能問難，先達多爲所屈，後自開法筵，鋒鏑互起，充既思入玄微，口辯天逸，通疑釋滯，無所間然，每講法華十地，聽者盈堂」。慧隆「思徹詮表，善於清論，乘機抗擬，往必折關。」寶亮「開章命句，鋒辯縱橫，其有問論者，或豫蘊重關。及亮之披解，便覺宗旨渙然，忘其素蓄。」而沙門善談辯，且聲名最噪者，當推支道林，支道林與名士、談客周旋，曾不少屈。他曾與于法開、殷浩、王羲之等抗辯過，尤其講「逍遙」義，「才藻新奇，花爛映發」，論《莊子・漁父》：「敍致精麗，才藻奇拔」（〈文學〉55），爲清談高手。另外如康僧淵「語言辭旨，曾無愧色。領略粗舉，一往參詣」（《世說・文學》47）；道壹好整飾音辭，「馳騁遊說，言固不虛」（〈言語〉93）；康法暢「常執麈尾行，每值名賓，輒清談竟日」（《高僧傳》），是沙門因談講佛經的訓練，故預談座，亦拔新領異，凸出眾表。像竺法汰講《放光經》，「開題大會，帝親臨幸，王侯公卿，莫不畢集……開講之日，黑白觀聽，士女成群，及諸桑門徒，以次駢席，三英負袤，至者千數。」（《高僧傳》），其盛況可知。而竺法汰「風姿可觀，含吐蘊藉，詞若蘭芳」，宜其造成傾動之勢。所以到東晉般若學實助長玄學的發展，般若學亦成了玄學的一主題。

（五）婦孺善談辯

在清談風氣之流行下，婦孺亦深受濡染，而學得伶牙利齒，應對無碍，極富機趣。如「徐孺子（徐穉）年九歲，嘗月下戲。人語之曰：『若令月中無物，當極明邪？』徐曰：『不然，譬如人眼中有瞳子，無此必不明。』」（《世說・言語》2）

又〈排調篇〉6 載：「孫子荊年少時欲隱，語王武子『當枕石漱流。』誤曰：『漱石枕流』。王曰：『流可枕，石可漱乎？』孫曰：『所以枕流，欲洗其耳；所以漱石，欲礪其齒。』」又〈言語〉43：「梁國楊氏子，九歲，甚聰慧。孔君平詣其父，父不在，乃呼兒出，爲設果。果有楊梅，孔指以示兒曰：『此

是君家果。』兒應聲答曰：『未聞孔雀是夫子家禽。』」又〈言語〉46：「謝仁祖年八歲，謝豫章將送客，爾時語已神悟，自參上流。諸人咸共歎之曰：『年少一坐之顏回。』仁祖曰：『坐無尼父，焉別顏回？』」〈排調〉30 載：「張吳興年八歲，虧齒，先達知其不常，故戲之曰：『君口中何爲開狗竇？』張應聲答曰：『正使君輩從此中出入！』」

　　童子能言善對，婦女亦參與談座，如謝道韞神情散朗，聰識有才辯，頗有「林下風氣」，〔註13〕據《晉書・列女傳・謝道韞傳》載其譏謝玄「學植不進」，曰「爲塵務經心，爲天分有限邪？」又載：

　　　　凝之（道韞之夫）弟獻之嘗與賓客談議，詞理將屈，道韞遣婢白獻之
　　　　曰：「欲爲小郎解圍。」乃施青綾步鄣自蔽，申獻之前議，客不能屈。

她曾與太守劉柳對談過，以風韻及敘理之清雅，讓劉柳「心形俱服」，歎賞不置，韞「清心玄旨，姿才秀遠」，以「未若柳絮因風起」之佳對爲謝安所賞，其口辯固由才質與家教也。《世說・惑溺》6 載：「王安豐婦，常卿安豐。安豐曰：『婦人卿婿，於禮爲不敬，後勿復爾。』婦曰：『親卿愛卿，是以卿卿；我不卿卿，誰當卿卿？』遂恆聽之。」《世說新語補》載：「劉道眞常與一人共素拌草中食，見一嫗將二兒過，並青衣。調之曰：『青羊將二羔』，嫗曰：『兩豬共一槽。』」據裴啓《語林》載劉道眞遇亂於河測牽船，見一老嫗采桑逆旅，謂之曰：「女子何不調機利杼而采桑逆旅？」女答曰：「丈夫何不跨馬揮鞭，而牽船乎？」都見應對捷給，極富機智，且言辭伶俐，絕不讓人占便宜。談辯之風影響到當時人物對話之尖刻幽默，令人忍俊不禁。

二、清談之形式及取勝的條件

　　清談又稱清言、雅言，因爲當時士人鄙薄世俗，凡語涉俗事，就爲人看不起，如〈品藻〉74 言子猷、子重多說「俗事」，謝公評爲「躁人之辭多」；王戎多殖貨財，林下諸賢稱之爲「俗物」（〈排調〉4）；王衍爲表示不俗，故「口不言錢」（〈規箴〉9）；有仕宦意則稱「俗情不淡」（〈排調〉53）。既然當時士人背俗趨雅，所以清談所言自然不是俗事之閒聊，皆爲學問之研尋。至於談法，或分「筆談」與「口談」，而以「口談」爲主。〈文學〉70 載：

〔註13〕《世說・賢媛》30：「謝謁絕重其姊，張玄常稱其妹，欲以敵之。有濟尼者，並遊張、謝二家。人問其優劣？」答曰：「王夫人（道韞）神情散朗，故有林下風氣。顧家婦清心玉映，自是閨房之秀。」，《箋疏》頁 698。

樂令善於清言，而不長於手筆。將讓河南尹，請潘岳爲表。潘云：「可
作耳，要當得君意。」樂爲述己所以爲讓，標位二百許語。潘直取
錯綜，便成名筆。時人咸云：「若樂不假潘之文，潘不取樂之旨，則
無以成斯矣。」

《世說·文學》73 又載：

太叔廣甚辯給，而摯仲治長於翰墨，俱爲列卿。每至公坐，廣談，
仲治不能對。退著筆難廣，廣又不能答。

又〈文學〉74：

江左殷太常父子，並能言理，亦有辯訥之異。揚州口談至劇，太常
輒云：「汝更思吾論。」

《文學》注引《中興書》亦載（殷融）兄子浩亦能清言，每與浩談，有時而
屈，退而著論，融更居長。

　　可見當時言語、文學乃分爲二事。而亦有言辯與文學皆精者，如裴頠談
辯能力與王衍旗鼓相當，又著〈崇有〉二論，爲當時名論，頗被徵引。支道
林以《莊子·逍遙論》獨擅談座，又退著其論，以爲「逍遙新義」，據《世說·
文學》載有數千言，今得存不過百餘言耳。

　　而大型談座之召開，大多有特殊名義，或遇喜慶節日，如婚宴、生日宴
等，由有位望者召集當時名辯者與會，在酒宴中，激烈的談辯，實足以快人
心意。頗有助興之效果。清談的題目常爲臨時決定，如《世說·文學》55 載：

支道林、許、謝盛德，共集王家。謝顧謂諸人：「今日可謂彥會，時
既不可留，此集固亦難常。當共言詠，以寫其懷。」許便問主人有《莊
子》不？正得〈漁父〉一篇。謝看題，便各使四坐通。支道林先通，
作七百許語，敘致精麗，才藻奇拔，眾咸稱善。於是四坐各言懷畢。
謝問曰：「卿等盡不？」皆曰：「今日之言，少不自竭。」謝後粗難，
因自敘其意，作萬餘語，才峯秀逸。既自難干，加意氣擬託，蕭然自
得，四坐莫不厭心。支謂謝曰：「君一往奔詣，故復自佳耳！」

談辯時問題標義，稱爲「通」。首先提出正面解釋者爲主，質疑者爲客（或稱
難），由主方先「豎義」，引來客方之詰難，此稱「諮疑」。主客異勢，「依方
辯對」針鋒相對，往返一回稱「一番」，就如拉鋸戰般之「苦相折挫」。大都
是兩人對辯，也有幾人共辯者。談時爲堅立己理，每援古證今，此爲「談證」。
於時條例自己的道理，稱爲「唱理」或「敘理」。辯時兩造義理有「格而不相

通」、「爭而不相喻」時，則有第三者爲之疏解，「通彼此之懷」，爲兩家「騎驛」，使「兩情皆得，彼此俱暢」，如裴徽、張憑皆是此方好手。而若雙方辭義俱佳，不分上下，此叫「辭喻不相負」。談座上若遇無人再出新義，而己意未盡，尚可自設詰難，自爲主客，自問自答；或勝者也可反執敗者之理，憑機智巧辯而取勝，此稱爲「更相覆疏」，使談座達到高潮。

　　清談時，因談者不是「理勝」就是「辭勝」，談家每有備而來。故清談實非泛泛之談，常是爭得難分難捨，旁人幾無置喙的餘地。《世說・文學》22 載：

　　　　……丞相與殷共相往反，其餘諸賢，略無所關。……明旦，桓宣武
　　　　語人曰：「昨夜聽殷、王清言甚佳，仁祖亦不寂寞，我亦時復造心，
　　　　顧看兩王掾，輒翣如生母狗馨。」

故每有新義標出時，四座莫不厭心稱快，愈是激烈的場面，愈是快人心意。這樣的以談辯爲樂，或聽人談辯爲樂，以其具賭勝的意味，故稱「劇談」，可見其激烈程度。《世說・文學》41 又載：

　　　　謝車騎在安西艱中，林道人往就語，將夕乃退。有人道上見者，問
　　　　云：「公何處來？」答云：「今日與謝孝劇談一出來。」

有以談辯爲業者，〈文學〉19 注引鄧粲《晉紀》曰：「（裴）遐以辯論爲業，善敘名理，辭氣清暢，泠然若琴瑟，聞其言者，知與不知，無不嘆服」。除辭理俱具，還兼及音調之美。

　　因爲談者多，大家對談辯皆興致勃勃，所以談辯的方術也就愈臻精微，首先談辯還是以辨正然否，以得「理勝」爲主，故勝理必極精微，如〈文學〉19 載：

　　　　郭（象）陳張甚盛，裴（遐）徐理前語，理致精微，四坐咨嗟稱快。

又〈賞譽〉98 載：

　　　　王長史歎林公：「尋微之功，不減輔嗣。」〔註14〕

故清談又稱「微言」，〔註15〕義理以能「拔新領異」爲佳，〈文學篇〉36 載：

　　　　王逸少作會稽，初至，支道林在焉。孫興公謂王曰：「支道林拔新領
　　　　異，胸懷所及，乃自佳，……因論莊子〈逍遙遊〉。支作數千言，才
　　　　藻新奇，花爛映發。王遂披襟解帶，留連不能已。」

〔註14〕　《世說・賞譽》98 注引〈支遁別傳〉曰：「遁神心警悟，清識玄遠，嘗至京師，
　　　　王仲祖稱其造微之功，不異王弼。」《箋疏》頁 475。

〔註15〕　如〈文學〉載：達旦「微言」，足參「微言」，常恐「微言」將絕。

為求新拔以謀勝算，偶還不惜破舊義，如支愍度過江，立「心無義」而擅於江東。其次，亦當求其愜足人心，如〈品藻〉39 載：

> 人問撫軍：「殷浩談竟何如？」答曰：「不能勝人，差可獻酬群心」。

理勝外，辭采亦需出色，須有即席晤語，詞韻如流的工夫，故語言的修養極關重要，要能善述己理，當時辭旨講求「簡要」、「簡至」、「簡切」、「簡暢」，如〈樂廣傳〉云：

> 王衍自言：「與人語甚簡至，及見廣，便覺己之煩。」

又謝安贊美王濛曰：「王長史語甚不多，可謂有令音」（〈王濛傳〉），此以簡至切要為上也。又貴「破他立我」，〈品藻〉48 載：

> 劉尹至王長史許清言，時苟子年十三，倚牀邊聽。既去，問父曰：「劉尹語何如尊？」長史曰：「韶音令辭，不如我；往輒破的，勝我！」

而個人之才有巧拙，到了後來，清談不以「談理」為目的，一味逞勝，而流於詭辯，辯不入道，即所謂「不知理之所在」者，《世說‧文學》38 載：

> 許掾年少時，人以比王苟子，許大不平。時諸人士及於法師並在會稽西寺講，王亦在焉。許意甚忿，便往西寺與王論理，共決優劣。苦相折挫，王遂大屈。許復執王理，王執許理，更相覆疏，王復屈。
>
> 許謂支法師曰：「弟子向語何似？」支從容曰：「君言佳則佳矣，何至相苦邪？豈是求理中之談哉！」

按「理中之談」是為得「理」，且在理中談理，得其通理。而「談中」之理，則是人各異辭，自是非人，莫衷一是，徒騁口舌，未得理源者。在數度交鋒後，出現「利鈍」，其理屈者，每「遊辭不已」，終被「摧屈」而敗陣，遂默而退，〈文學〉57 載：

> 僧意在瓦官寺中，王苟子來與共語，便使其唱理。意謂王曰：「聖人有情不？」王曰：「無」，重問曰：「聖人如柱邪？」王曰：「如籌算，雖無情，運之者有情！」僧意云：「誰運聖人邪？」苟子不得答而去。

有時為求勝，還請人捉刀，如前引會稽王迎劉真長以制伏孫安國之例便是。論敵每設圈套，讓對方「入其玄中」，反之，若能「改轍遠之」，避開鋒頭，且伺隙突擊。時以談座之第一理為最勝義，勝理者每冠以其姓，如支遁以「逍遙義」稱霸，即稱為「支理」。清談高手每享時譽，如被稱為「言談之林藪」、「理窟」、「後進領袖」之目，往往也成了進身之階。

談辯之中強中復有強中手，輸的一方，每為人所取笑。〈文學〉33 載：

> 殷中軍嘗至劉尹所清言。良久，殷理小屈，遊辭不已，劉亦不復答。
>
> 殷去後，乃云：「田舍兒，強學人作爾馨語！」

又〈文學〉30 載：

> 有北來道人好才理，與林公相遇於瓦官寺，講小品。于時竺法深、
> 孫興公悉共聽。此道人語，屢設疑難，林公辯答清析，辭氣俱爽。
> 此道人每輒摧屈。孫問深公：「上人當是逆風家，向來何以都不言？」
> 深公笑而不答。林公曰：「白旃檀非不馥，焉能逆風？」深公得此義，
> 夷然不屑。

又有敗而不服輸，乃努力研磨出新義，透過他人報復者，如于法開與支遁爭
名，自己遁跡剡下而遣弟子前往會稽，時支講小品，于法開示語攻難數十番，
當面質問支遁，林公遂屈。因談辯激烈，故要不斷精益求精，因稍一鬆懈則
將被淘汰。如王長史與支道林辯，雖自謂「名理奇藻」，支卻謂之「身自君別
多年，君義言了不長進」，王大慚而退。而有時為應付談講，須絕賓客，精思
十日，以「預造雜難」、「擬為仇對」，類似今之「沙盤推演」，乃能臨陣應付
自如。因清談于「理會之間，要妙之際」，十分精彩，故每讓人「歎息絕倒」，
「四坐咨嗟稱快」，足可獻酬群心。

又如慧遠辯道恒「心無」義時，道恒神色微動，塵尾扣案，未即有答，「坐
者皆笑」。被摧屈者，甚且有羞死者。微理之談到後來變質，逐漸空洞，《世說·
排調》61 載士流語次作「了語」、「危語」以相戲者。《世說·排調》61 載：

> 桓南郡與殷荊州語次，因共作「了語」。顧愷之曰：「火燒平原無遺
> 燎」。桓曰：「白布纏棺豎旒旐」。殷曰：「投魚深淵放飛鳥」。次復作
> 「危語」。桓曰：「矛頭淅米劍頭炊」。殷曰：「百歲老翁攀枯枝」。顧
> 曰：「井上轆轤臥嬰兒」；殷有一參軍在坐，云：「盲人騎瞎馬，夜半
> 臨深池」。殷曰：「咄咄逼人！」仲堪眇目故也。

此為「趣談」，祇能說是清談的偏格，而非正宗，是談之下者。

清談亦有不以名理為高，只以辭語犀利為尚者，如〈排調〉9：

> 荀鳴鶴、陸士龍二人未相識，俱會張茂先坐，張令共語。以其并有大
> 才，可勿作常語。陸舉手曰：「雲間陸士龍」，荀答曰：「日下荀鳴鶴」。
> 陸曰：「既開青雲覩白雉，何不張爾弓，布爾矢？」。荀答曰：「本謂
> 雲龍騤騤，定是山鹿野麋，獸弱弩強，是以發遲！」張乃撫掌大笑。

此以制伏對方以快心志為目的者，莫如習鑿齒與釋道安，據《太平御覽》載

習詣道安，正值齋食，眾僧見習皆捨鉢斂衽，獨道安食不輟。習厲聲曰：「四海習鑿齒」，道安應曰：「彌天釋道安」；習曰：「頭有鉢上色，鉢無頭上毛」；道安曰：「面有匙上色，匙無面上坳」（習面上坳）。習又曰：「大鵬從南來，眾鳥皆戢翼，何物凍老鴟，腩腩底頭食」；道安曰：「微風入幽谷，安能動大才；猛虎當道食，不覺蚤蝨來。」習無以對。此快言快語，機趣橫生。又如《晉書・祖納傳》載祖納對梅陶、鍾雅言：「君汝潁之士，利如錐；我幽冀之士，鈍如槌。持我鈍槌，捶君利錐，皆為摧矣。」；陶、雅稱「有神錐，不可得槌」，納曰：「假有神錐，必有神槌」，雅乃無以對。此捷給快語，頗值一哂。可見清談之內容極為廣泛，而口辯辭長，足以顯才調，助逸興也。

大底而言，清談取勝的條件可歸納為下列幾點：

（一）拔新領異

「勝理」必在其能標新理，立異義，判滯義，暢彼我，具「尋微之功」，為一坐所不及，也就是推擴新義，發人所未發，能突出「舊義」之上，憑「隱解」而造理。如支遁〈逍遙義〉，即以才藻新奇而令聽者「披襟解帶，留連不能已」。

（二）清通簡要

《晉書・王承傳》載其「言理辯物，但明其指要而不飾文辭，有識者服其約而能通」；他如張憑「言約旨遠」、劉惔「辭難簡切」，甚至簡到三個字──「將毋同」，因扣緊時代思潮遂傳為佳話。而「一語中的」之功夫，正見其慧識。

（三）辭條豐蔚

謝安敘《莊子・漁父》，作萬餘語，才峰秀逸；郭象才甚豐贍，其語議如「懸河瀉水，注而不竭」，滔滔不絕；胡毋彥國吐佳言如屑，後進領袖；殷浩敘理富贍，花爛映發。以其一往奔詣，足以動心駭聽。

（四）韶音令辭

自郭泰談論講求「美音制」，以下清談，亦注意音辭之美。如裴遐發言「泠泠若琴瑟」，即形容其抑揚頓挫間，殆如樂音。又如竺法汰「詞若蘭芝」，王濛亦以「韶音令辭」自許。是知談講的音調須和諧悅耳，如張華、裴頠之言論「袞袞可聽」（〈王戎傳〉），其必輕靈自然，令人回味無窮，甚至達到「前有浮聲，後有切響」的地步。

（五）理密境愜

此指情境須貼切，頗有神悟。思理須縝密，言辭須生動，語義須盡而不

盡，具弦外之音。若客問樂廣「指不至」之理，樂廣不直接剖析文句，而以塵尾柄敲几曰：「至不？」客曰：「至！」樂廣因又舉塵尾曰：「若至者，哪得去？」客乃悟服。蓋事物變動不居，故至即不至，不至即至。他如郭象之標「適性逍遙」，皆切合情境而成當時之第一勝義。

第六節　清談之意義及價值

清談衍盛之因多端，而其意義於今猶可重新評價，不可從衛道之士所斥的「清談廢務」而一概否定之，其功能約有：

（一）逃避政治風險，風流自標

現實既然易被牽連受禍，所以須矇矓其旨，達到玄冥之境。要之，玄風之大暢，清談之盛行與政禍之慘烈密切相關。及東晉渡江，士族與其所擁護的政權，皆安於現狀，無北伐之志，他們陶醉於江南富庶之鄉。由上至下，「莫不崇飾華競，祖述虛玄，擯闕里之典經，習正始之餘論，指禮法爲流俗，目縱誕以清高」（《晉書‧儒林傳序》），他們經常有「雅集」，在雅集中，「清談」乃不可缺少而最吸引人的一項活動。如《世說‧文學篇》22載：

> 殷中軍爲庾公長史，下都，王丞相爲之集，桓公、王長史、王藍田、謝鎭西并在。丞相自起解帳帶塵尾，語殷曰：「身今日當與君共談析理！」既共清言，遂達三更。丞相與殷共相往反，其餘諸賢，略無所關。既彼我相盡，丞相乃歎曰：「向來語，乃竟未知理源所歸，至於辭喻不相負。正始之音，正當爾耳。」

在「共談析理」中，遣懷助興，忘記現實的煩憂。故口談浮虛者，每不以時務經懷，在揮動塵尾時，睥睨群倫。

（二）雅詠玄虛中，培養氣度

《世說‧雅量篇》29載：

> 桓公伏甲設饌，廣延朝士，因此欲誅謝安、王坦之。王甚遽，問謝曰：「當作何計？」謝神意不變，謂文度曰：「晉阼存亡，在此一行。」相與俱前。王之恐狀，轉見於色。謝之寬容，愈表於貌。望階趨席，方作洛生詠，諷「浩浩洪流」。桓憚其曠遠，乃趣解兵。王、謝舊齊名，於此始判優劣。

靠著玄學修養，臨危夷泰。謝安本是清談之秀出者：他曾在一次談辯的場合，

講《莊子・漁父》一篇,「作萬餘語,才峯秀逸」(《世說・文學》55),《世說・賞譽篇》76 亦載:

> 謝太傅未冠,始出西,詣王長史,清言良久。去後,苟子問曰:「向客何如尊?」長史曰:「向客亹亹,爲來逼人。」

可見謝安談鋒極銳,而其施政每「鎮以和靖,御以長算」,「不存小察,弘以大綱,威懷外著」(〈謝安傳〉),在剖玄析理中,實可提昇人之精神境界,這樣足以產生智慧,以靜制動,應付複雜之事務或局勢。謝尚〈談賦〉言:「斐斐亹亹,若有若無。理玄旨邈,辭簡心虛」,〔註16〕清談在暢玄遠之旨,故可培養清虛沈靜之襟懷。

(三)應對酬唱,排難解紛

《世說・言語》19 載:

> 晉武帝始登阼,探策得「一」。王者世數,繫此多少。帝既不悅,群臣失色,莫能有言者。侍中裴楷進曰:「臣聞天得一以清,地得一以寧,侯王得一以爲天下貞。」帝悅,群臣歎服。

此同於〈言語〉106 所載:

> 桓玄既篡位,後御床微陷,群臣失色。侍中殷仲文進曰:「當由聖德淵重,厚地所以不能載。」時人善之。

辭鋒義理,足以排解窘境,博得一坐之歡,贏得讚歎與回味。

(四)機敏捷給,露才揚己

《世說新語》多彰顯〈言語〉之機趣,《金樓子》中亦有〈捷對篇〉,其中有勸誡,有謔浪。《世說・文學》31 載:殷中軍對孫安國曰:「卿莫作強口馬,我當穿卿鼻。」孫曰:「卿不見決鼻牛,人當穿卿頰。」務必馴服對方乃已,他們個個以「第一理」相期。爲了在清談坐上,出奇制勝,須研尋各種學問,不敢以小道覷之,一個人之義理程度,即是其在士流中之地位,故競爭激烈。時視清談如「射覆」,以一語中的爲巧;爲能擒服對方,須辭理交至,甚見逞才之趣。

沈剛伯於〈論文化蛻變兼述我國歷史上的第一次文化大革新〉一文中即云:

> 總之,六朝盛行之清談,一方面固充分表示彼時新學術之激盪紊亂,而未能融會調合,一方面也正足反映思想言論之絕對自由;男女老

〔註16〕謝尚字仁祖,父謝鯤。神懷挺率,自然令上。〈談賦〉見《全晉文》頁880。

少，方内方外的人士都可以登壇講演，公開辯論，反復設難，夜以
繼日，而絕無挾貴、長以凌貧賤之事。談空、說有，新義風生；神
滅、神存，妙論泉湧。漸、頓兩派，各圓其說，六宗、七家，各言
其理；遂使中、外諸說並行而不悖，周、孔、佛、老相反而相成，
一時著述之多，思想之奇，在中國學術史上，除了戰國以外，可說
是絕無僅有。〔註17〕

（五）口辯辭長，分別流品

「清談」為魏晉一大特色，在自由談論之中，琢磨義理，以圓成己說。
不但要求知其然，且要知其所以然。這種玄理玄辯，實帶動哲學、文學藝術
的蓬勃發展。哲學、藝術方面不論矣，至於文學上，其影響即十分明顯。蓋
清談風氣影響於當時人講話玄遠有韻味，或好整飭音辭，簡要中見閒逸脫俗
之美，極可欣賞。

而文士之逞辯，注重辭、理之勝，且講求破他立我之談辯技術，這些「因
談餘氣，流成文體」（《文心・時序》），造成「澹思濃采」，重誇飾，氣勢恢張，
慷慨任氣。由逞辯而競作，議論蠭出，口辯辭長，敍理成論，「論作甚夥，唯
取昭晰之能」，〔註18〕論體因而無游詞膚理，皆師心獨見，鋒穎精密。而著述
愈繁，「家家有著，人人有集」，文集多，體裁愈備，風格畢陳，文成而法立，
分別流品，文評乃適時產生，可予作者、讀者以針砭與指導，故文學之昌盛，
是有原因的。

小　結

「清談」之為清，即在其不俗，有時是光為談而談，大張旗鼓，辭理交
迸，滿足玄思之快感。有時也涉及宇宙、社會、人生之議題，尤其人物言行
之評鑑，無不機趣橫生，甚見當時士人任性通脫之習氣。世有以《世說新語》
為魏晉清談的教科書，即因其語言之活潑、豐富。當政治控制力相對削弱之
時，逞肆無忌憚的恣談縱辯，逞智競趣，驅扇諧謔，從清談應對，展現才調，
也張揚了自我。

〔註17〕發表於《中山學術文化集刊》第 1 期（西元 1968 年 3 月），頁 509。
〔註18〕劉永濟《文心雕龍校釋》（台北：正中書局，西元 1970 年）言：「俗好臧否，
　　　人競唇舌，而論著之風，鬱然興起，覈其大較，則不出兩宗，一則據形名以
　　　為骨幹，一則託老莊以為營魄。據形名者以校練為宗，託老莊者用玄遠取勝。」

　　由於談辯時，主客間往反詰難，爲了爭勝，故多注重辨析名理，這促使邏輯思維的發展。從當初「名、實」之辨，要求用事實證驗言論，到對於語言功能之反省的「言意」之辨，這是很自然的發展，因爲他們所探討的層次愈來愈廣泛與深入，尤其從質實的宇宙生成論發展到形上本體的路上時，言語的功能已經出現危機，如何解決困難，是當時思想家的課題。在激發高致，深化玄思上，清談實有功焉。

　　因爲當時思想家多爲一時名士，以具有較高的學養，能詩，能文，故此時文學作品中多存其思想，所以，當時哲學與文學藝術的關係是十分密切的。名士熱衷談辯，思想刮垢磨光，在名流之對辯中，奇義時出。從當時談座之「勝理」，再敍理成論，成爲一時「名論」。或先著論，再援其論以談「理」，而獨冠談座，是「言」、「論」相得益彰，「論」之貴在破他立我，研精一理，乃今見魏晉文學遺產中最璀璨的珠寶。其如言語應酬，類如今之文藝沙龍，造就魏晉別開生面的文化現象，亦有可取者。《顏氏家訓・勉學》言：「清談雅論，剖玄析微，賓主往復，娛心悅耳」，固不可輕忽之。

（附）魏晉善辯人物表

　　何晏、臧艾、王弼、鍾會、爰翰、傅嘏、荀粲、阮籍、嵇康、秦宓、馬謖、董允、費禕、胡濟、彭羕、劉琰、諸葛恪、羊衜、張悌、劉繇、魯肅、呂蒙、暨艷、劉陶、管輅、單子春、朱據、謝玄、張純、呂岱、潘濬、王祥、歐陽建、羊祜、樂廣、裴頠、張華、裴楷、裴遐、衛瓘、衛玠、王濟、王戎、王衍、郭象、太叔廣、孫登、牽秀、繆播、祖納、邵續、溫嶠、張憑、韓作、謝萬、謝安、謝朗、孫盛、習鑿齒、道安、支愍度、支道林、于法開、慧遠、僧肇、車胤、王雅、袁宏、謝尚、謝玄、劉惔、王濛、王脩、王羲之、許詢、康僧淵、夏統、殷浩、殷仲堪、李密、潘京、戴昌、吳隱之、應貞、趙至、王敦、荀邃、馮紞、殷灼、郗超、劉疇、諸葛玫、卞粹、卞敦、葛洪、庾亮、王湛、王承、王述、袁悅之、范汪、庾龢、簡文帝、謝道韞、劉臻妻陳氏、苻堅妾，李玄盛后尹氏、李績、庾冰、苻融、苻朗、姚襄、姚興、姚泓、慕容寶、僭檀韋宗、慕容德等。

塵尾　日本正倉院藏

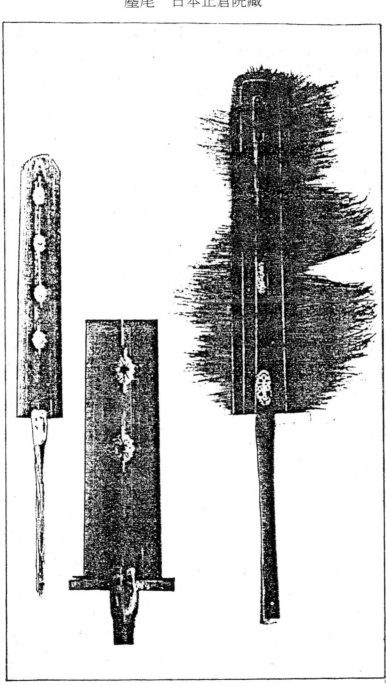

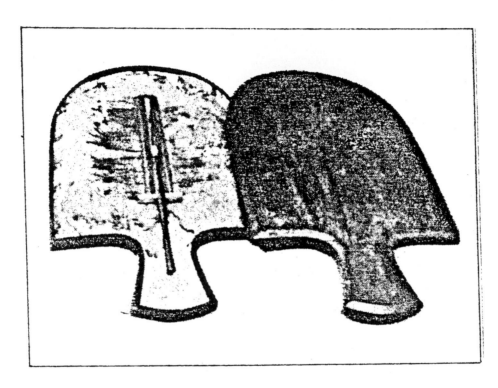

〔正倉院考古記〕

「麈尾有四柄，此即魏晉人清談所揮之麈，其形如羽扇，柄之左右縛以麈尾之毫，絕不似今之馬尾拂塵。此種麈尾，**恒**於魏齊維摩説法造像中見之，……諸石刻中之維摩所持麈尾，麈尾幾無不與正倉院所陳者同形，不過依時代關係，形式略有變化，然皆作扇形也。陳品中有『柿柄麈尾』，柄柿木質，牙裝剝落，尾毫尚存少許，今陳黑漆函中，可想見其原形。『漆柄麈尾』，牙裝；『金銅柄麈尾』，銅柄，毫皆不存。『瑇瑁柄麈尾』，柄端紫檀質，毫亦所存無多。按晉時庾亮有詰康法暢麈尾過麗之逸事，可見自晉以來，麈尾已尚華麗，正倉院諸具，猶存其風。又閻立本歷代帝王圖卷中之吳主孫權所持之麈，與陳品之華飾略同，亦一良證。」

第九章　風　流

前　言

　　魏晉士人之有社會聲價者，號稱「名士」，其實「名士」尚包括「高士」、「方士」、「居士」、「文士」、「隱士」，甚至名僧、高道等。從字面上解，「名士」是有名之士，但傳統的看法是一個人必須是有德、有才、有功業，足以領袖群倫，爲人所仰慕稱羨者，才享盛名；然而在魏晉時代却不然，當時「名士」每以「風流」取勝，所謂「風流」，是儀表、風度出群，且有才氣者，如《世說・賞譽》150：「范豫章謂王荊州：『卿風流儁望，眞後來之秀』」；當時名士多率任不羈，以脫略禮法爲風流，如《世說・品藻》81：「（韓康伯）門庭蕭寂，居然有名士風流」；《晉書・王羲之傳》附〈王獻之〉：「少有盛名，而高邁不羈，……風流爲一時之冠」，故魏晉時代以唾棄俗禮、高標自我，縱任情性，喜好玄談，沈耽美藝，而自顯風姿神韻者爲「風流」！惟眞名士能風流，而風流亦是名士的條件，「名士風流」乃魏晉時代之標幟，茲述論之：

第一節　論名士

　　「名士」之眞義是謂其「德行貞絕，道術通明，王者不得臣，而隱居不在位者也」（《禮記・聘義》引蔡氏說），然至後世紛紛，只要有閒，能飲酒，能哼些性靈詩篇，就是名士了。《世說・任誕》53 載：

王孝伯言：「名士不必須奇才。但使常得無事，痛飲酒，熟讀離騷，便可稱名士。」

孫綽〈遂初賦〉：「余少慕老莊之道，仰其風流久矣。」風流乃指流風遺韻言，如衞玠為海內所瞻之風流名士，樂廣、王衍、王濛、劉惔皆為風流之首，風流乃是舉止瀟灑，品格清逸，談玄論道，縱酒標韻。然魏晉名士多流於放縱、傲慢、自負、輕率、任性、虛浮、落拓、喜空言、嗜酒，他們於意見相投則互相標榜，反之則相輕詆。他們不滿現實，而於待人接物、為官理事，總抱持一種與世波流的玩世態度。在個人意識覺醒的時代，漠視禮法、不涉實務，一切以「自我」為前提。牟宗三論「名士」一格云：

「名士」一格自魏末開始。……名士所談者以老莊玄理為主，以因此而稱為名士。……然則究何謂名士？「諸葛亮與司馬懿治軍渭濱，趁日交戰。懿戎服蒞事，使人視亮：獨乘素輿，葛巾羽扇，指揮三軍，隨其止進。司馬歎曰：諸葛君可謂名士矣。」（見《世說補》）……吾人由司馬懿稱諸葛為名士，可得一線索，了解名士一格之特徵。司馬懿時，名士已如雨後春筍露清光於社會，故彼心中已有此觀念。……然則「名士」者清逸之氣也。清者不濁，逸則不俗。……逸者離也。離成規通套而不為其所淹沒則逸。逸則特顯「風神」，故俊。逸則特顯「神韻」，故清。故曰清逸，亦曰俊逸。逸則不固結于成規成矩，故有風。逸則洒脫活潑，故曰流。故總曰風流。風流者，如風之飄，如水之流，不主故常，而以自在適性為主。……故逸則神露智顯。逸者之言為清言，其談為清談。逸則有智思而通玄微，故其智為玄智，思為玄思。……是則清逸、俊逸、風流、自在、清言、清談、玄思、玄智，皆名士一格之特徵。〔註1〕

牟宗三以名士，惟顯一「逸氣」，逸氣無附麗，「不以禮立，不以義方」，他又以名士人格是藝術性的，是虛無主義的，其天生清新之氣、聰明之智，因只是「一點聲光之寡頭揮灑，四無掛搭，本是不能安住任何事的」（《才性與玄理》），故是消極的、病態的。牟先生以「名士」一格自魏末開始，似乎稍晚些，范曄《後漢書·方術傳》論云：

漢世之所謂名士者，其風流可知矣。雖弛張趨舍，時有未純，於刻情修容，依倚道藝，以就其聲價，非所能通物方，弘時務也。

〔註1〕見氏著《才性與玄理》（台北：台灣學生書局，1974年），頁67～69。

又〈黨錮列傳〉云：「自是正直廢放，邪枉熾結，海內希風之流，遂共相標榜，指天下名士，為之稱號。上曰『三君』，次曰『八俊』，次曰『八顧』，次曰『八及』，次曰『八廚』，猶古之『八元』、『八凱』也。」此修浮華之士流，皆稱為名士，而歸納漢季標準名士，大略具有下列條件：

　　（一）累世公卿，數世清德。
　　（二）逸才宏博，才氣自負。
　　（三）孝悌廉讓，鄉里推重。
　　（四）盡力所事，以著忠義。
　　（五）賞士愛才，提契後進。
　　（六）經濟優裕，護養一方。
　　（七）卓言偉行，風流自賞。
　　（八）矜奇好勝，率性任情。
　　（九）早知夙慧，鄉黨稱奇。
　　（十）遺落世事，胸有丘壑。

漢季名士，自有清標，為人所企羨。到魏晉間，或有因其風姿神韻，寄情山水；高舉出塵，不以時務經懷；或體玄識遠、名理奇藻；或不拘禮法，放蕩形骸，而獵得聲價，又以其出身世家名門，因參玄而有名，則名士成了很普遍的人物形象，不足為奇。名士代表，首為竹林七賢，《世說·任誕》多言「名士」一格，而其前面十五則，皆記述七賢事跡，其第一則云：

　　陳留阮籍，譙國嵇康，河內山濤，三人年皆相比，康年少亞之。預
　　此契者：沛國劉伶，陳留阮咸，河內向秀，瑯琊王戎。七人常集於
　　竹林之下，肆意酣暢，故世謂「竹林七賢」。

後有畢卓、阮放、桓彝、謝鯤、胡毋輔之、羊曼、羊逸、阮孚號稱「八達」。
又袁宏（彥伯）作《名士傳》，〈文學篇〉94云：

　　袁彥伯作《名士傳》成，見謝公。公笑曰：「我嘗與諸人道江北事，
　　特作狡獪耳！彥伯遂以著書。」

則「名士」乃具社會聲價，以風姿見賞者。劉孝標注此云：

　　宏以夏侯太初、何平叔、王輔嗣為正始名士。阮嗣宗、嵇叔夜、山
　　巨源、向子期、劉伯倫、阮仲容、王濬沖為竹林名士。裴叔則、樂
　　彥輔、王夷甫、庾子嵩、王安期、阮千里、衛叔寶、謝幼輿為中朝
　　名士。

中朝名士或稱元康名士。此僅舉其代表耳，即東晉名士亦未計及。然從《世說新語》所載，此時名士之條件之一為精通老、莊，如何晏、王弼以《易》、《老》名家，竹林七賢皆浸淫《老》、《莊》，以《莊》、《老》為模則，裴頠、諸葛玄、郭象、庾敳、殷浩、殷仲堪、衞玠、謝鯤等皆通《老》《莊》。東晉以來，和尚亦多深染名士習氣，又與名士交遊清談，〔註2〕儼然即是名士，如支道林、竺道潛等。孫綽〈道賢論〉以當時七僧，擬之竹林七賢，以法護比山巨源，帛法祖比嵇康，法乘比王濬沖，竺道潛比劉伯倫，支遁比向子期，于道邃比阮咸，于法蘭比阮嗣宗。又有以竺法行比樂廣者，此時沙門或稱「名僧」，或稱「高僧」，皆可視為「方外名士」，〔註3〕名士與名僧皆以風姿韻度標舉。〔註4〕

自何晏唱「夫惟無名，故可得遍以天下之名名之」（〈無名論〉）以下，士族貴遊假老莊自然之說，放蕩性行，言為「體道」，謂出乎「自然」，「名士」的行為有「玄學」做為根據。他們標榜自然，否定名教，而放任情性，對現存秩序，則予以尖刻的揭露和抨擊。他們受《老》、《莊》思想之影響，講究「神超形越」，他們從世俗禮法的價值觀中，脫略而出，自憐自賞，以背俗趨雅為特色。如王戎不忘俗情，阮籍乃斥之為「俗物」，王衍疾妻貪鄙，而「口不言錢」，〔註5〕名士們別出心裁的在言行上「出奇」，《世說》分三十六門，可說為當時名士的多元面貌，即若述女流的「賢媛」篇，實可稱為「女名士」，以其能突破傳統閨門規訓，勇於表現自我之情思。〔註6〕

〔註2〕 如王導、周伯仁、謝鯤、庾亮、謝安、王羲之、許詢、習鑿齒等，皆曾與和尚交往。

〔註3〕 梁・寶唱作《名僧傳》。梁・慧皎《高僧傳・自序》言：「前代所撰，多曰名僧。然名者，本實之賓也。若實行潛光，則高而不名，寡德適時，則名而不高」。《高僧傳》頁525。

〔註4〕 時論名士之作甚夥，如王敬仁〈賢人論〉、謝萬作〈八賢論〉、嵇康《高士傳》、袁宏《名士傳》、戴逵〈竹林七賢論〉等。

〔註5〕 《世說・規箴》9：王夷甫雅尚玄遠，常嫉其婦貪濁，口未嘗言「錢」字。婦欲試之，令婢以錢遶床，不得行。夷甫晨起，見錢閡行，呼婢曰：「舉却阿堵物。」此口不言錢以顯清高也。

〔註6〕 名士表：
竹林七賢、任愷、羊曼、山簡、衞玠、樂廣、周顗、王尼、賀循、張翰、顧榮、胡毋輔之、王澄、王忱、王機、阮孚、阮修、光逸、畢卓、謝鯤、阮放、桓彝、胡毋謙之、謝尚、王濛、劉惔、謝奕、溫嶠、桓伊、王蘊、王恭、庾亮、祖逖、王薈、謝安、殷浩、殷羨、殷融、王徽之、袁耽、桓玄、羊琇、孔群、王恬、孫統、劉昶、羅友、袁山松、張湛、劉寶、劉麟之、衞永、孫

第二節　任誕之風的背景

「任誕」乃魏晉名士特殊之性格，也是魏晉時代之特有風氣，「任誕」一詞出於《世說新語》，其意爲縱任放誕，通達不爲禮法所束者。《晉書》卷四十九列諸阮傳、七賢中的五賢（山、王另傳）及八達，可稱之爲「任達傳」，士人之任達成風，須另眼窺其端倪，茲就貴遊及當時價值觀之改變二端，探索其背景：

（一）貴　遊

「貴遊」一詞，始見《周禮·地官·師氏》：「凡國之貴遊子弟學焉」，鄭玄《注》以貴遊子弟爲王公子弟之無官司者。清談、任誕，本貴遊之新樣，他們修浮華，合虛譽，事交結。《晉書》載戴邈上疏云：「又貴遊之子未必有斬將搴旗之才，亦未有從軍征戍之役，不及盛年講肄道義，使明珠加磨瑩之功，荊璞發採琢之榮，不亦良可惜乎？」是貴遊乃膏梁子弟無什官司，終日遊樂，不研尋於學業，不砥礪於品行，不奮力以立功，坐享富貴，而務聲華者，其風氣影響整個時代。

士族門第因經濟地位優越，故多閒暇，他們除了清談外，不親世事，又擁有廣大莊園，有部曲附從爲其從事體力勞動，故有餘裕標風姿、騁才調。他們矜尚門第，生活奢靡，優閒渡日，不屑於從事生產事業，顏之推《顏氏家訓·勉學篇》言梁時之「貴遊子弟多無學術」，又〈涉務篇〉云：

> 梁世士大夫皆尚褒衣博帶，大冠高履，出則車輿，入則扶侍，郊郭之內，無乘馬者。……及侯景之亂，膚脆骨柔，不堪行步，體羸氣弱，不耐寒暑，坐死倉猝者，往往而然。……江南朝士，因晉中興，南渡江，卒爲羈旅，至今八九世，未有力田，悉資俸祿而食耳。假令有者，皆信僮僕爲之，未嘗目觀起一墢土，耘一株苗。不知幾月當下，幾月當收。安識世間餘務乎？故治官則不了，營家則不辦，皆優閒之過也。

印證《抱朴子·崇教》：「貴遊子弟，生乎深宮之中，長乎婦人之手，憂懼之勞，未常經心。或未免於襁褓之中，而加青紫之官；才勝衣冠，而居清顯之位。」知貴遊即膏梁子弟，無甚才實，生活優裕而慕風流者。又有如張載〈榷論〉所言之庸碌之徒，「莫不飾小辯、立小善以偶時，結朋黨，聚虛譽以驅俗，進之無補於時，退之無損於化」，或「循常習故，規行矩步，積階級，累閥閱，碌碌然以取世資」，「軒冕戲班之士，徒俯仰取容，要榮

統、孫綽、顧和、石崇……等。

求利」。〔註7〕此爲沐猴而冠之輩，每扇頹靡之風。

門閥士族逐漸腐化，多敗名檢、傷風化；或終日玄談，不以物務自攖、不以節義爲重。顏之推所言雖爲梁朝之事，然兩晉已莫不如此，祇是南朝更變本加厲而已。呂澂《中國佛學源流略講》云：

> （晉室南移），一大批豪門貴族流亡南方，他們又不能不依賴政權，
> 確保自己的經濟利益。同時，又深感時局的動蕩不安，因此，經濟
> 政治上的游離閑懶，就形成了他們特殊的性格：浮華任誕。〔註8〕

因爲安定的生活「有錢，有時間」，〔註9〕他們始得飾冶遊、縱任誕。王仲犖《魏晉南北朝史》亦云：

> 魏晉以降的世家大族，憑藉其身份特權，可以「平流進取，坐至公
> 卿」，並且擁有大量莊園，過著悠閒生活，不必以外物攖心，不必以
> 吏治著績，這樣一來，遂使世家大族，崇尚玄虛。〔註10〕

他們清閒，優哉遊哉，過無壓力的生活，於是逞口辨，露文才，尚玄思，或以琴棋書畫，音聲歌嘯妝點自己，此可稱「貴族」文化，貴遊之文詠，促進文學之發展及辭章之追求華美，此爲世族高門所成就的唯美文化。

（二）價值觀的改變

從一時代之價值取向，可窺一時代之風尚，「任誕」本是越禮悖教的行爲，但是當時不以爲非，且視爲高雅，此則該探討者，緣於「黨錮之禍」給士人生命、人格嚴重的摧殘；又漢末董卓之亂，三國混戰，魏晉禪代之際之誅戮異己，使人懷危懼，敏感的士人，紛紛皈依老莊之恬遯。而生命之無常，使士人無經國遠圖，漸傾向揮灑生命，流連光景，甚且土木形骸，自我放逐。從張季鷹言「使我有身後名，不如即時一杯酒」（〈任誕〉20），可窺此不尋常的訊息。又曹操用人不以德爲先，打破過去經明行修爲進身之階的傳統，從此價值觀整個改變，故反以簡傲任誕爲高雅，以兢業務實爲鄙吝。而由於對時局之不滿，有志之士，憂時悲世，乃反激成任誕不羈，以發洩苦悶，並以對當時政權的示威。〔註11〕

〔註7〕見《全晉文》頁906。
〔註8〕見氏著《中國佛學源流略講》（台北：里仁書局，1985年）。
〔註9〕勞榦《魏晉南北朝史》（台北：華岡出版社，1971年）。
〔註10〕見氏著《魏晉南北朝史》（上海，上海人民出版社，1979年）。
〔註11〕近人對任誕之研究如古苔光〈魏晉任誕人物的分類與行爲的探究〉一文，將
　　　　任誕人物分爲政治不滿者，一是受風氣影響者，或兼而有之者，然而也因爲

　　從魏晉諸名流之生活形態上看，實存在著「病態」，誠如和洽言：「凡激詭之行，則容隱僞矣。」〔註12〕然而在當時並不以之爲「不道德」，僅視爲「不應該」，這就顯示出當時的價值取向矣！如王戎既富且貴，却儉嗇到令人無法想像的地步。《世說・儉嗇篇》3載：

　　　　司徒王戎，既貴且富，區宅僮牧，膏田水碓之屬，洛下無比。契疏
　　　　鞅掌，每與夫人燭下散籌算計。

其產業之豐可知，然其「常若不足」（《晉陽秋》），對自己却「自遇甚薄」（《晉諸公贊》）、「不能自奉養」（王隱《晉書》），既敏於收刮，又吝於施捨，所以財產如滾雪球。在「財不出外」下（王隱《晉書》），「從子婚，與一單衣，後更責之」（《世說・儉嗇》2），「女適裴頠，貸錢數萬。女歸，戎色不說。女遽還錢，乃釋然。」（《世說・儉嗇》5），「有好李，賣之，恐人得其種，**恒**鑽其核。」（《世說・儉嗇》4）他似乎在追求無限的「量」，量的不斷增加，給他內心虛榮的滿足感，此滿足感是唯一的內在意義，從而忽視其他可能更重要的，譬如親情等。這是一種偏差，因爲他太過偏執某種價值或生命形態，而忽略了其他更有價值的東西！且自己執迷不返，其終也反被其所役，而不得快樂，我們固不必爲其迴護，如《晉陽秋》說他的多殖財賄，是用以「自晦」，或如戴逵說他「晦默於危亂之際，獲免憂禍，既明且哲」，此多出自我保護之方式。其實王戎之「儉吝」，固有不得已之「隱疾」，也可視爲「營家門」〔註13〕之計。

　　而《世說》又有〈汰侈篇〉，它表現爲積聚量之「外在顯揚」上，如石崇與王愷兩人之爭奢鬥侈，藉財富、外觀支持其虛榮心，每當想出足以誇豪鬥富的花招，〔註14〕而贏得富名時，則沾沾自喜，內心有無限的滿足感；其輸者則悵然若失，甚且惱羞成怒，憤而殺人。〔註15〕他們的財富，惟有將它誇

　　　當時背俗趨雅的風氣下，以出俗爲雅，竟至於以裸裎爲高，或以任誕行爲，
　　　以示「玄意」者，皆是以反襯當時士人之精神面貌也。該文收錄於《淡江學
　　　報（文學與商學部門）》第12期（1974年3月），頁287～320。

〔註12〕《三國志・和洽傳》，頁656。

〔註13〕但若觀王戎生命歷程的轉折，從早年「清」的形象（王戎喪父時不收巨資，
　　　足見其清。）到出仕時之無褰諤節，到晚年的儉吝，「自晦」說爲長，而其自
　　　晦正是爲了保王氏家門。

〔註14〕如王濟以「人乳飲独」、王愷以紫絲布步障四〇里，有牛常瑩其蹄甲；石崇用
　　　蠟燭作炊，又比珊瑚樹之高低，比誰之牛快。此具見《世說・汰侈篇》。

〔註15〕《世說・汰侈篇》5載石崇爲客作豆粥，咄嗟便辦；冬天得韭萍虀，牛速甚迅
　　　等秘密被泄露到王愷處，而足以爭長，乃憤而殺告者。

示出來，才有意義，他們追求著畸形的喝采，在別人的驚嘆聲中竟得意洋洋，這種以侈靡為高，夸恣為雅者，這正說明了「空虛」蒼白的時代心靈。

士人內心的苦悶無法疏解，價值取向也缺乏多元性，於是造成人性的潛在不安，許多奇形怪狀的訴求方式，乃紛紛出籠，且見怪不怪的認為高人一等，這是魏晉內部整體不安的信號之一而已。

雖然，在當時自有其價值標準，固非今日所能妄論，但從其刻意標新立異來看，那個時代的士人心靈，實是一種「畸型」現象，此變態是由逃避現實轉化而來。他們依附「老莊」，但對老莊之超越自我的修道歷程與工夫，不予注重，只襲取其否定德智的態度，故墮於極無聊、虛無及意氣之中，顏之推《顏氏家訓·勉學篇》云：

> 夫老、莊之書，蓋全真養性，不肯以物累己也。故藏名柱史，終蹈流沙；匿跡漆園，卒辭楚相，此任縱之徒耳。何晏、王弼，祖述玄宗，遞相誇尚，景附草靡，皆以農、黃之化，在乎己身；周、孔之業，棄之度外。而平叔以黨曹爽見誅，觸死權之網也；輔嗣以多笑人被疾，陷好勝之穽也；山巨源以蓄積取譏，背多藏厚亡之文也；夏侯玄以才望被戮，無支離擁腫之鑒也；荀奉倩喪妻，神傷而卒，非鼓缶之情也；王夷甫悼子，悲不自勝，異東門之達也；嵇叔夜排俗取禍，豈和光同塵之流也；郭子玄以傾動專勢，寧後身外己之風也。阮嗣宗沈酒荒迷，乖畏途相誡之警也。謝幼輿贓賄黜削，違棄其餘魚之旨也。彼諸人者，並其領袖、玄宗所歸。其餘枉桔塵滓之中，顛仆名利之下者，豈可備言乎？直取其清談雅論，剖玄析微，賓主往復，娛心悅耳，非「濟世成俗」之要也。

此明斥名士之心口不一，用心躁競，顛仆名利，殆非中正之士。就在以縱任為自然的理論下，他們遊戲人間，玩弄光景。

干寶《晉紀》云：「行身者以放濁為通而狹節信……當官者以望空為高而笑勤恪。……其倚杖虛曠，依阿無心者皆名重海內。」先是政治壓迫的陰影未能解除，在「保生」的要求下，多走向消極行為以「自晦」，其曠放乃有激使然，僅是個人的行為。但到了後來，逃避政治禍害的因素已經不存在，而任誕卻變本加厲，純以放曠為務，且彼此效法，成了群體風氣，以至於「露頭散髮，裸袒箕踞」，以此為得「大道之本」，輿論評價還以此為「通」，為「達」，「逆之者傷好，非之者負譏」，則整個社會的價值觀已墮落到「驕褻」的程度，

難怪有識之士要斥此爲「妖怪」，乃「左袵」之所爲，非諸夏之快事。(《抱朴子‧刺驕》)，爲胡狄侵中國之「萌」。

　　顯然的，魏晉名士以「任誕」爲高雅，這是在他們心目中，不以此爲破壞禮法，因爲「禮法」的標準不同，貴遊名士有自己的價值標準，一般人所謂的禮法，他們可以不管，裸裎散髮，在別人看來是破壞禮法，這是別人的標準。貴遊名士，有自己的標準，認爲放任才是「自然」，才無入而不自得，他們在自己的世界裏頹放縱樂，享人間樂園，這樣才十足的完成自我，他們拜「自然」爲其唯一禮法，〔註16〕這是他人所難理解的，所以他人斥之爲敗壞禮法，而貴遊名士仍我行我素，不但不以爲非，反相效慕以爲雅，所以今天我們面對類似「任誕」、「風流」等價值判斷語句時，應先設身處地，這樣才能不悖實際，或貽隔靴搔癢之譏。

第三節　開風流任誕之風者——何晏

　　任誕之風已見於漢末戴叔鸞，居母喪而飲酒食肉；馬融達生任性，居宇器服，多存侈飾，常坐高堂，施絳紗帳，前授生徒，後列女樂；而孔融與禰衡跌蕩放言，云：「父之於子，當有何親？論其本意，實爲情欲發耳。子之於母，亦復奚爲？譬如寄物瓶中，出則離矣。」(《後漢書‧孔融傳》) 此皆可以視爲任誕的前導，而何晏則可謂魏晉貴遊名士風流之開風氣者。

　　何晏長在宮省，個性不拘，深染貴遊習氣，茲據載籍，以述其風流行止：

（一）風流自賞

　　據《魏略》云：性自喜，動靜粉白不去手，行步顧影。

　　《晉書‧五行志》：

　　　　尚書何晏，好服婦人之服，傅玄曰：「此妖服也。」〔註17〕

〔註16〕《晉書‧劉惔傳》：「(惔) 尤好老、莊，任自然趣。」頁 1991。
〔註17〕何晏保有漢末以來貴勢公子之習氣：《後漢書‧李固傳》曰：「梁冀猜專，每相忌疾。初，順帝時，諸所除官，多不以次，及固在事，奏免百餘人。此等既怨，又希望冀旨，遂共作飛章，虛誣固罪曰：「……大行在殯，路人掩涕，固獨胡粉飾貌，搔頭弄姿。」；《魏志‧王粲傳》附邯鄲淳注引《魏略》曰：「(臨菑侯) 植初得淳甚喜，延入坐，不先與談。時天暑熱，植因呼常從取水，自澡訖，傅粉。遂科頭拍袒，胡舞五椎鍛」。是何晏之好服婦人服，或被傳傅粉，亦是當時貴介公子之習氣。《顏氏家訓‧勉學篇》言「梁朝全盛之時，貴遊子弟，多無學術……無不熏衣剃面，傅粉施朱」，所言雖指梁之盛時，然仍可見

《初學記》卷十九引〈何晏別傳〉：

> 晏方年七、八歲，慧心天悟，形貌絕美，出遊行，觀者盈路，咸謂
> 神仙之類。

此言何晏「美姿儀」，另《文選》注引《典略》亦曰：「有奇才，……美容貌」。及《世說・容止篇》2：「何平叔美姿儀，面至白，魏明帝疑其傅粉。正夏月，與熱湯餅。既噉，大汗出，以朱衣自拭，色轉皎然。」皆言其美者，以當時欣賞男性具女性形態美，故如何晏、衞玠等皆傾動一時。魏晉任達之風，已見端倪。

（二）首服寒食散

何晏之美姿儀，面至白，或與服寒食散有關也。〔註18〕據隋・巢元方《諸病源候總論》卷六〈寒食散發候篇〉引皇甫謐云：

> 近世尚書何晏，耽聲好色，始服此藥，心加開朗，體力轉強，京師翕然，傳以相授，歷歲之困，皆不終朝而愈。……晏死之後，服者彌繁，于時不輟。〔註19〕

《世說新語・言語篇》14 載此云：

> 何平叔云：「服五石散，非惟治病，亦覺神明開朗。」

此注引秦丞相〔註20〕〈寒食散論〉曰：

> 寒食散之方，雖出漢代，而用之者寡，靡有傳焉，魏尚書何晏，首
> 獲神效，由是大行於世，服者相尋也。

〈曹爽傳〉注引《魏略》云何晏「尙主，又好色」，寒食散正治其酒色過度之疾。余嘉錫先生〈寒食散考〉又以〈管輅傳〉注引〈輅別傳〉載管輅言何晏「魂不守宅，血不華色，精爽烟浮，容若槁木，謂之鬼幽」爲服食之證。然既以服後「神明開朗」、又可治病，何以又「精爽烟浮，容若槁木」耶？且早已服之，何以仍美姿儀如神仙邪？所以似不必以相者之言勉強牽合也，蓋何晏在與司馬氏之鬥爭中，已知命如懸絲，故頹喪憔悴已極也。俞正燮《癸巳

> 此遺風也。（余嘉錫《箋疏》，頁633。）
>
> 〔註18〕 《御覽》三百八十六，何晏字平叔，體弱不勝重服，寒食散或以治病，故服之。
>
> 〔註19〕 見丁光迪主編《諸病源候論校注》（北京：人民衛生出版社，西元1991年），頁177。
>
> 〔註20〕 文廷式《純常子枝語》卷四云：「此乃秦丞祖之誤。承祖醫書，《隋志》著錄甚多，嚴鐵橋以愍帝曾嗣封秦王，爲丞相，因以入之，非也。」《箋疏》頁74。

存稿》「寒食散」條曰：「《通鑑》注言寒食散蓋始于何晏，……本避傷寒卒病法也，士大夫不問疾否，服之爲風流，則始於何晏，魏晉人服散至死不悟。」所以何晏首服寒食散，爲食散之祖師！因何晏之風流任誕，貴遊遂相誇尚，影附草靡，整個時代，皆受此風影響。

第四節　魏晉名士之任放誕達

東晉葛洪懷入世擔道之襟期，關心風俗之厚薄，特別正視漢末以來之頹風，不惜筆墨，揭發浮僞，而有〈彌訛〉、〈正郭〉等篇，以糾時人之信僞迷眞。又細膩的描摹士流悖禮傷教之行爲，據《抱朴子·刺驕篇》載：

> 世人聞戴叔鸞、阮嗣宗傲俗自放，見謂大度。而不量其材力，非傲生之匹，而慕學之：或亂項科頭，或裸袒蹲夷，或濯腳於稠眾，或溲便於人前，或停客而獨食，或行酒而止所親。

又〈疾謬篇〉云：

> 世故繼有，禮教漸頹，敬讓莫崇，傲慢成俗，儔類飲會，或蹲或踞，暑夏之月，露首袒體。盛務唯在摴蒲彈棋，所論極於聲色之間，舉足不離綺繻紈袴之側，游步不去勢利酒客之門。不聞清談講道之言，專以醜辭嘲弄爲先。以如此者爲高遠，以不爾者爲騃野。……輕薄之人，跡厠高深，交成財贍，名位粗會，便背禮叛教，託云率任，才不逸倫，強爲放達。以傲兀無檢者爲大度，以惜護節操者爲澀少。於是臘鼓垂無賴之子，白醉耳熱之後，結黨合群，遊不擇類，奇士碩儒，或隔籬而不接；妄行所在，雖遠而必至。攜手連袂，以邀以集，入他堂室，觀人婦女，指玷修短，修論美醜。…或有不通主人，便共突前，嚴節未辦，不復窺聽，犯門折關，踰垝穿隙，有似抄劫之至也。其或妾媵藏避不及，至搜索隱僻，就而引曳，亦怪事也。……然落拓之子，無骨髓而好隨俗者，以通此者爲親密，距此者爲不恭。……漢之末世，則異於茲，蓬髮亂鬢，橫挾不帶，或襃衣以接人，或裸袒而箕踞，朋友之集，類味之遊，莫切切進德，闇闇修業，攻過彌達，講道精義。其相見也，不復敍離闊，問安否。賓則入門而呼奴，主則望客而喚狗。……及好會，則狐蹲牛飲，爭食競割，掣、撥、淼、

摺，無復廉恥。以同此者爲泰，以不爾者爲劣，終日無及義之言，
徹夜無箴規之益。誣引老、莊，貴於率任，大行不顧細禮，至人
不拘檢括，嘯傲縱逸，謂之體道。嗚呼惜乎！豈不哀哉！

《抱朴子》之記載當爲實錄，從同一個時代之所見所聞其可信度極高，證以
當時反玄之士所揭發的虛無之弊，可見當時士人率任放達，完全摒棄道德禮
法，如劉伶酒後「脫衣裸形」；八達效阮籍而嗜酒荒放，露頭散髮，裸袒箕踞，
或裸形學狗叫之類，此無顧忌之誕行，乃身體之展演，有反禮教之成分，也
有回歸生命本眞的訴求。〔註21〕

　　當時士流彌漫任誕之風，愈奇愈佳，愈是引人注意，故鶩於推陳出新，
了無怍容。《世說・任誕》25 載：

　　有人譏周僕射：「與親友言戲，穢雜無檢節。」周曰：「吾若萬里長
　　江，何能不千里一曲。」

劉孝標注此引鄧粲《晉紀》曰：

　　王導與周顗及朝士詣尚書紀瞻觀妓。瞻有愛妾，能爲新聲。顗於眾
　　中欲通其妾，露其醜穢，顏無怍色。有司奏免顗官，詔特原之。

此即《抱朴子》中所述之情態也。《世說・德行篇》23 曰：「王平子、胡毋彥
國諸人，皆以任放爲達，或有裸體者。」王忱本傳：「性任達不拘，末年尤嗜
酒，一飲連月不醒，或裸體而游，每歎三日不飲，便覺形神不相親。婦父嘗
有慘，忱乘醉弔之，婦父慟哭，忱與賓客十許人，連臂被髮、裸身而入，繞
之三匝而出。」此種褻慢的奇怪行爲，在當時眞是見怪不怪，蓋縱狂醉，又
服寒食散，故狂逆之行爲，以是屢見不鮮。

　　而任誕行爲，每假老、莊以爲護符，爲其頹廢怪態張目，《晉書・范宣傳》
云：「正始以來，世尚老、莊。逮晉之初，競以裸裎爲高。」他們有了老、莊，
就可以心安理得的放誕，並以爲榮，自覺得高雅，此是「借玄虛以助溺，引
道德以自獎」者！於是有王坦之〈廢莊論〉之作，其言曰：

　　然則天下之善人少，不善人多，莊子之利天下也少，害天下也多，
　　故曰魯酒薄而邯鄲圍，莊生作而風俗頹。

莊子先是成了放蕩者之「口實」，今也成了被交詬之「罪魁」。

〔註21〕當時裸風甚盛，竹林七賢的阮籍、劉伶，還有八達、周伯仁、王忱等皆有裸
　　　身之記錄。《晉書・五行志》言「惠帝元康中，貴遊子弟相與爲散髮裸身之飲，
　　　對弄婢妾……」。

第五節　魏晉名士之風尚

　　魏晉純風日去，華競因以日彰，此與貴遊渲染的習氣大有關係。塵尾清談，風流任誕，高屐博帶，音聲歌伎，食散嘯詠，皆貴遊名士之雅操。夏侯湛〈抵疑〉云：

> 夫道學之貴遊，閭邑之搢紳，皆高門之子，世臣之胤，弘風長譽，推成而進，悠悠者皆天下之彥也。諷詁訓，傳詩書，講儒墨，說玄虛，僕皆不如也。二三公之簡僕於凡庸之肆，顯僕於細猥之中，則爲功也重矣，時而清談，則爲親也周矣。

衣冠貴遊，不識世間餘務，優閑度日，故尙玄虛，慕風流，以琴某書畫，文章聲色爲消遣。其日常生活，多彩多姿，茲分述之：

（一）酒

　　先是名士以「狂」與「痴」（即裝瘋與裝傻）來逃避政治迫害，此本爲明哲保身之計，乃出於不得已。但這些名士以「特操」而獲聲名，引至「慕達」者尋跡捨本，變本加厲的肆行頹縱，且蔚然成風。放誕行爲最明顯的表現是縱酒，喝酒本是快事，開懷暢飲，酒乃生活之一部分，這是正統之「酒德」。但如果是以酒爲工具，用以逃避迫害，借酒避事，借酒澆愁，借酒自晦，借酒醉來說出眞心話，那麼酒成了保護色，則此飲乃具有「玄意」了。

　　當名士倍感生命的無常，人情之反覆，嚐盡各種苦澀之餘，心靈空虛無助，徬徨無依，於是以酒來麻醉自己，並用以逃避現實。他們沈酣以示無用，得以擺脫迫害，土木形骸，以逃過君上之猜疑，他們裝醉作狂態，皆是有所爲而爲者，在不經意間，實可透露出那種被壓抑的心靈，劉伶攜酒乘鹿車使人荷鍤以隨，曰：「死便埋我」，皆是衷心蘊藏亙古窮愁，無所恃賴者。

　　當時儘多「長醉爲身謀」者，如八王之亂時，有識者皆終日昏酣，不與人事，以免被捲入政治漩渦。

　　但到後來，酒不再被拿來做避事的工具，名士相率酣飲，純爲了飲酒而飲酒，酒助成其狂蕩縱慾，誠如裴楷〈與石崇書〉言「飲以狂藥，而反責之禮邪？」，因酒而狂，狂則脫略禮法。當然其中或有得酒中趣者，也就是僅以酒爲享樂，而不雜「玄」意。故魏晉之喝酒，具有下列含意：

1、避禍遠害：

　　《晉書·廢帝紀》：「帝知天命不可再，深慮橫禍，乃杜塞聰明，無思無

慮，終日酣暢，耽於內寵，有子不育，庶保天年。時人憐之，爲作歌焉。」帝王如此，其下更可知矣。

　　魏晉士人之縱酒，每非樂飲，而是懼罪而飲，如〈顧榮傳〉載：「榮懼及禍，終日昏酣，不綜府事」、「榮懼罪，乃復更飲。」阮籍亦因遭時多故，爲求自全，「遂酣飲爲常」；羊曼知王敦不臣，終日酣暢。楊準「見王綱不振，遂縱酒不以官事規意，逍遙卒歲而已！」〔註 22〕故胡仔《苕溪漁隱叢話》引《石林詩話》云：

> 晉人多言飲酒，有至於沈醉者，此未必意真在於酒，蓋時方艱難，
> 人各懼禍，惟託於醉，可以粗遠世故。蓋陳平、曹參以來，已用此
> 策。《漢書》記陳平於劉、呂未判之際，日飲醇酒戲婦人，是豈真好
> 飲耶？曹參雖與此異，然方欲解秦之煩苛，付之清淨，以酒杜人，
> 是亦一術。不然，如蒯通輩無事而獻說者，且將日走其門矣。流傳
> 至嵇、阮、劉伶之徒，遂全欲用此爲保身之計，此意惟顏延年知之。
> 故〈五君詠〉云：「劉伶善閉關，懷情滅聞見，韜精日沈飲，誰知非
> 荒宴。」如是飲者未必劇飲，醉者未必真醉也。後世不知此，凡溺
> 於酒者，往往以嵇、阮爲例，濡背腐脇，亦何恨於死邪！

飲酒在魏晉顯得格外複雜，而「酒德」即是一種智慧。這種僞裝以掩人耳目的喝酒，與夫樂飲異趣。

　　就如王戎以多殖財賄「自晦」一樣，魏晉借藥、借酒，頹廢自己，以示無用，而韜光養晦。阮籍不任高職，自求爲步兵校尉，因爲步兵營厨中有貯酒數百斛。劉伶**恒**縱酒放達，或脫衣裸形在屋中。〈庾敳傳〉言敳「未嘗以事攖心，從容酣暢。」畢卓飲酒廢職，又夜至鄰家盜酒，爲掌酒者所縛（〈畢卓傳〉）。王澄爲荊州刺史，「日夜縱酒，不親庶事」（〈王澄傳〉）；山簡「優遊卒歲，唯酒是耽」，此委曲人世，以酒穢跡者。阮籍大醉六○天，躲過了司馬氏之求親，此乃千古傳誦的，他又想故技重施的「忘」寫勸進文，但此技不售。時鍾會數以時事問之，欲因其可否而致之罪，皆以酣醉獲免。酒於是成了規避人事的最好方法。

　　2、隱諷暗規

　　《世說‧規箴》7：「晉武帝既不悟太子之愚，必有傳後意。諸名臣亦多

〔註 22〕《世說新語‧賞譽》58 注引荀綽《冀州記》，原作楊淮，但據程炎震、李慈銘
　　　　等考訂，當作楊準，《箋疏》頁 455。

獻直言。帝嘗在陵雲台台上坐，衛瓘在側，欲申其懷，因如醉，跪帝前，以手撫床曰：『此坐可惜！』帝雖悟，因笑曰：『公醉邪？』」衛瓘偽醉陳言，雖不能挽帝心，而老臣謀國，用心可謂良苦也！

在晉初朝局上，「（賈充）既為帝所遇，欲專名勢，而庾純、張華、溫顒、向秀、和嶠之徒皆與愷善，楊珧、王恂、華廙等充所親敬，于是朋黨紛然。」（《晉書・任愷傳》）結怨甚深，有一次在賈充之宴會上，純行酒，充不對飲，又譏純：「父老不歸供養！」純因發怒曰：「賈充！天下兇兇，由爾一人。」充曰：「充輔佐二世，蕩平巴蜀，有何罪而天下為之兇兇？」純曰：「高貴鄉公何在？」此話出口，非同小可，純懼，上表自劾：「臣不自量，飲酒過多，醉亂行酒，……醉酒迷荒，昏亂儀度……易戒濡首，論誨酒困……」詔乃免純官。（《晉書・庾純傳》）倘當時非「醉酒失常」，則不免顯誅矣。以醉鬼酒徒，做錯事，說錯話，可以不負責任。又如阮籍借酒裝瘋、訾笑禮法之士如蟣虱。《世說・規箴》17 載：「陸玩拜司空，有人詣之，索美酒，得，便自起，瀉箸梁柱間地，祝曰：『當今乏才，以爾為柱石之用，莫傾人棟梁。』玩笑曰：『戡卿良箴。』」此以酒箴規也。

3、消憂解愁

因身處亂世，前途沒有什麼出路，精神上的苦悶無法抒解，只好借酒澆愁了，夫醉鄉路穩，世路難行，魏晉士人面對內外壓力，每多徬徨無助，唯有借酒排解矣。誠如劉伶〈酒德頌〉言在兀然而醉時，不聞雷霆之聲，不覺寒暑之切飢，酒可麻痺殘酷之現實。

《世說・任誕》51 載：

> 王孝伯問王大：「阮籍何如司馬相如？」王大曰：「阮籍胸中壘塊，
> 故須酒澆之。」

〈任誕〉45 又載：「張驎酒後挽歌甚悽苦，桓車騎曰：『卿非田橫門人，何乃頓爾至致？』」又〈任誕〉35 云：「王光祿云：『酒，正使人人自遠』。」酒使我們與現實的利害、苦痛拉遠。在乘虛蹈空時，超越苦悶。

4、達生豁情

在時局動蕩中，人命微淺，遂翻轉求不朽的念頭，每借酒豁情。又如雄豪酒後詠詩，豪氣干雲；或煮酒論交，把臂扼腕，慷慨激昂，不可一世。其有及時行樂者，藉酒揮霍原始生命，如畢卓言：「得酒滿數百斛船，四時甘味置兩頭，右手執酒杯，左手執蟹螯，拍浮酒池中，便足了一生。」可以達到

阮籍〈大人先生傳〉所言：「彷徉足以舒其意，浮騰足以逞其情」的境界。陶淵明言「但恨在世時，飲酒不得足」。可見名士多嗜酒，借酒力更能表現放達飄逸的作風。〈任誕〉30 載：「蘇峻亂時，保護庾冰之郡卒，借狂舞逃過監司之耳目，及事平，庾冰欲報其救命之恩，郡卒卻曰：『出自廝下，不願名器。少苦執鞭，**恒**患不得快飲酒。使其酒足餘生畢矣，無所復須。』……時謂此卒非唯有智，且亦『達生』。」王瑤《中古文學史論‧文人與酒》一文中，言酒與文人之關係至漢末漸形重要，自曹操〈短歌行〉：「何以解憂，唯有杜康」以來，士人多沈醉於酒，而其根源是「對於生命的強烈的留戀，和對於死亡會突然來臨而形神俱滅的恐懼。」〔註 23〕酒作為文化現象，在魏晉實具有很深的「隱」意，縱酒示隱，高尚其志。

《世說‧任誕》18：「阮宣子常步行，以百錢掛杖頭，至酒店，便獨酣飲。雖當世貴盛，不肯詣也。」又劉伶著〈酒德頌〉，為意氣所寄，對俗事寄以不屑意。

5、**寬**樂雅適

能痛快喝酒，亦足樂也。尤其與知己同遊佳勝，臨觴撫琴，殆如天人。《世說‧任誕》48 王衛軍言：「酒正自引人著勝地」，這是說喝酒能使人精神昂揚，此戴逵〈酒贊〉所謂「目絕群動，耳隔迅雷，萬異既冥，惟元有懷」之境，薰然如入仙境也。

《世說‧任誕》24 云：

> 鴻臚卿孔群好飲酒。王丞相語云：「卿何為**恒**飲酒？不見酒家覆瓿布，日月靡爛？」，群曰：「不爾！不見糟肉，乃更堪久。」群嘗書與親舊：「今年田得七百斛秫米，不了麴糵事。」

又〈任誕〉19：

> 山季倫為荊州，時出酣暢。人為之歌曰：「山公時一醉，徑造高陽池。日暮倒載歸，酩酊無所知。復能乘駿馬，倒著白接籬。舉手問葛彊，何如并州兒？」

又〈任誕〉29：

> 衛君長為溫公長史，溫公甚善之。每率爾提酒脯就衛，箕踞相對彌日。衛往溫許，亦爾。

〔註23〕見氏著《中古文學史論》（北京：北京大學出版社，1986 年），頁 156、157。

又〈賞譽〉130 載：

> 劉尹云：「見何次道飲酒，使人欲傾家釀」。

《世說・任誕》12：「諸阮皆能酒，仲容至宗人間共集，不復用常杯斟酌，以大甕盛酒，圍坐，相向大酌。時有群豬來飲，直接去上，便共飲之。」《晉書・孟嘉傳》：「嘉好酣飲，愈多不亂。溫問嘉：『酒有何好，而卿嗜之？』嘉曰：『公未得酒中趣耳。』」《世說・任誕》4 又載無人不可與飲之論：

> 劉公榮與人飲酒，雜穢非類，人或譏之。答曰：「勝公榮者，不可不
> 與飲；不如公榮者，亦不可不與飲；是公榮輩者，又不可不與飲。」
> 故終日共飲而醉。

〈任誕〉52 又載：

> 王佛大歎言：「三日不飲酒，覺形神不復相親。」

他如佳日雅集，高朋滿座，飛羽觴，飲酒賦詩，飲酒環境既佳，故得樂飲也。《三國志・吳志》載鄭泉性嗜酒，臨卒，謂同類曰：「必葬我陶家之側，庶百歲之後化而成土，幸見取為酒壺，實獲我心矣。」此皆得酒中趣者。

6、養生延年

微酒溫克，足以延年益壽。飲酒與當時道教流行，為養生之需要有關。如嵇康〈與山巨源絕交書〉：「時與親舊敘闊，陳說平生，濁酒一杯，彈琴一曲，志願畢矣。」就如寒食散，本可治病，服後又覺「神明開朗」，這是有益於生的，但後來貴遊名士既不為治病，亦不為養生，竟沈迷於此，則反害生矣。喝酒若有節制，足以洗滌鬱悶，實有益於生。又服食須喝溫酒，故酒與藥乃成為養生之資矣。又有藥酒之屬，如菊花酒，有通暢血氣，促進循環之效。尤其在疫癘流行時，有借酒怯疫者。

（二）寒食散（服食）

自何晏首服寒食散，得到神明開朗，體力轉強的神效後，「京師翕然，傳以相授」，由慕何晏之風流，復而效顰（《諸病源候論》引皇甫謐之言），於是大行於世，服者相尋。按寒食散本避傷寒卒病法（俞正燮《癸巳存稿・寒食散錄》）。孫思邈《千金翼方》載「五石更生散」之方，其前云：

> 五石更生散，治男子五勞七傷，虛羸著床，醫不能治，服此無不癒，
> 惟久病者服之，其年少不識事，不可妄服之，明於治理，能得藥適，
> 可服之；年三十勿服。或腎冷、脫肛、陰腫，服之尤妙。

魏晉名士却服之以為「風流」，因為貴遊子弟生活浮靡耽好聲色，故服此以濟其欲；而在尚美的時代，服食可以美容，故士人趨之若鶩，連帝王亦好之。〔註24〕且士大夫競誇豪奢，顯潤氣，五石散方非窮人所能預之，故服食成了身份地位的象徵，於是有偽作「藥發」以示潤氣者。而有追求灑脫者，服之「身輕行動如飛」，是仙風道骨矣。〔註25〕當時士人非不知其為猛劑，稍失調攝，即為所誤，而既有生命的危險，然而士流仍競服之，此何耶？其中亦緣當時士流藉藥為工具，以逃政治迫害，或示無用，不堪政事也，如《晉書·王戎傳》曰：

> 河間王顒遣使就說成都王穎，將誅齊王同。檄書至，同謂戎曰：「……卿其善為我籌之。」戎曰：「…若以王就第，不失故爵。委權崇讓，此求安之計也。」同謀臣葛旟怒曰：「漢魏以來，王公就第，寧有得保妻子乎！議者可斬。」於是百官震悚，戎偽「藥發」墮廁，得不及禍。

又〈皇甫謐傳〉：

> 武帝頻下詔敦逼不已，謐上疏自稱草莽臣曰：「臣以尪弊，迷於道趣，因疾抽簪，散髮林阜。……而小人無良。致災速禍，久嬰篤疾，軀半不仁，右腳偏小，十有九載。」又「服寒食藥」，違錯節度，辛苦荼毒，于今七年。隆冬裸袒食冰，當暑煩悶，加以咳逆，或苦溫瘧，或類傷寒，浮氣流腫，四肢酸重。於今困劣，救命呼喻……。

皇甫謐以服食寒食散，委頓不倫而辭仕；王戎偽藥發墮廁，皆辛苦備至。又如〈賀循傳〉云：

> 及陳敏之亂，詐稱詔書，以循為丹楊內史。循辭以腳疾，手不制筆，又服寒食散，露髮袒身，示不可用，敏竟不敢逼。

又《世說·德行篇》41曰：

> 初，桓南郡、楊廣共說殷荊州，宜奪殷覬南蠻以自樹，覬亦即曉其旨，嘗因行散，率爾去下舍，便不復還。內外無預知者，意色蕭然，遠同鬪生之無慍。時論以此多之。

則寒食之藥，殆如酒之成為名士避禍、逃事之工具也。余嘉錫先生〈寒食散考〉歷引魏晉南北朝服藥者有裴秀、慧遠、王忱、潘岳、鮑照、嵇含之子（含作〈寒食散賦〉，言其男兒食散瘉病）、王羲之、謝尚、王獻之、王操之、王羲之妻女諸姑姊妹，亦無不服之，（又王微、王僧謙、王曇首、孔琳之等）其

〔註24〕《晉書·高崧傳》：「（晉）哀帝雅好服食，崧諫以非萬乘所宜。」頁1896。
〔註25〕王羲之予友人帖有云：「服足下五色石膏散，身輕，行動如飛也。」

中王羲之一家奉五斗米道，右軍又與道士許邁遊，雅好服食養性，可見道教盛行，助長服食風氣之流衍也。

因爲服食後，藥性發作性情多乖張，如皇甫謐所云：

> 乍寒乍熱，不洗便熱，洗復寒，甚者數十日，輕者數日，晝夜不得寐，愁憂恚怒，自驚跳悸恐，恍惚忘誤者，……對食垂涕，援刀欲自刺。……凡有寒食散藥者，雖素聰明，發皆頑嚚，告捨難喻也。

當時有脾氣暴躁、狂誕、癡呆的，或與服藥有關，服藥後有許多「違人理、反常性」的行爲，如寒食薄衣、疲極更勞、飲食欲寒，又如當食勿忍饑、酒必醇清，令溫，衣溫便脫、食不厭多、臥必衣薄，皆所當急之務。皇甫謐云：「凡諸石有十忌：第一忌瞋怒，第二忌愁憂，第三忌哭泣，第四忌忍大小便，第五忌忍飢，第六忌忍渴，第七忌忍熱，第八忌忍寒，第九忌忍過用力，第十忌安坐不動，若犯前件忌，藥勢不行」。明瞭以上禁忌，而後知魏晉名士臨喪不哭，且飲酒食肉；不願仕宦，袒身露體，數十年不見喜怒之色，捫蝨清談，寬衣高屐……等任誕之行爲乃有其背景，此於魯迅於〈魏晉風度及文章與藥及酒之關係〉一文中多有論述，在此不贅。據《晉書・裴秀傳》言，秀「服寒食散，當飲熱酒而飲冷酒，泰始七年薨。」蓋其服藥失度，左右又不明救解法，故命絕。又如殷覬服藥病困，「看人政見半面，」言其目瞑，故只見半面也。（《世說・規箴》23）。慧遠亦感疾散動，又守佛戒不飲酒，終困篤，（《高僧傳》）此皆消息失宜也。

因爲魏晉士人處政治險惡中，乃多回歸自我，他們愈加珍視自己的生命，他們尋求個體的自由解放，如何使自己的人生過得更有意義，是他們追尋的，也就是如何擴展生命的「長度」與「密度」的問題是他們所關心的，士人以安頓生活爲首務，故有轉向藝術，轉向文學，在其中發現自己，這時他們不屬於國家，也不屬於他的群體，他們任誕，他們醉心清談，他們服食養生，這些實際上皆是「戀世」的表現。士人之飲酒服藥，除了當它是一種手段外，目的亦在逃避官場的瓜葛，及人事之困境，也是爲了喜樂人生，爲期不朽。〔註26〕

由於服食寒食散的關係，連帶要一述的是當時多寬衣博帶及捫蝨習氣：

1、寬衣博帶

據《晉書・五行志》云：「晉末皆冠小而衣裳博大，風流相放，輿台成俗。」

〔註26〕石崇〈思歸引〉：「好服食咽氣，志在不朽。」

《宋書‧周朗傳》云：「凡一袖之大，足斷為兩，一裾之長，可分為二」；《顏氏家訓‧涉務》亦言：「梁世士大夫，皆尚褒衣博帶，大冠高履，出則車輿，入則扶持。」褒衣博帶一方面有誇富的意味，一方面顯示其尊優，以自高於勞力階級。而魯迅則主此風與服散有關，蓋服散之後，「因皮肉發燒之故，不能穿窄衣。為預防皮膚被衣服擦傷，就非穿寬大的衣服不可。現在有許多人以為晉人輕裘緩帶、寬衣，在當時是人們高逸的表現，其實不知他們是吃藥的緣故。一班名人都吃藥，穿的衣服都寬大，于是不吃藥的也跟著名人，把衣服寬大起來了！」，〔註27〕此解釋尚稱圓通，但未必然，可做為參考而已。如從時代風氣言，則以寬鬆、飄逸、自然、舒適、有個性為特色。

2、捫蝨

嵇康〈與山巨源絕交書〉已有：「性復多蝨，把搔無已」之句；又：《世說‧雅量》22：「顧和始為揚州從事。月旦當朝，未入頃，停車州門外。周侯詣丞相，歷和車邊，和覓蝨，夷然不動。」又《晉書‧苻堅載記》附〈王猛傳〉云：「桓溫入關，猛被褐而詣之，一面談當世之事，捫蝨而言，旁若無人。」捫蝨清談乃為名士逸態之一。阮籍作〈大人先生傳〉，取蟣蝨以諷刺「禮法之王」，其言曰：

> 且汝獨不見夫蝨之處於褌之中乎！逃乎深縫，匿乎壞絮，自以為吉宅也。行不敢離縫際，動不敢出褌襠，自以為得繩墨也。飢則嚙人，自以為無窮食也。然炎丘火流，焦邑滅都，群蝨死於褌中而不能出。
> 汝君子之處區之內，亦何異夫蝨之處褌中乎？悲夫！

阮籍群蝨之喻，或本乎王充，然若非當時隨處可見，或自己親身經驗，決不能形容得如此生動。而何以當時名士身上多生蝨耶？魯迅亦從服散的觀點說明，他認為服食後皮膚易破，不能穿新的，既穿舊衣，又不能常洗，便多蝨。名士自有風姿，一舉一動為人企羨，連捫蝨亦覺有韻度，而不覺其醜。

（三）樂生逸身

1、登高屐

《顏氏家訓‧勉學篇》云：

〔註27〕 魯迅〈魏晉風度及文章與藥及酒之關係〉一文闡述當時習氣，由「藥」與「酒」兩端去理解，尚稱圓融，後之論者，多取此以為談證。該文收錄於《魯迅全集》第三卷（北京：人民文學出版社，西元 1981 年），頁 501～517。

> 梁朝全盛之時，貴遊子弟，多無學術，至於諺云：「上車不落則著作，
> 體中何如則秘書。」無不熏衣剃面，傅粉施朱，駕長簷車，跟高齒屐，
> 坐棊子方褥，憑斑絲隱囊，列器玩於左右，從容出入，望若神仙。

當時一些「閭閻年少，貴遊總角」（〈雕蟲論〉），以生活優遊，終日嬉樂，興浮志弱，愛奇賞異，誇榮鬥麗，交遊酬酢。自領風騷，刻情鑽貌，以追求雅、美，窮變翻新，無所不用其極。

本來木屐是「一種儉樸的便鞋」、「不足以登大雅之堂」（屈萬里先生〈木屐考〉），但在兩晉南北朝，則士大夫、貴遊、名士皆著之，平時家居著之，謁上見客、出門登山亦著之，因此也較考究，《晉書・五行志》言：「初作屐者，婦人頭圓，男人頭方。圓者順之義，所以別男女也。至太康初，婦人屐乃頭方，與男無別。」此言本來屐之形式男女有別，又裝有活動齒，可任意取下或裝上，如《南史・謝靈運傳》言：

> 登躡常著木屐，上山則去其前齒，下山去其後齒。

且已上蠟，《晉書・阮孚傳》：

> 孚性好屐，……或有詣阮，正見自蠟屐，因自歎曰：「未知一生當著
> 幾量屐。」

像統理朝綱之謝安，於淝水之戰時，正與人圍棊，捷書至，心甚喜，過戶限，不覺「屐齒之折」（〈謝安傳〉），則屐有二齒，屐除木質外，還有鐵屐，如臧榮緒《晉書》：「（石勒）擊劉曜，使人著鐵屐，施釘、登城。」

他如王子猷、子敬俱坐一室，忽發火，子猷走避，「不惶取屐」。（《世說・雅量》36）庾太尉在武昌，秋夜氣佳景清，使吏殷浩、王胡之之徒登南樓理詠，音調始遒，聞函道（指「樓梯」）中「有屐聲甚厲」，定是庾公（《世說・容止》24）。王述食雞子，以筋刺不得，便大怒擲地，雞子圓轉未止，「便下牀以屐齒踏之」（《晉書・王述傳》），可見當時著屐風氣極普遍。

又《世說・簡傲篇》35：「王子敬兄弟見郗公，躡履問訊，甚脩外生禮。及嘉賓死，『皆著高屐，儀容輕慢』」，則「高屐」乃貴遊名士以顯簡傲者，即如前引《顏氏家訓・勉學篇》所云：「跟高齒屐」也，大冠高屐，優遊可也，幹粗活則無以濟事。

即和尚亦著屐，《高僧傳・竺道潛傳》云：

> 建武太寧中，潛恆著屐至殿內，時人咸謂方外之士。

著屐乃成高韻，原以屐為不登大雅之堂者，今反成為高雅秀逸之態，故

人人跟者著屐。蓋不以俗爲俗，則俗亦雅矣，這就是「玄」。

2、嘯詠自高

嘯歌、嘯詠在魏晉乃爲高人雅士喜好的技術（口技），可以模倣自然之音聲，如學獸嗥叫，以招鳥獸，又學蟲鳴、流水、風雨之聲，又類乎清哨，《世說新語・棲逸篇》1 載阮籍「嘯，聞數百步」。「嘯」乃名士逸態之一，爲極風流行爲。又此時道教盛行，嘯即養生練氣之特有表現。〔註28〕亦爲名士宣洩內在情感，抒發胸中積怨、抑鬱，所激而出者。〔註29〕同時或與「彼時名士之好音聲有關」，〔註30〕嘯之流行於魏晉，實其來有自。嘯具有傲放不羈的型態，爲隱逸精神的表現。今所存有關魏晉「嘯」的故事，推「阮氏（籍）逸響」最著。《世說・棲逸篇》1 云：

> 蘇門山中，忽有眞人，樵伐者咸共傳說。阮籍往觀，見其人擁膝巖側。籍登嶺就之，箕踞相對。籍商略終古，上陳黃、農玄寂之道，下考三代盛德之美，以問之，仡然不應。復敍有爲之教，棲神導氣之術以觀之，彼猶如前，凝矚不轉。籍因對之長嘯。良久，乃笑曰：「可更作」，籍復嘯。意盡，退，還半嶺許，聞上嗷然有聲，如數部鼓吹，林谷傳響。顧看，迺向人嘯也。

而由「嘯聲」足見內在修養之功力，據《魏氏春秋》言蘇門生之嘯，「若鸞鳳之音」，〈竹林七賢論〉又言：「若數部鼓吹」，此非修道練氣至爐火純青之境界者不爲功。〔註31〕

夫言語文字只是糟粕，其所及祇是可道的部份，至於心靈的感應，還待嘯聲傳達，所謂「長嘯相和」也，與阮籍齊名之嵇康，亦好道，常修養生服食之事，故亦熟習嘯法，其〈幽憤詩〉云：「永嘯長吟，頤神養壽。」〈贈秀

〔註28〕見李豐楙〈嘯的傳說及其對文學的影響〉一文，《中國古典小說研究專集》第五卷，（台北：聯經出版事業公司，西元1982年），頁21～68。

〔註29〕牟宗三《才性與玄理》一書中言：「阮籍能嘯，此是一種寂寞寥廓之聲音，吐向寥廓之宇宙，以舒暢胸中鬱悶之氣。」頁295。

〔註30〕見蕭登福《嵇康研究》，此或本〈成公綏傳〉言成公綏，「雅好音律，嘗當暑承風而嘯，泠然成曲，因爲〈嘯賦〉」。嘯又可作爲山中採藥時傳遞之信號。

〔註31〕如夏統集氣長嘯，沙塵煙起，王公以下皆恐，此又誇張太過矣。〈嘯賦〉云：「發妙聲於丹唇，激哀音於皓齒，響抑揚而潛轉，氣衝鬱而燆起，協黃宮於清角，雜商羽於流徵，飄浮雲於太清，集長風於萬里。……百獸率舞而抃足，鳳皇來儀而拊翼，乃知長嘯之奇妙，此音聲之至極。」其奇妙有如此者。

才詩〉云：「心之憂矣，永嘯長吟」，是嘯爲高韻拔俗之態。

　　魏晉士人善於歌嘯者，有琅邪王氏，因世奉道教，故多能嘯。如《太平御覽》卷三百九十二引〈王廙別傳〉云：

　　　　王導與庾亮遊于石頭，會遇廙至，是日訊風飛帆，廙倚樓而長嘯，
　　　　神氣甚逸。

又載：

　　　　謝太傅盤桓東山，時與孫興公諸人泛海戲，風起浪湧，諸人色動，
　　　　並唱使還，太傅神情方雅，王逸少吟嘯不言。

《世說・任誕》46 又載王子猷嘗寄人空宅，便令種竹，或言：「暫住何煩爾？」王「嘯詠良久」，直指竹曰：「何可一日無此君！」〈簡傲篇〉16 也載他行過吳中，見人家有好竹，便徑造竹下，「諷嘯良久」，嘯正是「心樂神定」之調息工夫。至於陳郡謝氏亦多奉道，或與道士過從甚密，所以謝家子弟也頗嫻習嘯詠。如《晉書・謝鯤傳》載：

　　　　鄰家高氏女有美色，鯤嘗挑之，女投梭，折其兩齒。時人爲之語曰：
　　　　「任達不已，幼輿折齒。」鯤聞之，傲然長嘯曰：「猶不廢我嘯歌。」

《世說・簡傲》8 載：

　　　　（謝奕）在溫座，「岸幘嘯咏」，無異常日。

又〈簡傲〉14：

　　　　謝萬北征，常以嘯咏自高，未嘗撫慰眾士。

又謝安東山泛海時：「神情方王，吟嘯不言」（《世說・雅量》28），是謝氏多能嘯詠之證。他如殷融亦奉道世家，而其平居生活，「飲酒善舞，終日嘯詠」（〈文學〉74 劉孝標注引），殷仲堪〈將離賦〉中有：「行悲歌以諧歡，朗長嘯以啓路。」又桓玄嘗登江陵城南樓云：「我今欲爲王孝伯作誄。」因吟嘯良久，隨而下筆。（《世說・文學》102）桓石秀「風韻秀徹，叔父沖嘗與石秀共獵，獵徒甚盛，觀者傾坐，石秀未嘗瞻盼，嘯咏而已」（《晉中興書》），以上皆與道教養生練氣有關。又周伯仁「雍容好儀形，詣王公（導），初下車，隱數人，王公含笑看之。既坐，傲然嘯詠。王公曰：『卿欲希嵇、阮邪？』答曰：『何敢近舍明公，遠希嵇、阮！』」（《世說・言語》40），「劉道眞少時，常漁草澤，善歌嘯，聞者莫不留連。有一老嫗，識其非常人，甚樂其歌嘯，乃殺豚進之。」（《世說・任誕》17）又「江思悛之嘯詠林藪」（《晉書・隱逸傳序》），劉越石「嘗爲胡騎所圍數重，城中窘迫無計，琨乃乘月登樓清嘯，賊聞之，皆悽然長歎！」（《晉書・劉

琨傳》)。又成公綏以「嘯」為音聲之至極，夏統：「以足叩船，引聲喉囀，清激慷慨，……集氣長嘯」(《晉書・夏統傳》)。又女性亦有能嘯者，如王渾妻鍾琰，「聰慧弘雅，博覽記籍。美容止，善嘯咏。」(《晉書・列女傳》)和尚如僧徹「嘗至山南，攀松而嘯，於是清風遠集，眾鳥和鳴，超然有勝氣。」(《高僧傳》)胡族如劉元海「因慷慨歔欷，縱酒長嘯，聲調亮然，坐者為之流涕。」(《晉書・劉元海載記》)石勒「倚嘯上東門，王衍見而異之。」(《晉書・石勒載記》)可見嘯歌流行於士大夫之間。

因嵇、阮與道士周旋，嘯聲相和之旨，乃成討論對象。又有嘯與歌的論辨，今《藝文類聚》中有桓玄與袁山松論難之記載：

> 桓玄〈與袁宜都書嘯〉曰：「讀卿歌賦，序詠音聲，皆有清味，然以嘯為彷彿有限，不足以致幽旨，將未至耶！夫契神之音，既不俟多贍而通其致，苟一音足以究清和之極，阮公之言，不動蘇門之聽，而微嘯一鼓，玄默為之解顏，若人之興逸響，惟深也哉。」而袁山松〈答書〉曰：「嘯有清浮之美，而無控引之深，歌窮測根之致，用之彌覺其遠。至乎吐辭送意，曲宛其奧，豈脣吻之切發，一往之清泠而已。若夫阮公之嘯，蘇門之和，蓋感其一奇，何為徵此一至，大疑嘯歌所拘邪？」

桓玄以嘯為幽深之逸響，故貴之，而袁山松重歌賦而貶嘯，他據世俗立場，肯定歌之價值。而成公綏〈嘯賦〉，則更推崇嘯備至，勾勒嘯之形成及特性，並對嘯聲作形象化的刻劃。

魏晉名士崇尚自然，嗜好隱逸，其行為多任誕、簡傲，而「嘯」因具有流蕩清越之性質，不落俗調，故風流名士，或行嘯，或坐嘯，或登高而抒嘯，寄高邁慷慨之氣；或獨坐竹下而理詠，賦遺世獨立之志，無時無地不可行之，嘯本為道士吐氣納息之醫療健康之道，漸浸染為名士風流逸態，自阮籍與蘇門山人之以嘯通心——所謂「阮氏逸韻」為後人嚮慕，後之名士多效之。因為阮籍之「風流」，其一言一行皆為當時士人所仰慕，阮籍之性樂酒，狂放不羈之嘯，乃廣為名士所摹仿。因嘯聲為不表達明確意義之聲，具狂放不羈的發聲方式，為情感的自然奔放與激蕩。當時士人飽受到內在矛盾之衝擊，乃借嘯以抒憤、寄志，並表現一種簡傲，睥睨眾人之態。而如前引孫登能言而不言（魏晉去就，易生嫌疑，故或默者也）卻可託嘯以示玄意，趙憩之於〈嘯歌之興替與音理的解釋〉一文中言：

> 道可道，非常道，魏晉之士大夫既然大倡玄風，而似言非言者，莫
> 過於嘯，嘯在當時之所以最盛者，恐怕這是它最大原因。〔註32〕

在行為上，嘯的本身即是名士風流行為之一，據孫廣〈嘯旨〉對「嘯」有所
描寫，其言曰：「氣激於喉中而濁謂之言，激於舌端而清謂之嘯。」即成公綏
〈嘯賦〉所云的：「清激切於笙笙，優潤和於瑟琴」者，為「有聲無字之音」
（唐寅〈嘯旨後序〉），故可通於自然，冥於大道，而臻乎「玄默」也。見乎
功力，對於自己言可以抒懷、寄興、遣悶；對他人言，以直探其神，具有隱
意深旨，却不落把柄。

嘯既為名士風流之一種，最出名的是老嫗以「嘯」識劉道真必非凡常，
王衍聞石勒嘯聲至知其有奇志，「恐為天下之患」（《晉書‧石勒載記》），由嘯
聲識人如此，足證當時以嘯見高拔玄遠之氣，若非當時「嘯」之流行，則不
可能有成公綏〈嘯賦〉之出現。是嘯為名士風流中很特殊的行為之一。綜上，
嘯之功效有下列數點：

（1）顯逸態：為名士貴遊放曠簡傲之表現，可以顯其狂放不拘之逸氣。

（2）露夷靜寬廣之修養：如謝安臨危而「吟嘯自若」，表現亂中不懼之
雅量。又如周顗於王導坐上傲然嘯咏，王廙倚舫樓長嘯，神氣夷靜，
皆見其內在修養。

（3）傲物：如謝萬「嘯咏自高」，謝奕「岸幘嘯咏」，王徽之簡傲好竹，
遇竹則諷嘯良久，皆有矜豪傲物之態。

（4）養生煉氣：嘯為氣由丹田經口腔以激出之噓法，具有神秘修煉之效，
可調氣去穢為道士養生成仙法之一，如嵇康言：「永嘯長吟，頤性養壽。」

（5）得意忘言：嘯為一種比言語更高妙者，非循正規語言形式的表達方
法，它是一種不言之言，足以寄託深奧之旨，具玄趣之境界。

（6）高隱：嘯咏山林，離棄世累。如孫登之隱於龍門山，與慕道者長嘯
相和。

（7）抒憤：借嘯抒展懷抱，並以抒發抑鬱幽憤，有抗教抗禮之訴求。

（8）樂生：〈阮孚傳〉：「正應端拱嘯咏，以樂當年耳。」

「嘯」是風流行止之一，亦是玄風盛行下，以聲相和的逸態，故名士多習之。
因嘯有「清浮」之美，正可顯露逍遙適性之趣。

是時又有「詠」之高韻，以「洛生詠」最著，《世說‧雅量》29 載：

〔註32〕見氏著《等韻源流》（台北：商務印書館，1985 年）。

桓公伏甲設饌，廣延朝士，因此欲誅謝安、王坦之。王甚遽，問謝

曰：「當作何計？」謝神意不變，……謝之寬容、愈表於貌。望階趨

席，方作「洛生詠」，諷「浩浩洪流」。

此見謝安之弘曠，臨危不懼，委命夷神也。劉孝標注引《文章志》曰：「安能作
洛下書生詠，而少有鼻疾，語音濁，後名流多效其詠，弗能及，手掩鼻而吟焉。」
夫洛下書生讀書之聲重濁，安以鼻疾，故自然逼眞，而時人以吳音讀之，則非
掩鼻無法近似之，江南名士既慕謝安之風流，故紛紛效其音也。《世說・輕詆篇》
26 云：「人問顧長康：『何以不作洛生詠？』答曰：『何至作老婢聲！』」陸法言
〈切韻序〉云：「吳、楚則時傷輕淺，燕趙則多傷重濁」，長康習於輕淺，故鄙
夷之也。〈文學篇〉98 顧長康作〈箏賦〉條注引《續晉陽秋》云：

（顧愷之）與謝瞻連省，夜於月下長詠，自云得先賢風制，瞻每遙

贊之。愷之得此，彌自力忘倦。

長康喜矜伐，好人稱譽，其所作長詠，當爲別於洛生詠之風詠也。又〈容止〉
24：「庾太尉在武昌，秋夜氣佳景清，使史殷浩、王胡之之徒，登南樓理詠。
音調始遒，……（庾公）因便據胡床，與諸人詠謔」（〈文學〉101）。是知詠
有時是談講之意。同時，「詠」亦重聲調技巧及心神之鎭定。

3、奇裝與戀物癖

魏晉時有些名士好奇裝，如何晏好服女人服，當時號爲「服妖」；又好以
香燻，故有衣香；亦有身佩香囊者。如《魏志・朱建平傳》云：「帝將乘馬，
馬惡衣香，驚齧文帝膝。」又《世說・惑溺》5 載：「聞（韓）壽有奇香之氣」；
〈假譎篇〉14：「謝遏年少時，好著紫羅香囊，垂覆手。太傅患之，而不欲傷
其意，乃譎與賭，得即燒之。」此皆貴遊年少誇示富貴之浮華行爲，在當時
已認爲不足取，至於說此香用以掩蓋汗臭，在魏晉欣賞「女性美」的時代，
亦有可能。貴介子弟間有其社交圈，他們流連聲伎，香囊既以爲飾，又以烘
托身份，乃極自然的使用此物。而如（《太平御覽》引劉弘性愛香，上廁常置
香爐，其主簿對弘曰：「人稱您爲俗人，所言果非虛」；又王羲之好鵝；支遁
好鶴；王徽之好竹，暫居亦種竹，言「何可一日無此君」；而王濟好馬，時稱
有「馬癖」，和嶠好錢，時號有「錢癖」，以其戀物而沈迷不返。

另有傅粉施朱者，按漢即有男子「胡粉飾貌，搔頭弄姿」者（《後漢書・
李固傳》）。然僅一二特例耳，至魏晉則在品藻人物重儀形俊美的風氣中逐漸
養成。《魏志・王粲傳》注引《魏略》云：「（曹）植因呼常從取水自澡訖，傅

粉。遂科頭拍袒、胡舞五椎鍛，跳丸擊劍……」。名士如何晏「性自喜，動靜粉白不去手，行步顧影」(《魏略》)；《世說‧容止》2：「何平叔，美姿儀，面至白，魏明帝疑其傅粉。正夏月，與熱湯餅。既噉，大汗出，以朱衣自拭，色轉皎然。」又〈汰侈〉2 載：「石崇廁，常有十餘婢侍列，皆麗服藻飾。置甲煎粉、沈香汁之屬，無不畢備。」此男人傅粉之證也。蓋當時士人愛美，品藻特重容止，所謂「連璧」、「玉人」之目，則男人之美與女性無別矣，賞美之角度既如此，所以亦學女人之粉飾習慣。

4、休閒娛樂

葛洪《抱朴子‧疾謬篇》云：

> 敬讓莫崇，傲慢成俗，儔類飲食，或蹲或踞，暑夏之月，露首袒體。

> 盛務唯在蒲樗彈棋，所論極於聲色之間，舉足不離綺繡、紈袴之側。

士族過高尚生活，有多方面才藝，並用以爲消遣，琴棋書畫、甚至於投壺、博奕、樗蒲等。棋奕爲社交時必備的技藝，當時稱爲「手談」。貴遊名士生活之娛樂節目極多彩多姿，奕棋即其中之一，時人皆樂此不疲，因爲其中有「賭勝」之因素，頗合當時逞才好勝的口味，因以普遍流傳。

而棋有彈棋、有圍棋，另外還有一種賭博用的稱「樗蒲」。茲先明彈棋，按《世說‧巧藝》1 載：

> 彈棋始自魏宮內，用妝奩戲；文帝於此戲特妙，用手巾角拂之，無
>
> 不中。有客自云能，帝使爲之。客著葛巾角，低頭拂棋，妙踰於帝。

劉孝標注引傅玄〈彈棋賦敍〉及《後漢書‧梁冀傳》辨此云起魏世爲謬。曹丕《典論‧自敍》云：「戲弄之事少所喜，唯彈棋略盡其妙」，彈棋開設，終以博奕，則曹丕確精於此技。

至於閒情之圍棋，更是普遍。據孔融本傳言孔融被收，時「二子方弈棋」；〈王粲傳〉：「觀人圍棋，局壞，粲爲覆之。棋者不信，以帊蓋局，使更以他局爲之。用相比較，不誤一道」；鄧粲《晉紀》曰：「籍母將死，與人圍棋如故，對者求止，籍不肯，留與決賭。」阮簡於賊攻城時，方圍棋，長嘯曰：「局上有劫其急」〔註33〕〈謝安傳〉：「玄等既破堅，有驛書至，安方對客圍棋。」〈王濟傳〉：「帝嘗與濟弈棋」；《世說‧巧藝》5：「羊長和博學工書，能騎射，善圍棋。」〈雅量〉1：「(顧)雍盛集僚屬，自圍棋。」〈雅量〉9 又：「(裴)

〔註33〕《太平御覽》引《陳留風俗傳》。

遐與人圍棋」；王導子王恬，其傳言：「性傲誕，不拘禮法。……多技藝，善弈棋，為中興第一」；《文字志》曰：「王恬……多才藝，善隸書，與濟陽江彪以善弈聞。」又盧循善「奕棋之藝」，庾仲初亦性好圍棋，皆見其乃文雅風流。

圍棋因此有其他名稱，《世說・巧藝》10 云：「王中郎以圍棋是『坐隱』，支公以圍棋為『手談』。」由「坐隱」、「手談」之稱，〔註34〕可窺當時士流隱逸思想流漫，而清談之風彌熾，清談訴之於口辯逞勝，而圍棋亦以較勝，所以《文選注》、《意林》並引《新論》言：「世有圍棋之戲，或言兵法之類也……」。由圍棋中足見人物之才調器局，如《世說・方正》42 載：

> 江僕射年少，王丞相呼與共棋。王手嘗不如兩道許，而欲敵道戲，試
> 以觀之。江不即下。王曰：「君何以不行？」江曰：「恐不得爾。」傍
> 有客曰：「此年少戲乃不惡。」王徐舉首曰：「此年少非唯圍棋見勝。」

《世說・方正》42 注引范汪《棋品》曰：「彪與王恬等，棋第一品，（王）導第五品。」〈排調〉載：

> 王長豫幼便和令，丞相愛恣甚篤。每共圍棋。丞相欲舉行，長豫按
> 指不聽。丞相笑曰：「詎得爾？相與似有瓜葛。」

弈棋乃當時名士之高尚娛樂，得見其性情才調者，於是如蔡洪、曹攄有〈圍棋賦〉，又劉恢於〈圍棋賦序〉中言棋有深旨，非光靠好棋即能理解。

至於「樗蒲」，名士不拘細行者恒樂之。《世說・任誕篇》26 載：「溫太真位未高時，屢與揚州、淮中估客樗蒲，與輒不競。嘗一過，大輸物，戲屈，無因得反。與庾亮善，於舫中大喚亮曰：『卿可贖我！』庾即送直，然後得還經此數四。」當時樗蒲之技，推袁彥道為最有名。〈任誕〉34 注引《郭子》曰：

> 桓公樗蒲，失數百斛米，求救於袁耽。耽在艱中，便云：「大快。我
> 必作采，卿但大喚」，即脫其衰，共出門去。覺頭上有布帽，擲去，
> 著小帽。既戲，袁形勢呼祖，擲必盧雉，二人齊叫，敵家傾刻失數
> 百萬也。

《世說・忿狷》4 亦載：

> 桓宣武與袁彥道樗蒲，袁彥道齒不合，遂厲色擲去五木。溫太真云：
> 「見袁生遷怒，知顏子為貴。」

是諸名士聚賭，相爭不下的情狀。他如慕容垂亦「因讌樗蒲」，〈劉毅傳〉：「自知武功不競，故示文雅有餘也。後於東府聚樗蒲大擲！」而陶侃反對逸遊荒

〔註34〕顏之推《顏氏家訓》言：「圍棋有手談、坐隱之目，頗為雅戲。」

醉，取酒器及蒲博之具，盡投擲於江中曰：「樗蒲者，牧豬奴戲耳！」（《晉中興書》）務實的庾翼，在〈與僚屬教〉中對僚屬樗蒲過差，聚集群賭，蔚然成俗，頗為擔憂，凡此都見已出現負面影響。

時又有投壺戲，如王弼、王衍頗善此道，按投壺為古代宴飲的一種遊戲，如何劭〈王弼傳〉謂弼「解音律，善投壺」；〈王衍傳〉亦謂：「但與機日夜縱酒，投壺博戲，數十局俱起。」按投壺為禮的一種，《禮記》有〈投壺篇〉，魏晉士人都習之。邯鄲淳、傅玄皆有〈投壺賦〉，言投壺可「矯懈而正心」，又可見妙巧的健康性娛樂。曹魏王昶稱投壺、樗蒲、彈棊為「三戲」，戒人不可過分沈迷。〔註35〕

另有鬥鵝之戲，《世說‧忿狷篇》8 載桓玄兄弟養鵝競鬥之事；王濟、魏舒則以善射而名重當時，〔註36〕以上眾藝之在士流間十分流行，一方面做為娛樂，一方面為閒者逍遣歲月之用，而誠如祖訥好博奕，王隱諫止之，訥卻曰：「聊以忘憂耳！」（《晉書‧祖納傳》）則諸種戲樂活動，不過是忘憂之工具而已！時又有「乘牛車」之風，因馬車多用於戰爭，而牛力大耐勞，走路慢，有閒適之趣。而「牛心」被視為珍貴之物，其被禮敬者，乃得噉「牛心」，凡此皆是當時特殊現象。

5、藝術文雅

（1）舞蹈

時貴遊樂遊宴，故舞蹈亦為其所喜，如謝尚善鴝鵒舞，《世說‧任誕》32 載：

> 王長史、謝仁祖同為王公掾。長史云：「謝掾能作異舞。」謝便起舞，
>
> 神意甚暇。王公熟視，謂客曰：「使人思安豐。」

此段注引《語林》曰：「謝鎮西酒後，於槃案間，為洛市肆工鴝鵒舞，甚佳。」謝尚性通任，善音樂，在眾人前起舞，俯仰應節，傍若無人，此可見率佚。據《世說‧任誕》43 注引裴啓《語林》曰：「張湛好於齋前種松，養鴝鵒。」名士養鴝鵒以為韻，從而有模仿鴝鵒走作而起舞者。〔註37〕舞蹈亦是貴遊名士之娛樂活動，為眾藝之一種。尤其在宴飲之餘，每配合歌舞以助興。這

〔註35〕王昶〈三戲論〉見《全三國文》卷三十六。

〔註36〕見裴啓《語林》，魯迅《古小說鈎沈》（台北：盤庚出版社，1978），頁 21。

〔註37〕盧肇〈鴝鵒賦〉云：「謝尚以小節不拘，曲藝可俯，願狎鴛鴦之侶，因為鴝鵒之舞。」

時候激昂多變之胡樂、戎舞亦爲時人所愛。《書鈔》引《郭子》云：「王仲祖酒酣起舞，劉真長曰：『阿奴今日不復減向子期。』」成公綏〈七唱〉：「奮長袖以飃迴，擢纖腰以煙起。」此皆以舞蹈露才藝、顯風流，創造流動之美。另楊泓〈拂舞序〉言甚至江南見「白符舞」，或言「白鳧鳩舞」等記載。

（2）音聲歌伎

魏晉六朝士人，率好音聲，盛畜伎樂，此亦貴遊名士藝術生活之所需，爲其情志之所寄，在遊宴之際，興端感慨，正賴絲竹陶寫。琴可陶性情，娛心神，導養神氣，宣和情志，士人閑居，隱几彈琴，微旨虛遠，不爲物役，率意寄興，喚醒生命之理想與美的歸屬感。故彈琴咏詩，乃當時崇雅之高格。《世說·言語》62：

> 謝太傅語王右軍曰：「中年傷於哀樂，與親友別，輒作數日惡。」
> 王曰：「年在桑榆，自然至此，正賴絲竹陶寫。恒恐兒輩覺，損欣樂之趣。」

自魏之武帝、文帝、曹植均好伎樂，名士如禰衡善擊鼓，嵇康及康子紹並好琴，謝鯤能歌善鼓琴，王敦善擊鼓，李謙素善琵琶，〔註38〕謝擒善鼓吹（《書鈔》引《幽明錄》），謝尚善琵琶（《世說·容止》32）左思、戴逵能鼓琴，桓伊善吹笛、撫箏（〈任誕〉49 注引《續晉陽秋》）等。而周瑜解音律，當時有「曲有誤，周郎顧」之諺。何晏作〈樂懸〉、夏侯玄〈辨樂〉，阮籍作〈樂論〉，嵇康有〈琴贊〉及〈琴賦〉、〈聲無哀樂論〉，荀勗善解音聲，當時稱「闇解」，阮咸妙賞，時謂「神解」。于時大量出現音樂賦，如阮瑀〈箏賦〉（《藝文類聚》）、杜摯〈笳賦〉（《北堂書鈔》）、閔鴻〈琴賦〉（《北堂書鈔》）。顧長康作〈箏賦〉，自比嵇康。成公綏〈琴賦〉及〈琵琶賦〉（《藝文類聚》）。傅玄〈琴賦〉、〈琵琶賦〉、〈箏賦〉、〈節賦〉、〈笳賦〉（《全晉文》）。孫楚〈笳賦〉（《北堂書鈔》），潘岳、夏侯淳〈笙賦〉（《文選》），王廙〈笙賦〉（《初學記》），賈彬〈箏賦〉（《藝文類聚》），陳窈〈箏賦〉（《初學記》），楊方、曹毗、孫瓊有〈箜篌賦〉，伏滔〈長笛賦〉，陸機〈鼓吹賦〉（《書鈔》引），谷儉〈角賦〉，夏侯湛〈夜聽笳賦〉（《藝文類聚》），袁山松〈歌賦〉，殷仲堪〈琴贊〉，戴逵有〈琴贊〉，又論琴書無吝色。〔註39〕嵇康「廣陵散」千載有餘情，此皆士人善解音律之證也。

〔註38〕見《異苑》卷六。
〔註39〕《世說·雅量》34：「戴公從東出，謝太傅看之。謝本輕戴，見但與論琴書。戴既無吝色，而談琴書愈妙。謝悠然知其量。」《箋疏》頁373。

又《宋書・樂志一》載:「魏晉之世,有孫氏善歌舊曲,宋識善擊節唱和,陳左善清歌,列和善吹笛,郝索善彈箏,朱生善琵琶」。他如石崇盛置伎樂,其中有綠珠者,美而工笛;王粲、王濟好驢鳴等,驢鳴聲極悲惻。士人或孤懷難遣,或體清心遠,遂雅好聲樂,聲樂乃名士風雅之一,故多嫻習之。

又有袁山松者,善音樂。初羊曇善唱樂,桓伊能挽歌,及袁山松「行路難」繼之,時人謂之「三絕」。〔註40〕而謬襲、傅玄、陸機、陶淵明亦有挽歌詩之作。〔註41〕司馬晞亦喜為挽歌,每自搖大鈴為唱,使左右齊和。謝尚於佛寺門樓上彈琵琶,作大道曲;袁山松遇出游,則好令左右作挽歌,一時名流達士皆習尚之,謳歌生命,豁情散哀,神氣豪尚。

《世說・任誕》45 云:「張驎酒後挽歌甚悽苦」,此則以唱挽歌以助興,是以悲為樂矣。」夫挽歌之流行,一方面表示魏晉士人隱藏厚重的無常感及憂生之嗟,名士竟吟咏以為高韻。以其既以自挽,又以挽人,士人模擬競作,以供時人在賓會上演唱,此在幾許曠達中,實藉以發抒強烈的情感、流連之哀思,而尚嘉遁的孔愉,則以歌吹自箴誨,亦呈現對生命的無限感悟。

(3)書畫

書法之成為獨立之藝術,始於魏晉。六朝文人縱逸於山水,得山川靈氣,然後揮灑才思,寫心中之所蘊,筆下功夫,足見其造境,此有同於放口清言,帶有回歸自然、自我之隱志。當時精於書法者,如韋仲將之題字陵霄觀;鍾繇、鍾會皆善書,盧循善草隸,七賢之工行草,劉聰、劉曜工草隸,陸機、郗鑒、桓溫、桓玄、衛恒、衛瓘、索靖、崔瑗善草書,亦善行隸(《世說・巧藝》),而衛鑠善隸書,王珉、王薈善行書,王廙工書畫,孔琳之草書,謝安、王凝之善草隸,李充善楷書,羊忱性能草書,又庾翼、郗愔、王羲之、獻之、王洽之工草隸,戴逵工書畫,辛謐工草隸,別有女書法字王洽妻荀氏、衛鑠、謝道韞等。書法既以反映人之個性,反映人格境界,像以「飄如遊雲,矯若驚龍」形容王羲之之書風,用以形容其人格氣象也可。書法又可做為修身養性,故傾注於此道者眾,可視為玄風的跡化。

至於畫,魏晉人物畫獨盛,因為當時重人物,尤以顧愷之畫稱首焉。《世說・巧藝》7 載:「顧長康畫,有蒼生來所無」。顧長康畫重「傳神寫照」、「遷想妙得」,也格外講究「識具」,善於把握人物特徵,也注意人物與景物之互

〔註40〕《晉書・袁山松傳》。
〔註41〕陶淵明還有〈自祭文〉之作。

動關係，十分精微。〈巧藝〉14 又言：「手揮五絃易，目送歸鴻難」，此皆強調捕捉精神。可見當時繪畫理論已臻圓熟，人物畫、山水畫皆有突破性的發展，此深受玄學的影響，而玄心也提升了繪畫的意境，當時善畫者又有荀勗、戴逵，戴曾畫「南都賦圖」，爲范宣所賞，尤其所畫行像最稱精妙（具見《世說‧巧藝》6），另荀勗亦善人物畫像等。詩畫可以陶冶性靈，透悟人生，所謂寫「胸中逸氣」者，而遺形取神，乃當時共同的趨向。而如桓玄貪愛書畫，爲據己有，不惜用騙用賭以得之，且平日即「先使作輕舸，載服玩及書畫等物」，以備兵凶戰危時，得輕易運走。（〈桓玄傳〉）得見對書畫之癡迷。

6、揮麈談玄

當時清談多持麈尾，如《世說‧容止篇》8 載：

王夷甫容貌整麗，妙於談玄，**恒**捉白玉柄麈尾，與手都無分別。

又〈文學篇〉31：

孫安國往殷中軍許共論，往反精苦，客主無間。左右進食，冷而復煖者數四。彼我奮擲麈尾，悉脫落，滿餐飯中，賓主遂至莫忘食。

麈尾成了「談士」之象徵，故談士多珍視麈尾，〈傷逝篇〉10 載：

王長史病篤，寢臥燈下，轉麈尾視之，歎曰：「如此人，曾不得四十。」

及亡，劉尹臨殯，以犀柄麈尾箸柩中，因慟絕。

名士手中握麈尾，足增「美」感，倍顯清雅之氣。和尚講經，亦持麈尾，如康法暢造庾太尉，「握麈尾至佳」（《世說‧言語》52），清談時則持以示意助勢，如樂廣以麈尾柄确几，以示「旨不至」之理（《世說‧文學》16），慧遠攻道**恒**心無義，以麈尾扣案（《高僧傳》），王導解帳取麈尾與客共談析理（〈文學〉22），王俊遺石勒麈尾，勒不敢執，置之壁，朝拜之（《晉陽秋》），王導受殷浩麈尾（《太平御覽》），此以麈尾爲贈物者。王導以麈尾柄打牛使其速（《世說‧輕詆》6 注）。許詢有〈黑麈尾銘〉、〈白麈尾銘〉，張說有〈犀柄瑇瑁麈尾銘〉之作，可見當時麈尾之形式及質料。

麈尾、拂子亦爲道教人物所持，蓋風尚相襲的緣故。

綜上資料可得：

（一）麈尾有黑白二種。白者以白玉或骨角爲柄。質地有玉、犀等。又有竹、白鷺羽，并閭皮等。

（二）爲談玄說理助勢之用。

（三）有指揮示意之功用。

（四）有趨蚊蚋的用處，也可作爲陪葬品。

（五）可作紀念品送人，但不輕易送人，必選對象，而被贈以麈尾乃表示被異待，故受者亦珍視之。

（六）顯高雅飄逸之形象，也表明說法者的地位。

（七）爲講談之隨身寶。也可作爲清談之代稱，故清談有稱爲「麈談」。

名士又持如意，如意本用以搔抓，魏晉名流隨手執之，或將義理書於柄上，以備忽忘，手執目對，頗如人意，如王敦酒後詠詩，執鐵如意，意氣所至，敲唾壺，慷慨奮昂。（《世說・豪爽篇》4），又如石崇與王愷爭富豪，石崇以鐵如意擊愷珊瑚樹（《世說・汰侈》8）。又王恭讀殷荊州文，以如意點之而已。（〈雅量〉41）陳林道理既佳，人欲共言析，陳以如意拄頰，望雞籠山歎曰：「孫伯符志業不遂！」於是竟坐不得談（〈豪爽〉11）。謝萬常以嘯咏自高，直以如意指四座云：「諸君皆是勁卒！」（〈簡傲〉14）庾翼征胡，止鎮襄陽，殷羨與書，送一折角如意以調之，庾答書：「得所致，雖是敗物，猶欲理而用之。」（〈排調〉23）是執麈尾、如意皆名士風習。

7、蒐奇志怪

明・胡應麟《少室山房筆叢・九流》云：「魏晉好長生，故多靈變之說」，在分裂亂離、自然災禍頻生、冤氣彌重、人心惶惶之時代，易煽靈怪之事；而野心家則喜妖言惑眾、裝神弄鬼；佛教果報論爲懲惡而宣說鬼神信仰；史學家在撰述正史時，廣收傳聞佚事，其荒誕不經者，則另編成志怪雜傳，如干寶有《晉紀》，其史餘則成《搜神記》〔註42〕。而當時尚博識，緣胡漢雜居，印度、西域人東來傳佛，交、廣海外貿易，異域殊方之奇風異俗、奇言怪行、奇珍異寶、奇裝異服，前所未見者，皆呈現於眼前。博識君子〔註43〕，博通古今，爲之解疑。且方仙道術流行，占相、預卜、射覆、風角、望氣、禁咒、隱身、分身等幻術方伎之屬，相傳於士流間。於丹鼎、符籙、服芝、食菌、餌石髓，可以昇遐，信而不疑。其或癡或黠，或狂或誕，執「癖」不返〔註44〕。士人尚奇

〔註42〕 干寶《搜神記・序》言「考先志於載籍，收遺逸於當時」，「記殊俗之表，綴片言之殘缺，訪行事於故老」，可補正史之漏，發明神道之不誣。

〔註43〕 劉敬叔《異苑》卷二載魏時殿前大鐘無故大鳴；晉武帝時，吳郡出一石鼓，打之無聲；晉中朝有人畜銅澡盤，晨夕恆鳴，如人扣怪事，以問張華，華當即說其故，並示以解決之方。另諸葛元遜亦稱博識。

〔註44〕 時王濟有「馬癖」、和嶠有「錢癖」、王徽之有「愛竹癖」，而杜預有「左傳癖」。見《世說・術解》4、《世說・簡傲》16，《箋疏》頁704、775。及《晉書・杜

矜能，逞才鬥智，甘聞異說，炫惑人目。失志之士，則借出奇入幻，高蹈出塵以勾勒理想，彌補現實之缺憾。其或矜門第、高自我者，為求賭勝，故言必譎浪，行必驚眾；而在荒唐之言中，也可達到消遣娛樂的效果，故標新立異，無所不用其極，此搜神、博物、志怪之著作，所以紛紛出現也。今從史傳載桓玄「好奇異，尤愛寶物」；虞喜、虞聳、姚信皆「好奇徇異」之說；葛洪「索奇異」；成公綏〈嘯賦〉中載逸群公子「體奇好異」；陶淵明「心好異書」等，此洞府祕境、禍祟災妖、靈異幻怪、異道奇術之事所以流行也。而記志雜傳之所以大存怪異事，正以頗富異趣，世之博覽者，遂藉之以遣愁、開懷，且於交際應酬時，特作「狡獪」〔註45〕的話題，此以「瑣言」之形式，或以「解頤」，或以警世也。

第六節　魏晉仕女形像

　　晉室南渡，玄風復扇，士人騖於爭競清談，輕禮重情之風氣，影響到閨門婦女勇於衝破禮教禁錮，竟社交頻繁，干寶《晉紀・總論》：

> 其婦女莊櫛織絍，皆取成於婢僕，未嘗知女工絲枲之業，中饋酒食之事也。先時而婚，任情而動，故皆不恥淫逸之過，不拘妒忌之惡，有逆于舅姑，有反易剛柔，有殺戮妾媵，有黷亂上下，父兄弗之罪也，天下莫之非也。又況責之聞四教於古，修貞順於今，輔佐君子者哉？

《抱朴子・疾謬篇》亦云：

> 今俗婦女，休其蠶織之業，廢其玄紞之務。不績其麻，市也婆娑。舍中饋之事，修周旋之好。更相從詣，之適親戚，承星舉火，不已於行。多將侍從，暐暐盈路，婢使吏卒，錯雜如市，尋道褻謔，可憎可惡。或宿于他門，或冒夜而返。游戲佛寺，觀視漁畋。登高臨水，出境慶弔。開車褰幃，周章城邑，盃觴路酌，絃歌行奏。轉相高尚，習非成俗。

預傳》，頁 1032。

〔註45〕狡獪即開玩笑，《世說・文學》94 載：「袁伯彥作名士傳成，宏以夏侯太初、何平叔、王輔嗣為正始名士，阮嗣宗、嵇叔夜、山巨源、向子期、劉伯倫、阮仲容、王濬仲為竹林名士，裴叔則、樂彥輔、王夷甫、庾子嵩、王安期、阮千里、衛叔寶、謝幼輿為中朝名士。見謝公。公笑曰：『我嘗與諸人道江北事，特作狡獪耳！彥伯遂以著書。』」《箋疏》頁 272。

在「禮豈爲吾輩而設」的社會風氣下，婦女亦有獨立之生活，突破「女訓」的規範，從《晉書・王恭傳》載：

> 虞珧子妻裴氏有服食之術，常衣黃衣，狀如天師，（會稽王）道子甚悅之，令與賓客談論，時人皆爲降節。恭抗言曰：「未聞宰相之坐有失行婦人。」坐賓莫不反側，道子甚愧之。

更有甚者，男女之間亦不拘形跡，禮防盡失，《抱朴子・疾謬》又言：

> 無賴之子，白醉耳熱之後，結黨合群，遊不擇類，……攜手連袂，以遨以集，入他堂室，觀人婦女，指玷修短，評論美醜。……或有不通主人，便共突前，……其或妾媵藏避不及，至搜索隱僻，就而引曳，……然落拓之子，無骨髓而好隨俗者，以通此者爲親密，距此者爲不恭，誠爲當世不可以不爾。於是要呼憒雜，入室視妻，促膝之狹坐，交杯觴於咫尺，絃歌淫冶之音曲，以誂文君之動心。載號載呶，譃戲醜褻。

據《三國志・衛臻傳》：「夏侯惇爲陳留太守，舉臻計吏，命婦出宴，臻以爲末世之俗，非禮之正，惇怒、執臻，既而赦之」，可見當時流蕩之一斑。緣當時男性對女性的期待由德向色傾斜，如荀粲言：「婦人德不足稱，當以色爲主」；潘岳〈答摯虞新婚箴〉亦言：「女實存色」，加上胡漢雜居，受胡風影響，倫理意識轉薄，相對的私人空間擴大，女性的個人氣質及才情較易表露。婦女受周遭環境濡染，亦能言善辯，風流可賞，時有超邁流俗之舉。《世說・賢媛》、〈惑溺篇〉是研究魏晉女性的最佳資料，參以《晉書・列女傳》，則魏晉女性形象，朗然在目矣。《世說》立〈賢媛〉一門，賢媛亦可視爲「名媛」，乃女流中之名士，其鮮明的形象，從風神才調中顯。〈賢媛〉載：

> 許允婦，……奇醜。交禮竟，允無復入理，家人深以爲憂。會允有客至，婦令婢視之，還答曰：「是桓郎。」桓郎者，桓範也。婦云：「無憂，桓必勸入。」桓果語許云：「阮家既嫁醜婦與卿，故當有意，卿宜察之。」許便回入內。既見婦，即欲出。婦料其此出，無復入理，便捉裾停之。許因謂曰：「婦有四德，卿有其幾？」婦曰：「新婦所乏唯容爾。然士有百行，君有幾？」許云：「皆備。」婦曰：「夫百行以德爲首，君好色不好德，何謂皆備？」允有慚色，遂相敬重。

許允婦爲維護自己的人格尊嚴，嚴詞質疑，這是對男性至上、男主女從的當頭棒喝，從而爭取到「遂相敬重」的權益。而此已非特例，〈賢媛篇〉9又載：

　　　　王公淵娶諸葛誕女。入室，言語始交，王謂婦曰：「新婦神色卑下，

　　　　殊不似公休！」婦曰：「大丈夫不能彷彿彥雲，而令婦人比蹤英傑！」

婦女思想轉開放，行為亦較自由，不但直稱王廣之父字，且勇於表達自己的
情感，不慮禮防，以追求自己的幸福，〈惑溺篇〉5載：

　　　　韓壽美姿容，賈充辟以為掾。充每聚會，賈女於青璅中看，見壽，

　　　　悅之。恆懷存想，發於吟詠。後婢往壽家，具述如此，並言女光麗。

　　　　壽聞之心動，遂請婢潛修音問。及期往宿，壽蹻捷絕人，踰牆而入，

　　　　家中莫知。自是充覺女盛自拂拭，說暢有異於常。後會諸吏，聞壽

　　　　有奇香之氣，是外國所貢，一著人，則歷月不歇。充計武帝唯賜己

　　　　及陳騫，餘家無此香，疑壽與女通，而垣牆重密，門閤急峻，何由

　　　　得爾？乃託言有盜，令人修牆。使反曰：「其餘無異，唯東北角有人

　　　　跡。而牆高，非人所踰。」充乃取女左右考問，即以狀對。充秘之，

　　　　以女妻壽。

此乃干寶所斥的「先時而婚，任情而動」之顯例。賈充女敢於私通，且以貢
香為贈物，全無視其出高門所宜矜尚之禮教。《世說·惑溺篇》6又載：

　　　　王安豐婦，常卿安豐。安豐曰：「婦人卿婿，於禮為不敬，後勿復爾。」

　　　　婦曰：「親卿愛卿，是以卿卿；我不卿卿，誰當卿卿？」遂恆聽之。

王戎妻敢於駁斥其夫而仍「卿之不已」，此為能要求獨立人格，追求愛情至上，
視丈夫為己有，打破隔閡，其情感坦率，爭所該爭，全不虛矯。《晉書·王澄傳》：

　　　　（王）澄博涉墳典，美姿貌，不修名行，不為鄉曲所稱。晚乃變節，

　　　　疏通亮達，恢廓有大志。……燕國徐邈，有女才淑，擇夫未嫁。邈

　　　　乃大會佐史，令女於內觀之。女指澄告母，邈遂妻之。

此則自擇婚矣，又可見其看相識人之才，故得良偶。他如王渾妻鍾氏為令淑
之女求婚，見一有才之兵家子，因觀其形骨，知其不壽而不允婚，後兵兒果
早亡，是鍾氏有識鑒之才。而《世說·容止篇》7云：

　　　　潘岳妙有姿容，好神情。少時挾彈出洛陽道，婦人遇者，莫不連手

　　　　共縈之！

則婦女之賞愛美男，且能真率豪放的表現出，〈品藻〉21載「宋禕曾為王大將
軍妾，後屬謝鎮西，鎮西問禕：我何如王？」答曰：「王比使君田舍貴人耳！」
鎮西妖冶故也，宋禕即賞謝尚之容貌風度也。又《晉書·列女傳》：

　　　　竇滔妻蘇氏，……（滔）被徙流沙，蘇氏思之，織錦為迴文旋圖詩

以贈滔。宛轉循環以讀之，詞甚悽惋，凡八百四十字。

夫妻情感極親密者，表現爲形神的相知相惜，如〈惑溺〉2 載：

> 荀奉倩與婦至篤，冬月婦病熱，乃出中庭自取冷，還以身熨之。婦
> 亡，奉倩後少時亦卒。以是獲譏於世。

又〈任誕篇〉14 載王戎晨往女婿裴許，不通徑前，「裴從牀南下，女從北下，相對作賓主，了無異色！」面對尷尬場面，能從容應對。〈排調〉8 則載王渾妻出以諧謔之語，而爲名教之士所撻伐：〔註46〕

> 王渾與婦鍾氏共坐，見武子從庭過，渾欣然謂婦曰：「生兒如此，足
> 慰人意。」婦笑曰：「若使新婦得配參軍，生兒故可不啻如此。」

此笑其夫太任實，無玄遠之韵，則鍾氏亦慕尙風流也。而山濤妻稱其夫以「識度」取勝，〈賢媛篇〉11 載：

> 山公與嵇、阮一面，契若金蘭。山妻韓氏，覺公與二人異於常交，
> 問公。公曰：「我當年可以爲友者，唯此二生耳！」妻曰：「負羈之
> 妻，亦親觀狐、趙，意欲窺之，可乎？」他日，二人來，妻勸公止
> 之宿，具酒肉。夜穿墉以視之，達旦忘反。公入，曰：「二人何如？」
> 妻曰：「君才致殊不如，正當以識度相友耳。」公曰：「伊輩亦常以
> 我度爲勝。」

在娓娓的生活相叙中，見山濤妻重「識度」，而其穿墉觀人，達旦忘反，實亦賞美也。〈假譎篇〉9 載：溫公喪婦，從姑劉氏，家值離亂散，唯有一女，甚有姿慧，姑以屬公覓婚。公密有自婚意，答云：「佳壻難得，但如嶠比云何？」姑云：「喪敗之餘，乞粗存活，便足慰吾餘年，何敢希汝比？」卻後少日，公報姑云：「已覓得婚處？門地粗可，壻身名宦，盡不減嶠。」因下玉鏡臺一枚。姑大喜，既婚，交禮，女以手披紗扇，撫掌大笑曰：「我固疑是老奴，果如所卜。」此婚禮時的對話，其直稱騙婚之溫嶠爲「老奴」，格外生動，且見其開朗眞率與有識。魏晉戰亂及政爭頻仍，夫死，高門常要求其女改嫁，故改嫁之風習以爲常，亦有守節殉夫者，如石崇愛妾，則能殉情，〈石崇傳〉：

> （崇被收），謂綠珠曰：「我今爲爾得罪。」綠珠泣曰：「當效死於官
> 前。」因自投于樓下而死。

或能爲夫守節，生死不渝，《世說・賢媛》29 載：

〔註46〕此參軍爲王渾弟王倫，性醇粹簡遠，貴老莊之學，用心淡如。李慈銘指其顯對其夫，言欲配其叔，此直如倡家蕩婦之行，《箋疏》，頁789。

　　郗嘉賓喪，婦兄弟欲迎妹還，終不肯歸。曰：「生縱不得與郗郎同室，
　　死寧不同穴！」

有的則守志不成，被逼改嫁，如〈假譎篇〉10 云：「諸葛令女，庾氏婦，既寡，
誓云：『不復重出！』此女性甚正彊，無有登車理。恢既許江思玄婚，乃移家
近之。初，誑女云：『宜徙』。於是家人一時出去，獨留女在後。比其覺，已
不復得出。江朗莫來，女哭詈彌甚，積日漸歇。江虨瞑入宿，恒在對床上。
後觀其意轉帖，虨乃詐厭，良久不悟，聲氣轉急。女乃呼婢云：喚江郎覺！
江於是躍來就之曰：『我自是天下男子，厭，何預卿事而見喚邪？既爾相關，
不得不與人語。』女默然而慚，情義遂篤。」在父兄及新女婿之聯手誑騙下，
不得不就範。又謝尚愛妾阿紀有國色，尚死，誓不嫁，郗曇設權計而得之，
阿紀終身不與曇言，足見其剛烈。婦亦能規箴其夫，〈賢媛〉24 載：

　　桓車騎不好著新衣。浴後，婦故送新衣與。車騎大怒，催使持去。
　　婦更持還，傳語云：「衣不經新，何由而故？」桓公大笑，著之。

此由「大怒」而「大笑」，僅由一句話而達到。

　　又劉伶婦捐酒毀器，涕泣諫劉伶曰：「君飲太過，非攝生之道，必宜斷之！」
（〈任誕〉3）皆見深情也。以愛極故生妒，理自宜然，今從心理學分析，「妒」
乃出於排他心理，為愛情之獨占與反抗。〈賢媛〉23 載：

　　謝公夫人幃諸婢，使在前作伎，使太傅暫見，便下幃。太傅索更開，
　　夫人云：「恐傷盛德。」

時風不拘妒忌之惡，謝安妻表面為維護其夫「盛德」，而實出於嫉妒之情，據
《藝文類聚》三十五引「妒記」云：

　　謝太傅劉夫人，不令公有別房。公既深好聲樂，後遂頗欲立妓妾。
　　兄子外生等微達此旨，共問訊劉夫人，因方便稱關雎螽斯有不忌之
　　德。夫人知以諷己，乃問：「誰撰此詩？」答曰：「周公。」夫人曰：
　　「周公是男子，相為爾，若使周姥撰詩，當無此也。」

傳統婦女就祇能安於男性社會所規定的不平等待遇，若有反抗，則說是妒惡
凶德，謝夫人卻能提出質疑。知女性之「妒」乃追求平等愛情的極致表現，
是一種自我防衛。《世說新語·輕詆》6 注引《妒記》曰：

　　丞相曹夫人性甚忌，禁制丞相，不得有侍御，乃至左右小人，亦被
　　檢簡，時有妍妙，皆加诮責。王公不能久堪，乃密營別館，眾妾羅
　　列，兒女成行。後元會日，夫人於青疎台中，望見兩三兒騎羊，皆

端正可念。夫人遙見，甚憐愛之。語婢：「汝出問，是誰家兒？」給使不達旨，乃答云：「是第四王等諸郎。」曹氏聞，驚愕大恚。命車駕，將黃門及婢二十人，人持食刀，自出尋討。王公亦遽命駕，飛轡出門，猶患牛遲，乃以左手攀車欄，右手捉麈尾，以柄助御者打牛，狼狽奔馳，劣得先至。

曹淑之由愛生嫉，仍制止不了王導之廣置寵幸。時人蓄妾蓄妓之風盛，增加妒嫉之資材。〈賢媛〉21 注又引《妒記》曰：

（桓）溫平蜀，以李勢女爲妾，郡主兇妒，不即知之。後知，乃拔刃往李所，因欲斫之。見李在窗梳頭，姿貌端麗，徐徐結髮，斂手向主，神色閑正，辭甚悽惋。主於是擲刀前抱之曰：「阿子，我見汝亦憐，何況老奴！」遂善之。

據史傳載李勢妹「膚色玉曜」、「姿貌端麗」，楚楚可憐，引至南康長公主由妒恨而生愛憐之心。〈惑溺〉3 所載之「妒」則已流於「酷」矣：

賈公閭（充）後妻郭氏酷妒，有男兒名黎民，生載周，充自外還，乳母抱兒在中庭，兒見充喜踊，充就乳母手中嗚之。郭遙望見，謂充愛乳母，即殺之。兒悲思啼泣，不飲它乳，遂死。郭後終無子。

郭氏之酷妒，終以「無子」之惡報，以示儆懲，是以快男人心。又如干寶母至妒，寶父葬時，因生推寶父所寵之侍婢于墓中。其有貪鄙凶悍者，如《世說・規箴》8 載：「王夷甫婦郭泰寧女，才拙而性剛，聚斂無厭，干豫人事。」又言其貪欲，〈規箴〉10 載：「令婢路上儋糞」，又修理王澄，是十足悍婦。他如王文度弟阿智娶孫興公女阿恆，僻錯（潑悍）頑囂，天下無雙。祖約妻性妒，約不敢違忤，嘗夜寢於外而爲其妻所傷，知爲凶暴之婦矣！亦有能自衛者，據《江左名士傳》載謝鯤嘗往挑鄰家女，女投梭折其兩齒，是亦剛猛者。又有孫秀妻蒯氏妒，罵秀「貉子」，孫秀便「大不平，遂不復入」，賴帝說情，乃「夫婦如初」。（〈惑溺〉4）

婦女也有恃寵干事者，《世說・惑溺》7 載：

王丞相有幸妾姓雷，頗預政事納貨。蔡公謂之「雷尚書」。

而亦有整飭門戶者，《世說・輕詆篇》17：

孫長樂兄弟就謝公宿，言至款雜。劉夫人在壁後聽之，具聞其語。謝公明日還，問：「昨客何似？」劉對曰：「亡兄門，未有如此賓客！」謝深有愧色。

〈賢媛〉18 又載李絡秀「聞外有貴人，與一婢於內宰豬羊，作數十人食，事事精辦，不聞有人聲」；〈賢媛〉15：郝普女「井上取水，舉動容止不失常，未嘗忤觀」。高朗英邁，有令姿淑德，皆女中之丈夫，理家處事，井然有序。

〈賢媛〉8 載曾與許允書，陳禍患所起，辭甚酸愴（〈賢媛〉8 注引《婦人集》之語）的阮氏之另一事：

> 許允為晉景王所誅，門生走入告其婦。婦正在機中，神色不變，曰：「蚤知爾耳！」門人欲藏其兒，婦曰：「無豫諸兒事。」後徙居墓所，景王遣鍾會看之，若才流及父，當收。兒以咨母。母曰：「汝等雖佳，才具不多，率胸懷與語，便無所憂。不須極哀，會止便止。又可少問朝事。」兒從之。會反以狀對，卒免。

許允婦深具智識與才德，其夫為吏部郎，曾以多用鄉里而被收，婦勸許允「可以理奪，難以情求」，終化解危機；此又以冷靜的處理而保全其子，足見其明智。又《晉書·列女傳》載荀灌突圍求救兵，以解其父之圍；朱序母韓氏當苻丕圍序時，親自登城探勘，並率城中女丁固守襄陽城，人稱「夫人城」。（見習鑿齒《襄陽耆舊記》）劉聰妻劉氏自咎以止殘害忠良；韋逞母宋氏隔絳紗幔傳其家學「周官音義」於生員；鍾會母張氏自鍾會四歲起，即課以經典，至十四歲已通諸經，又勸其子謙損之道，一時稱明。衛鑠則善鍾繇書法，世稱「衛夫人」，王羲之且師事之，有〈筆陣圖〉之作。

而仕女群中，以才女謝道韞風頭最健。《世說·言語》71 載其詠絮才：

> 謝太傅寒雪日內集，與兒女講論文義。俄而雪驟，公欣然曰：「白雪紛紛何所似？」兄子胡兒曰：「撒鹽空中差可擬！」兄女曰：「未若柳絮因風起。」公大笑樂。即公大兄無奕女，左將軍王凝之妻也。

〈列女傳〉載其鄙夷信道甚篤之夫王凝之：

> （道韞）聰識有才辯。叔父安嘗問：「毛詩何句最佳？」道韞稱：「吉甫作頌，穆如清風。仲山甫永懷，以慰其心。」安謂有雅人深致。……初適凝之，還，甚不樂。安曰：「王郎，逸少子，不惡，汝何恨也？」答曰：「一門叔父則有阿大、中郎，群從兄弟復有封、胡、羯、末，不意天壤之中乃有中郎！」……又嘗譏（謝）玄學植不進，曰：「為塵務經心，為天分有限邪？」

此要求文化素質的齊等，貶抑不知長進的男性。以其深具才華，故自視甚高，其清談水平亦屬上流，又表現洒脫之氣，予人「神情散朗」之印象，故濟尼稱

其有「林下風氣」。而濟尼亦爲東晉甚有才質，有識人之明的比丘尼。他如東晉司空何充禮敬建福寺康明感、慧湛；名士孟顗禮敬簡靜寺支妙音；南永安寺釋慧瓊，東晉明帝禮敬新林寺道容，穆帝禮敬北永安寺曇備，簡文帝禮敬新林寺道容。時比丘尼之地位及參與社會事務的層面明顯增加。〈列女傳〉又載：

> 凝之弟獻之嘗與賓客談議，詞理將屈，道韞遣婢白獻之曰：「欲爲小郎解圍。」乃施青綾步鄣自蔽，申獻之前議，客不能屈。……太守劉柳聞其名，請與談議。道韞素知柳名，亦不自阻，乃簪髻素褥坐於帳中，柳束脩整帶造於別榻。道韞風韵高邁，敘致清雅，先及家事，慷慨流漣，徐酬問旨，詞理無滯。柳退而歎曰：「實頃所未見，瞻察言氣，使人心形俱服。」道韞亦云：「親從凋亡，始遇此士，聽其所問，殊開人胸府。」

以一介女流，爲太守所服，衷心欽仰，則其才質可知也。又據《晉書・列女傳》載道韞在孫恩之難時，得知其夫及諸子爲賊所害，乃抽刃出門，手殺數人，是有勇有謀者。然婚姻不太幸福（王謝連姻），從其批評之言，甚見其瞧不起其夫。而其〈擬嵇中散詩〉，則見其才情及慕尙風流。

　　他如善屬文的劉臻妻陳珍於正旦獻椒花頌，又撰元日及冬至進見之儀，行於世，是有文藝者。另徐藻妻陳玢有〈石榴賦〉之作。劉柔妻王劭之有賦、頌、銘、誄之作。孫瓊有〈悼恨賦〉、〈箜篌賦〉及書贊；王倫妻羊氏亦有賦作。王渾妻鍾琰胸懷洒落，知情趣，亦有文才，其詩賦頌誄行於世。左思妹左芬、魏夫人、綠珠有詩作。另有一才德者爲賈充前妻李氏，作〈女訓〉，典式行於世。阮咸請姑媽爲其子取名時，言「胡婢遂生胡兒」，姑答書曰：〈魯靈光殿賦〉曰：「胡人遙集于上楹，可字曰遙集。」知阮咸姑有很高的文化素養。袁宏妻李氏曾作〈弔嵇中散文〉，稱嵇康之德行奇偉，風韵劭邈，有似明月之映幽夜，清風過深林，此自見其深具識鑒之才及能透顯人生意境。

　　由上所明，知當時婦人生活亦較浪漫活潑，深染風流之習氣。而在北方，則有婦女持門戶者，《顏氏家訓・治學篇》言：「鄴下風俗，專以婦持門戶，爭訟曲直，造請逢迎，車乘塡街衢，綺羅盈府寺，代子求官，爲夫訴屈」等，婦女儼然爲一家之主。

　　而魏晉時代常有以聯姻高族來提攜自己門戶，如李絡秀屈節爲周浚妾（見《世說新語・賢媛》18）。又大族娶寒門之女，乃成佳話（〈賢媛〉15：王汝南求郝普女條）。婚姻在森嚴門第中，格外顯得重要。如樂令之「既允朝望」，

復因「加有婚姻」，才能以一句「豈以五男易一女」來逃過政治殘殺。連姻成了政治的手段，如〈方正〉24 載：「王丞相初在江左，欲結援吳人，請婚陸太尉」，北方世族欲在江南生根，須結援南人，而婚姻乃是最好的手腕，《世說‧方正》25 又載：

> 諸葛恢大女適太尉庾亮兒，次女適徐州刺史羊忱兒。亮子被蘇峻害，
> 改適江虨。恢兒娶鄧攸女。于時謝尚書求其小女婚。恢乃云：「羊、
> 鄧是世婚，江家我顧伊，庾家伊顧我，不能復與謝裒兒婚。」及恢
> 亡，遂婚。

恢死，家道中落，其子弟爲結援強宗，而與謝家婚姻。祇因魏晉門第嚴，故大族間以連姻彼此奧援。而門閥自矜，婚姻是華素的一道難以跨越的鴻溝，如《世說‧尤悔》2 載：

> 王渾後妻，琅邪顏氏女。王時爲徐州刺史，交禮拜訖，王將答拜，
> 觀者咸曰：「王侯州將，新婦州民，恐無由答拜。」王乃止，武子以
> 其父不答拜，不成禮，恐非夫婦；不爲之拜，謂爲顏妾，顏氏恥之。
> 以其門貴，終不敢離。

此時婚姻常成爲政治手段之一，是附屬於門第之下的「社交活動」，從而也有買賣婚姻之出現，而造成許多流弊與不幸。

他如《三國志集解》引皇甫謐《列女傳》載：

> （曹）爽從弟文叔，妻譙郡夏侯文寧之女，名令女。文叔早死，服
> 闋，自以年少無子，恐家必嫁己，乃斷髮以爲信。其後，家果欲嫁
> 之，令女聞，即復以刀截兩耳，居止常依爽。及爽被誅，曹氏盡死。
> 令女叔父上書與曹氏絕婚，強迎令女歸。時文寧爲梁相，憐其少，
> 執義，又曹氏無遺類，冀其意沮，迺微使人諷之。令女歎且泣曰：「吾
> 亦惟之，許之是也。」家以爲信，防之少懈。令女於是竊入寢室，
> 以刀斷鼻，蒙被而臥。其母呼與語，不應，發被視之，血流滿床席。
> 舉家驚惶，奔往視之，莫不酸鼻。或謂之曰：「人生世間，如輕塵棲
> 弱草耳，何至辛苦迺爾！且夫家夷滅已盡，守此欲誰爲哉？」令女
> 曰：「聞仁者不以盛衰改節，義者不以存亡易心，曹氏前盛之時，尚
> 欲保終，況今衰亡，何忍棄之，禽獸之行，吾豈爲乎！」司馬宣王
> 聞而嘉之，聽使乞子字養，爲曹氏後，名顯於世。

此義烈之極者也。《世說‧賢媛》又載：

庾玉台，希之弟也。希誅，將戮玉台。玉台子婦，宣武弟桓豁女也。
徒跣求進，閽禁不內。女厲聲曰：「是何小人？我伯父門，不聽我前！」
因突入，號泣請曰：「庾玉台常因人腳短三寸，當復能作賊不？」宣
武笑曰：「壻故自急。」遂原玉台一門。

此烈女爲夫家排難解危者。而魏晉之際有王經母之訓子當急流勇退，又遇難
時之慷慨；又陶侃母訓兒廉潔，且賣髮斫柱以爲其子之進身鋪路。辛憲英聰
明有才鑒，高平陵事變時判斷曹爽必敗，推測鍾會將反叛，指導其弟辛敞及
其子羊琇所應行，終度過政治難關，皆見不凡之慧識。又杜有道妻嚴憲，有
識量，傅玄求爲繼室，因玄與何晏、鄧颺不穆而擔心被害，憲分析局勢，知
晏等當自敗，而許玄婚，後晏果敗，知其有智識。〔註 47〕賈充母柳氏將亡，
仍訓其子，不迎歸李豐女（《世說新語‧賢媛》13 註），足見魏晉仕女能辨證
事理之是非然否。

第七節　魏晉士人之情懷

魏晉士人因時空錯位，於憫時傷亂之餘，多富情感。因感「性命之幾微，
如鴻毛之飄輕」〔註48〕，對人生也抱疑慮，如羊祜樂山水，每風景必造峴山，
嘆：「自有宇宙，便有此山，由來賢達勝士，登此遠望者多矣，皆湮滅無聞，
使人悲傷。如百歲後有知，魂魄猶應登此也！」此流連山水而感生命之無常
也。《晉書》曹攄〈感舊詩〉有「富貴他人合，貧賤親戚離」之句，後來殷浩
被廢爲老百姓，送其甥回朝，咏此二句，引發身世之感，不覺淚下。又《世
說‧文學篇》52 載：謝安問詩經何句最佳，謝遏對曰：「昔我往矣，楊柳依依，
今我來思，雨雪霏霏。」王孝伯問其弟古詩何句爲最？睹思未答，孝伯咏「所
遇無故物，焉得不速老」句爲佳，此以悲爲美者。《世說》第十七特列〈傷逝
篇〉，傷悼逝者，皆極富人情味。

魏晉士人獨具深情，在〈傷逝篇〉中流露父子、兄弟，尤其朋友之間一
往傾慕，至性至情毫無保留，令千載人讀之，仍感動不能已。如：

1、王仲宣好驢鳴。既葬，文帝臨其喪，顧語同遊曰：「王好驢鳴，可各
　　作一聲以送之。」赴客皆一作驢鳴。（〈傷逝〉1）

〔註47〕見傅玄《傅子》，天津：天津古籍出版社，2010，頁 262～263。
〔註48〕楊泉〈養性賦〉，見《全三國文》頁 749。

2、王濬沖爲尚書令，著公服，乘軺車，經黃公酒壚下過，顧謂後車客：「吾昔與嵇叔夜、阮嗣宗共酣飲於此壚，竹林之遊，亦預其末。自嵇生夭、阮公亡以來，便爲時所羈紲。今日視此雖近，邈若山河。」（〈傷逝〉2）

3、顧彥先平生好琴，及喪，家人常以琴置靈床上。張季鷹往哭之，不勝其慟，遂徑上床，鼓琴，作數曲竟，撫琴曰：「顧彥先頗復賞此不？」因又大慟，遂不執孝子手而出。（〈傷逝〉7）

名士「生」則「任誕」，「死」則傷逝，因悲痛愈恆，故無視於喪禮儀式。

4、庾文康亡，何揚州臨葬云：「埋玉樹箸土中，使人情何能已已！」（〈傷逝〉9）

5、〈傷逝〉6注引《永嘉流人名》曰：「（衛）玠之薨，謝幼輿發哀於武昌，感慟不自勝。人問：『子何卹而致哀如是？』答曰：『棟梁折矣，何得不哀？』」

6、支道林喪法虔之後，精神霣喪，風味轉墜。常謂人曰：「昔匠石廢斤於郢人，牙生輟絃於鍾子，推己外求，良不虛也！冥契既逝，發言莫賞，中心蘊結，余其亡矣！」卻後一年，支遂霣。（〈傷逝〉11）

7、王長史病篤，寢臥燈下，轉麈尾視之，嘆曰：「如此人，曾不得四十」，及亡，劉尹臨殯，以犀柄麈尾著柩中，因慟絕。（〈傷逝〉10）

此朋友情誼之深摯，連和尚都無法釋懷於死別之痛。兄弟之相憐惜亦然：

王子猷、子敬俱病篤，而子敬先亡。子猷問左右：「何以都不聞消息？此已喪矣！」語時了不悲。便索輿來奔喪，都不哭。子敬素好琴，便徑入坐靈床上，取子敬琴彈，弦既不調，擲地云：「子敬！子敬！人琴俱亡。」因慟絕良久，月餘亦卒。（〈傷逝〉16）

手足情深，奔喪不哭，逕撫琴以慰死者，直到弦不調，心乃大慟不能自已，而久抑之悲乃不可遏抑。

又有父哭子者：

1、郗嘉賓喪，左右白郗公：「郎喪」，既聞，不悲，因語左右：「殯時可道。」公往臨殯，一慟幾絕。（〈傷逝〉12）

2、王戎喪兒萬子，山簡往省之，王悲不自勝。簡曰：「孩抱中物，何至於此！」王曰：「聖人忘情，最下不及情；情之所鍾，正在我輩。」簡服其言，更爲之慟。（〈傷逝〉4）

3、庾亮兒遭蘇峻難遇害。諸葛道明女爲庾兒婦，既寡，將改適，與亮書
　　及之。亮答曰：「賢女尙少，故其宜也。感念亡兒，若在初沒。」（〈傷
　　逝〉8）

4、王導哭兒：《世說・德行》29：「王長豫爲人謹順，事親盡色養之孝。
　　丞相見長豫輒喜，見敬豫輒嗔。長豫與丞相語，恆以愼密爲端。丞相
　　還台，及行，未嘗不送至車後。恆與曹夫人併當箱篋，長豫亡後，丞
　　相還台，登車後，哭至台門。曹夫人作簏，封而不忍開」。

又有夫哭妻者：

　　　據〈荀粲別傳〉言：「婦病亡，未殯，傅嘏往唁粲，粲不哭而神傷。……
　　　痛悼不能已，歲餘亦亡。」

在「傷逝」之中，顯露了一種性命短暫，興廢無常的感傷。「尙情」是魏晉精
神的特色，荀粲叔荀爽即言：「人當道情，愛我者一何可愛；憎我者一何可憎。」
故有看似無情，卻是大有情。向秀〈答養生論〉中強調：「有生則有情，稱情
則自然」，以自然爲不可革，順自然之本性，故魏晉士人多重「情」，重自然
之情，王戎言：「情之所鍾，正在我輩」（〈王戎傳〉），這是魏晉人士面對人世
愴痛之後，對生命之執著。從《世說新語》中，多見魏晉人物懷抱深情，朋
友間的交往則重「意契神交」、「欣然神解」，由於特懷人間情味，更倍感生命
之尊嚴與價值。如潘岳追悼與妻子昔日之情而作〈悼亡詩〉，深陷於哀戚中；
孫子荊除婦服，作詩以示王武子，王曰：「未知文生於情，情生于文，覽之淒
然，增伉儷之重」，即因王武子亦有情，故能體孫喪婦之痛；陸機在姐亡後作
〈愍思賦〉，以追懷昔情。《世說・言語》55 載：

　　　桓公北征經金城，見前爲琅邪時種柳，皆已十圍，慨然曰：「木猶如
　　　此，人何以堪！」攀枝執條，泫然流淚。

桓溫於太初四年枋頭之役敗，時年已六十，「覽此樹葱籠，傷大命之未集，故
撫今追昔，悲不自勝。」此英雄垂老之悲也。他如阮籍率意獨駕，車跡所窮，
痛哭而回；王戎乘車經昔日遊處而有「邈若山河之歎」！向秀思友作〈思舊
賦〉，卻有難言之痛等，具見眞情。《世說・言語》62 又載：

　　　謝太傅語王右軍曰：「中年傷於哀樂，與親友別，輒作數日惡。」王
　　　曰：「年在桑榆，自然至此，正賴絲竹陶寫。恆恐兒輩覺，損欣樂之
　　　趣。」

此感念存亡，觸物增眷，興起無端悲歡，正見其一往情深。又如庾冰〈與王

羲之書〉中言：「得示，連紙一丈，致辭一千，祇增其嘆耳，了無解于往懷。」
（《藝文類聚》三十一）則是千古之窮愁，無可排解也。《莊子・齊物論》云：

> 一受其成形，不化以待盡，與物相刃相靡，其行盡如馳，而莫之能
> 止，不亦悲乎？終身役役，而不見其成功；薾然疲役，而不知其所
> 歸，可不哀邪！人謂之不死，奚益？其形化，其心與之然，可不謂
> 大哀乎？人之生也，固若是「芒」乎！

此亘古之悲情也，魏晉浸淫《莊子》也深，却抛不開情執，不能體悟生死乃
一體所化，而安時處順，與時俱化，故面對茫茫人生而百端交集。又如東吳
之俊陸機離鄉入洛，於途中作詩云：「悲情觸物感，沈思郁纏綿，佇立望故鄉，
顧影淒自憐」，此為飄泊之感。又《世說・言語》32 載：

> 衛洗馬初欲渡江，形神慘顇，語左右云：「見此芒芒，不覺百端交集。
> 苟未免有情，亦復誰能遣此。」

過江之顛沛，失落了家園親人，好似亡失了所有的希望，如王東海初過江，
登琅邪山，歎曰：「我由來不愁，今日直欲愁」，皆屬山河之異的愁慘。《世說・
任誕》54 載：

> 王長史登茅山，大慟哭曰：「琅邪王伯輿，終當為情死！」

此同阮瞻登山北望，嘆曰：「人言愁，我始欲愁矣！」皆為登臨興感之悲懷。
又〈任誕〉42：

> 桓子野每聞清歌，輒喚「奈何！」謝公聞之曰：「子野可謂一往有深
> 情！」

深情銳感是原始生命的充分流露，毫無保留，表現在言行則真率自負，如嵇
康自打鐵，名公子鍾會來訪，竟揚槌不輟，不予應酬；阮籍之發「時無英雄，
使豎子成名」的怒吼；戴安道善鼓琴，司馬晞使人召之，安道就使前破琴，
直語曰：「戴安道不為王侯伶人！」（〈戴逵傳〉）即若低階之騶從，亦不隨人
使喚做非己份內事。〔註49〕此皆自覺意識極強也。江思玄以手歛叔虎曰：「酷
吏！」（《世說・輕詆》14）；周仲智見刁協，以手批之，鄙其佞也（《世說・
方正》27）。孔群於蘇峻亂時為匡術所逼，後道逢匡術，直云：「鷹化為鳩，
眾鳥猶惡其眼」（《世說・方正》38），此皆敢恨者！因為貴率真，故敢愛敢恨，
喜歡的則情通意親，卿之不已；不喜歡的就「白眼」相向，性不投者，雖逼

〔註49〕據《晉書・胡母輔之傳》載河南驕王子博，輔之叱使取火，子博曰：「我卒也，
惟不乏吾事則已，安復為人使！」輔之歎曰：「吾不及也！」因薦之。頁1380。

以威刑，亦不能「相雜」，甚且不與同坐、共車。〔註50〕遇志不同、道不合的，連一句話都懶得跟他說，這種好惡分明，實亦人性之清純無沾滯。魏舒〈與衛瓘書〉中有言：「凡以意相是非者，不可輕以相貶也」，當時士人多出己「意」，故是己非人，故難以定是非善惡。而如郗超與謝玄不善，但知玄將率軍抵禦苻堅時，郗超知其必勝，〔註51〕因見其平日用人唯才。相對的，桓沖則評謝玄年少不經事，及聞玄破賊，因慚恥〔註52〕而死。而韓伯則言謝玄好名必能戰。（〈識鑒〉23）三人識度不同，却都有眞性情。

　　因爲個體自覺意識獨強，人人皆以「第一理」、「第一流」自許，故常貶詆他人，如殷浩與桓溫齊名，誰也不相讓，溫嘗問浩：「君何如我？」浩曰：「我與君周旋久，寧作我也。」（〈品藻〉35）而溫既以雄豪自許，每輕浩，語人曰：「少時吾與浩共騎竹馬，我棄去，浩輒取之，故當出我下也！」（〈殷浩傳〉）殷浩本亦極自負者，如《世說·品藻》34載：

　　　　撫軍問殷浩：「卿定何如裴逸民？」良久答曰：「故當勝耳」。

他如《世說·言語篇》66載：王長史與劉眞長別後相見，王謂劉曰：「卿更長進」，答曰：「此若天之自高耳。」彼此爭競，而以「我」爲勝，「我」是衡量高下的標準，宜其桓溫歎曰：「時無許、郭，人人自以穩契。」〔註53〕故像王羲之與王述齊名，但王羲之却甚輕王述，述爲會稽太守，以母喪，羲之代其位，然羲之止一弔，遂不重詣，述每聞角聲，以爲羲之當來訪，灑掃以待之，誰知累年羲之皆不顧，述深以爲恨。後述爲揚州刺史，也不過羲之，王述蒙顯授，羲之恥爲其下，遣使詣朝廷，求分會稽爲越州，而爲時賢所笑。述還故意挑他的毛病，使王羲之的自尊心，嚴重受損，於是稱疾去郡，在他的父母墓前「自誓」，從此，不再做官，又沈充謂其妻曰：男兒不建抱尾，不復歸矣（規箴6註）。這種偏狹之度或野心，使當時人物的形相虎虎有生氣。

　　而士人有志業未就，壯志成灰，或爲小人誣陷而失勢，或權力追逐之場域敗下陣來，撫今追惜，無限追悔，此《世說》之有〈尤悔〉一篇也，其中有失計、短視、讒陷、失路、誤解、狹隘、憾恨、懊惱，因爲失去了友情親

〔註50〕　《世說·方正》14：「晉武帝時，荀勗爲中書監，和嶠爲令。故事，監、令由來共車。嶠性雅正，常疾勗諂諛。後公車來，嶠便登，正向前坐，不復容勗。勗方更覓車，然後得去。監、令各給車自此始。」《箋疏》294。
〔註51〕　《晉書·謝玄傳》頁2080～2081。
〔註52〕　《晉書·桓沖傳》頁1952。
〔註53〕　《古小說鈎沈》引《小說》，台北：盤庚出版社，1978，頁91。

情等有價值的東西。

當時士人，如果被人比做一個他所羨慕者，就沾沾自喜，如王羲之作〈蘭亭序〉，人以方石崇〈金谷詩序〉，〔註54〕又羲之可比石崇，羲之聞而大喜；反之，若比做他素所輕者，如許詢被比爲王苟子；周伯仁被比爲樂廣而非樂毅，甚恨。〔註55〕其意甚不平，而務必折挫對手乃已。即若父子亦不相讓，如人言王獻之書法不如其父王羲之，獻之直言「外人那得知！」就是僧徒，亦逞強好勝，如于法開與支遁爭名即是。爭名的雙方，借各種形式，無所不用其極貶抑對方，如〈王導傳〉言：

> 時（庚）亮雖居外鎮，而執朝廷之權，既據上流，擁強兵，趣向者多
>
> 歸之。導內不能平，常遇西風塵起，舉扇自蔽，徐曰：「元規塵污人！」

寬弘如王導，且不能免，況常人耶？好名則在清談、任達之表現外，或自作子書，精構宏文（如〈三都賦〉），還刻石以垂不朽，如杜預好留後世名，常言：「高岸爲谷，深谷爲陵」，刻石爲二碑，記其勛績，一沈萬山之下，一沈峴山之下，曰：「焉知此後不爲陵谷乎？」名輩好勝，喜爭名，還好營身後名，而有主「使我有身後名，不如及時一杯酒」者，則被視爲達生，反獲清名。又名士敢恨敢愛，無所假藉，每個人之喜怒哀樂，皆是毫不掩飾的呈現，極活潑清新，而朋友之交，則重神交意契，誠如孫綽所言：「余與夫子交非勢利，心猶澄水，同此玄味」（〈輕詆〉22）這是魏晉人物之精神特色，正是所謂的「名士、風流」。

小 結

名士在「背俗趨雅」的要求下，縱酒服藥，塵尾清談，長歌嘯咏……無不視爲「雅」而競趨之，但末流大多是盲目的，凡有社會聲價者之一言一行，皆成傚慕的對象，如郭泰、何晏、阮籍、王衍、王恭、謝安……等人之習慣動作皆被模仿。而風流之領袖人物，多屬貴遊高門，他們自高格調，在瑣瑣的日常生活器物中，亦甚考究，處處皆別出心裁。他們出言要「玄」，還要借著酒力與藥效來顯高雅，而音聲歌伎，彈棊樗蒲，逍遙卒歲，快意當前，然而他們的內心深處是空虛的，他們須藉外物來塡補內心的不足！

舉如石崇，出自開國功臣子，少好學，有文才與智謀，銳意事功，在伐

〔註54〕歷來以石崇作〈金谷詩序〉，但《晉書・王羲之傳》或作潘岳〈金谷詩序〉。
　　　　見《晉書》頁2099。
〔註55〕見《文學》38，〈輕詆〉2。

吳之役中立功封侯，曾直言不可濫賞，為石統事件，上表自理，不畏強禦。遂與楊駿有隙，出為荊州刺史，任俠無行檢，劫商客而致富，築金谷園，遊宴之餘兼文詠。為結外援，屈事權貴賈謐，為「二十四友」之首；與王敦入太學，嘆「士當身與名俱泰」，道出本志。以真珠三斛獲得才色藝兼備的綠珠，又勇救劉琨兄弟，免被王愷坑殺。為爭豪鬥奢，窮其心思，為「汰侈」之代表。晚年作〈思歸引〉、〈許巢論〉，有企隱歸于之志；又捲入八王之爭，被族誅，身與財、名俱滅。而即使面臨死亡威脅，仍珍愛綠珠，終獲綠珠守節殉情報答。又與名士遊，詩文唱和，頗見情義。其一身正直與卑佞、超脫與沈淪同顯；情義與殘忍、光明與醜惡並呈；既浮沈與雅俗，且徘徊於仕隱。其「金谷園」已成文雅、交遊、繁華、侈靡之代號；而石崇早年、中年、晚年形象之落差，又為千古所嘆。連其寵妾綠珠，亦為後世文士歌詠不輟。其人、其事，皆漸薰染成「意象」，其興衰存亡，至今猶為世人所咨嗟、嘆詠。而其一任真性情、敢愛敢恨，實含容太多讓人企羨與詛咒的因子，故影響也特別深遠。魏晉名士中，像謝鯤、顧愷之、殷浩、王羲之等，都積累了廣大且凸出的風流形象之能量，耐人探尋。

誠如《三國志・王昶傳》中有言：「遵儒者之教，履道家之言」，名士尋求新的人生支點，結合儒門家訓以立其家門，又逃於玄，回歸自然，放任其性，嚮往超越境界，儒道兼綜，或儒本道用，或道本儒用，各行其是。

針對魏晉狂士的體認，他必具備自覺意識，回歸自我，才不隨波逐流，苟且過日；又以其具備超出別人的學知才華，才有思考，能提出並解決問題的能力，而為人企羨；同時，他必以反禮法、反傳統，反現實不合理之規制為訴求，且透過驚世駭俗的奇言異行來衝撞條條框框，來吸引眾人的眼光，讓人正視其「狂」背後所折射的問題，此為學者理應積極推究者。

第十章 唯 美

前 言

魏晉爲「美」的自覺時代，「美」取代「善」，故藝術得有自由展現的環境，而此實深受玄學的啓示，玄學推動了審美感覺之變化與深入，激發領悟美的能力，因爲玄學講求虛靈、玄遠，講求得意忘言；而魏晉風度崇尚形超神越，此爲契入藝術境界提供了先決條件。因爲玄學追求意表之神理，此種追求對人的內心世界具有玄妙的深化作用，它豐富了人之感受能力；且因重本體而輕現象，所以審美自然提昇到風神的境界，葉朗在《中國美學史大綱》一書中云：

> 從《世說新語》中，我們可以看到魏晉士大夫文人對於自然、人生、藝術的態度，往往表現出一種形而上的追求。他們往往傾向於突破有限的物象，追求一種玄遠、玄妙的境界。……他們追求這種玄遠、玄妙的境界，是爲了感受和領悟宇宙、歷史、人生的本體和生命——道。因此他們對於自然美的欣賞、對於藝術的欣賞，往往包含著對於整個宇宙、歷史、人生的感受和領悟。〔註1〕

由於魏晉人士之自我珍重，在任性任情的趨向下，促進了藝術風格的發展。如王廙曾言：「畫乃吾自畫，書乃吾自書」（〈平南論畫〉），此強調自己獨特之風格；每一個人各具才情，每一個人各有不同的內在精神，所以表現各種不同的風姿韻度，每一個人皆是可欣賞的個體。

此時玄遠的哲思浸透於人的美感與自然欣賞中，因此對人物的品藻，已超越實用、道德角度，而代之以審美的觀點，不再注重經明行修，而著重人物之風姿、神韻。對自然美的欣賞，亦愛賞其蓬勃生機，王羲之寫景言：「群

〔註 1〕 葉朗《中國美學史大綱》（台北：滄浪出版社，西元 1986 年）。

籟雖參差，適我無非親」（〈蘭亭詩〉），在政治、社會充滿虛偽、詭詐、仇恨之時，相對的，山林皐壤、鳥獸禽魚，格外顯得親切，大自然使人「神情開滌」，陶冶人之超塵脫俗的情趣，於是人走向大自然，在大自然所孕含的無限之「道」中，得到心靈的慰藉與哲學的沈思，「自然美是人物美和藝術美的範本」，故以自然美來形容人之風姿神韻，也用來形容文學藝術。

玄學促進審美之能力，也培養審美的心靈，以「玄」對景物，景物皆變得氣韻生動；由於玄學以老、莊為主要內容，老、莊形上智慧、自覺的生命感及棲神冥累的人生取徑，正足以啓迪也提昇美的境界，因此可以說魏晉美學的發達，實拜老莊之賜，尤其莊子中「眞」、「虛」、「和」、「美」之藝術精神（顏崑陽《莊子藝術精神析論》），在魏晉得到充量的發揮，士人除了充分發展個體生命之美外，進而追求原始生命與美的合一，所以此時美學的發展，實即是老莊美學的復興。

第一節 時代心靈

宗白華在《美從何處尋》中言：「漢末魏晉南北朝是中國政治上最混亂、社會最苦痛的時代，然而却是精神上極自由、極解放、最富智慧、最濃於熱情的一個時代，因此也就是最富有藝術精神的時代」，他舉王羲之父子的字、顧愷之和陸探微的畫，戴逵和戴顒的雕塑，嵇康的廣陵散（琴曲），及曹植、阮籍、陶潛、謝靈運、鮑照、謝朓的詩，酈道元、楊衒之的寫景文，雲崗龍門壯偉的造像，洛陽和南朝的閎麗寺院建築為例，認為它奠定了後代文學藝術的根基與趨向。〔註2〕在這個「強烈、矛盾、熱情、濃於生命彩色的時代」，可說以「暢情」為特色，又受玄學「得意忘言」之論的影響，遂開啓了獨步今古的藝術心靈。

由於人們理性之自覺，審美活動才有可能，玄學正為審美活動開路，因為有漢尚纖緯迷信與道德訓戒，抹煞了美的觀照。魏晉崇尚自然，重直覺的、智悟的、全幅的觀覽，此正是為審美提供有利的條件，它啓迪也激起人們對美的自覺意識。而南方風物之美，令人目不暇給，此更是蘊育藝術創作之溫床，所以我們可以稱其所成就為「貴族的文化」、「美的文化」。

魏晉新思潮刺激了審美感覺之靈敏，在美的領悟、契會中，文學藝術的成就極為輝煌。使原本是有閒之世族門第的消遣妝飾，於今却如珠玉般的彌

〔註 2〕見宗白華《美從何處尋》（台北：元山書局，西元 1985 年）頁 187。

足珍貴，其對「美」的開拓，實豐富了我們的人生，其驚覺於自然之美，使人與自然融合，妙悟天人之理，這樣，山河大地也沾染玄意，在人以澄懷對「自然」時，真是情濃意酣，物我兩忘。

此時士人追求「美」，「美」成了魏晉時代特色之一。「美」之本身具有其價值，從傳統禮教實用知識的附屬中擺脫出來，為純粹美的觀照，如過去之樂山、樂水，是先有個「仁者」、「智者」主體，這時候完全擺脫。

玄學影響人生之一是人與大自然之融合。徐復觀《中國藝術精神》一書中言：

> 莊學精神，對人自身之美的啟蒙，實不如對自然之美的啟發來得更為深切，魏晉玄學對當時人物畫所發生的影響，是由於加入了東漢末期所盛行的人倫鑒識的重大因素。〔註3〕

由於人與自然之親和，從對自然之擬人化，進而將人自然化，兩者相融，當時對自然的禮讚，也和對人的品藻一樣，「要用一番美地意識的反省以求在第一自然中發現第二自然」，〔註4〕《世說·容止》24 注引孫綽〈庾亮碑〉文曰：

> 公雅好所託，常在塵垢之外。雖柔心應世，蟬屈其跡，而方寸湛然，固以玄對山水。

此以「玄」對山水即以虛靜之心來對山水也，徐復觀言：「此時的山水乃能以其純淨之姿，進入於虛靜之心的裡面，而與人的生命融為一體，因而人與自然，由相化而相忘，這便在第一自然中呈現出第二自然，而成為美地對象」。當擺脫世務，乃能成為美的觀照，而山川之美可助長人之遺脫世務，此吳均〈與宋元思書〉所云：「鳶飛戾天者，望峯息心；經綸世務者，窺谷忘返」也。故莊學之「向魏晉士人生活中之滲透」，才有美的自覺。人對自然美之追尋，乃緣有超越世務之精神，即帶有隱逸之性情，隱逸者對山水之靈秀，使人神情飛揚，於性靈之怡養，大有助益焉。且在養生風尚流行之時，士人競趨山水，採藥不返，而山川之美，含無限真意，最易引發遼緲之思、玄遠之想，此從「有」入「無」，而覺「神超形越」〔註5〕實已契入「玄境」，至此，隱逸乃是「享受」，蓋無有其苦，祇見其樂，悠然玄解，與理境冥合。

〔註3〕徐復觀《中國藝術精神》（台北：台灣學生書局，西元 1977 年）。

〔註4〕徐復觀〈由世說新語看玄學與自然〉，見《中國藝術精神》一書。

〔註5〕《世說·文學》76：郭景純詩云：「林無靜樹，川無停流」。阮孚云：「泓崢蕭瑟，實不可言。每讀此文，輒覺神超形越。」《箋疏》頁 256、257。

第二節　人物之美

　　魏晉講氣質之性，每一個人皆爲一活活潑潑的生命姿態，多采多姿的形相，爲可讚歎、可欣賞。牟宗三《才性與玄理》中言：

> 一、在美學欣趣之下，對於氣性、才性或質性全幅展開而予以品鑒，此則開藝術境界與人格美之境界。
>
> 二、在仁心悲情之照臨下，實然之氣性或自然生命之強度，皆是定而不定者，雖定亦只是生物學的定，生物學的先天，而並無理性之必然，亦非理性上的先天。〔註6〕

人物品鑒之美學境界，更開出玄學之「智悟」境界，智悟與品鑒構成了魏晉學問的兩大向度，從《晉書》諸「名士傳」及《世說新語》，於人物皆取其「風神」、「姿容」、「音聲」、「神采」、「器宇」，而遣其事功，爲純粹之欣賞，純粹之品鑒。

　　此時品鑒人物，是自社會政治之格局功用或德性載體中超越出來，身體獨具完美之價值，此是將人物當做審美的對象，當做一個藝術品，而形容其美，形容其給人的直覺感受，《世說・賞譽》載：

> △張華言顧彥先「鳳鳴朝陽」。（〈賞譽〉19）
>
> △卞令目叔向：「朗朗如百間屋。」（〈賞譽〉50）
>
> △簡文目敬豫爲「朗豫」。（〈賞譽〉106）
>
> △王右軍目陳玄伯：「壘塊有正骨。」（〈賞譽〉108）

〈容止篇〉22亦載：

> 祖士少見衛君長云：「此人有旄杖下形。」

此乃對其形神的光明印象。

　　又〈賞譽篇〉20云：

> 有問秀才：「吳舊姓何如？」答曰：「吳府君，聖王之老成，明時之俊乂。朱永長，理物之至德，清選之高望。嚴仲弼，九皋之鳴鶴，空谷之白駒。顧彥先，八音之琴瑟，五色之龍章。張威伯，歲寒之茂松，幽夜之逸光。陸士衡、士龍，鴻鵠之徘徊，懸鼓之待槌。」

其中所喻，無非一神韻耳。劉孝標注此段時言吳展「忠足矯非，清足厲俗，信可結神，才堪幹世」；朱誕「體履清和，黃中通理」；嚴隱「稟氣清純，思度淵偉」；張暢「稟性堅明，志行清朗，居磨涅之中，無淄磷之損」……。此

〔註6〕牟宗三《才性與玄理》第二章〈王充之性命論〉（台北：台灣學生書局，西元1974年）頁40、41。

從嚴仲弼「九皋之鳴鶴，空谷之白駒」體味出「清純」，從張威伯「歲寒之茂松，幽夜之逸光」體味出「清朗」，此暗喻法韻味十足，予人無窮遐思，若代以具體之描述，則韻味必大打折扣。其所言「八音之琴瑟，五色之龍章」，究是何等風貌？「鴻鵠之徘徊，懸鼓之待槌」，又是什麼韻致？其間分際幾微，直入要妙，故體之愈微，會之彌精，出玄入默，味中有味，此必對其整體人格精神有全盤的理會乃能得之。

是識鑒人物在魏晉成了一門學問，「品藻」亦成爲一時風氣，尚論人物者，必先有其體驗感受，乃能「神行神遇」，而出以傳神之語，以形容人物之神情風韻，從當時以「風」擬人物，給人的感受，而有風穎、風期、風儀、風領、風神、風概、風範、風韻、風氣、風味、風骨；「清」則有清峙、清舉、清暢、清通、清朗、清純、清眞、清和、清蔚、清高、清遠、清警、清令、清逸、清鑒、清雅、清悟、清婉、清績、清謹、清立、清辯、清竦、清便、清易、清妍、清允、清要、清識、清茂、清貫、清約、清虛、清穆、清愼、清恪、清恬、清節。言「神」則有神雋、神氣、神侯、神合、神明、神理、神君、神識、神令、神姿、神檢、神鋒、神懷、神韻、神貌，結合「神」、「骨」、「風」、「韻」、「氣」等審美角度與審美情趣的「虛」、「高」、「深」、「俊」、「雅」、「弘」、「曠」、「疏」、「通」、「素」、「爽」、「朗」、「通」、「遠」、「潤」、「秀」、「融」、「眞」等，則更衍生出「豪爽」、「韶潤」、「高朗」等「目」，而所述無非一「神」耳，其有多彩多姿之「目」，足見人物品鑒之富藝術性，必會其「神」，乃能體其「美」。當形象昇華到「神」的境界時，如風行水上，飄然清舉，自有迷人之美，此「美」乃純粹爲藝術之賞鑒。

當時常以「美」爲觀審的切入點，愛美尚文的風尚，表現在對人物本身容姿之欣賞，及周遭事物之美的追求。如王濛有好儀形，不待別人的企羨，自己先已發覺自己的美，也珍惜自己的美，他每次攬鏡自照，日：「王文開那生如馨兒！」（《世說・容止》29 注引《語林》），又《魏略》言何晏「性自喜，動靜粉白不去手，行步顧影」，此「行步顧影」，即自憐自惜的樣態。當時愛賞人物風姿，幾近於瘋狂的程度，所以遇美男子出門，皆造成傾動。如：

1. 衞玠每出「觀者如堵牆」（《世說・容止》19）
2. 潘岳少時挾彈出洛陽道，「婦人遇者，莫不連手共縈之。嘗乘車出行，群嫗爭以果擲之，滿車而歸。」（《世說・容止》7 及《晉書》）
3. 王濛居貧帽敗，自入市買之，「嫗悅其貌，遺以新帽。」（《晉書・王濛傳》）

又《世說新語・賢媛》21 載：

> 桓宣武平蜀，以李勢妹爲妾，甚有寵，常著齋後。主始不知，既聞，
> 與數十婢拔白刃襲之。正值李梳頭，髮委藉地，膚色玉曜，不爲動
> 容……。

注引《妒記》更云：「見李在窗梳頭，姿貌端麗，徐徐結髮，斂手向主，神色
閑正，辭甚悽惋。主於是擲刀前抱之曰：『阿子，我見汝猶憐，何況老奴！』
遂善之。」此「我見汝猶憐」是能見美而惺惺相惜也。

《世說・賢媛》11 又載山濤妻欲觀嵇康、阮籍風度，乃勸濤止之宿，「夜
穿墉以視之，達旦忘反」，此亦迷其風姿才調者，因嵇康有龍章鳳姿，處眾人
中，如鶴立雞群。

又像杜弘治「面如凝脂，眼如點漆」(〈容止〉26)，人比之神仙；形容裴
楷則「粗服亂頭皆好，時人以爲玉人」(〈容止〉12)。此對「人」如對事物般
的爲人所憐惜、嗟歎，而其所觀賞的角度，乃在神姿高韻，此風神祇能以形
象加以烘托，通過形象的喻示，而勾勒出鮮明的印象。如目山濤「璞玉渾金」、
王衍「瑤林瓊樹」，王武子見衛玠歎曰：「珠玉在側，覺我形穢。」於是「連
璧」、「雙珠」，﹝註7﹞「玉人」、「神仙中人」﹝註8﹞、「璧人」之「目」紛紛出
籠，而無非以形容人物之可人。此時爲人賞愛之男性美，非陽剛魁偉者，而
是具有女性陰柔之美，如珠玉般，以外形姣美，「若不堪羅綺」(〈容止〉16)，
且音聲冷然若琴瑟者爲佳，如對於王衍的描寫，乃見其秀麗潔白：

> 王夷甫容貌整麗，妙於談玄，**恒**捉白玉柄麈尾，與手都無分別。(〈容
> 止〉8)

而一群美男子之聚會，乃以「琳瑯珠玉」形容之，《世說・容止》15 載：

> 有人詣王太尉，遇安豐、大將軍、丞相在坐，往別屋，見季胤、平
> 子。還，與人曰：「今日之行，觸目見『琳瑯珠玉』。」

相反的，如外形醜陋，像左思就是一個好例子，他學潘岳出遊，却遭「群嫗
齊共亂唾之」(〈容止〉7)，狼狽而歸。張載至醜，每行，小兒老嫗「以瓦石
投之」，即連小孩婦女都唾棄醜。

〔註7〕 潘岳與夏侯湛并有美容，喜同行，時人謂之「連璧」。見《晉書・夏侯湛傳》，
頁 1491。

〔註8〕 衛玠於州黨間號爲「玉人」。又《世說・容止》12：「裴令公有儁容儀，脫冠
冕，粗服亂頭皆好，時人以爲『玉人』。」《箋疏》頁 611。

從未有過一個時代如此醉心於人物之「美」者，於是也培養當時士人「刻情修容」，注意裝扮自己，他們薰衣、剃面，傅粉施朱，身上垂香囊，著高屐，好服婦人之服來烘托其形姿之美，藉著服飾來美化身體，又藉著身體動作來傳達其內在精神。屠隆鴻《苞節錄》卷一云：「晉重門第，好容止膚清神朗，玉色令顏，縉紳公言之朝端，吏部至以此臧否，士大夫手持粉白，口习清言，綽約嫣然，動相夸許。」審美成了當時門閥士族之時尚。

由對人物之愛惜，故不忍其死，如《世說・傷逝》10 載：

> 王長史（濛）病篤，寢臥燈下，轉塵尾視之，歎曰：「如此人，曾不得四十！」及亡，劉尹臨殯，以犀柄塵尾著柩中，因慟絕。

又〈傷逝〉9：

> 庾文康亡，何揚州臨葬云：「埋玉樹著土中，使人情何能已已！」

此傷悼美之幻滅也。

當時又盛行以自然景物之美來形容人物之美，這是因為魏晉人士逍遙於山水田園，尤其過江後迷於東南形勢，發現了自然無盡之美，人物之美配合著自然之美，相得而益彰，於是他們用了許多自然風物之美做為形象，以形容人物之內在智慧與品格。如〈賞譽〉37：王公目太尉：「巖巖清峙，壁立千仞」，世目周侯：「嶷如斷山」（〈賞譽〉56）。〈容止〉4 云：時人目「夏侯太初朗朗如日月之入懷，李安國頹唐如玉山之將崩。」此種形象譬喻之特點，就在整幅的觀照而得其韻致。

由於山水「質有而趨靈」（宗炳之言），人物發現了山川之美，山川之美用來形容人物之美，人物之美與山川之美，皆融入「美」的氛圍之中，人物與山川之形像被烘托得更鮮明。又如：

1. 嵇康身長七尺八寸，風姿特秀。見者嘆曰：「蕭蕭肅肅，爽朗清舉。」或云：「肅肅如松下風，高而徐引。」山公曰：「嵇叔夜之為人也，巖巖若孤松之獨立；其醉也，傀俄若玉山之將崩。」（《世說・容止》5）
2. 王右軍道劉眞長：「標雲柯而不扶疏。」（《世說・賞譽》88）
3. 裴令公目：「王安豐眼爛爛如巖下電。」（《世說・容止》6）
4. （郭）林宗曰：「叔度汪汪如萬頃之陂。澄之不清，擾之不濁，其器深廣，難測量也。」（《世說・德行》3）
5. 時人目王右軍：「飄如遊雲，矯若驚龍」。（《世說・容止》30）

6. 海西時，諸公每朝，朝堂猶暗；唯會稽王來，「軒軒如朝霞舉」。
　　（《世說‧容止》35）

7. 有人歎王恭形茂者，曰：「濯濯如春月柳」。（《世說‧容止》39）

8. 世目李元禮：「謖謖如勁松下風」。（《世說‧賞譽》2）

9. 王戎云：「太尉神姿高徹，如瑤林瓊樹，自然是風塵外物」。（《世說‧賞譽》16）

10. 魏明帝使后弟毛曾與夏侯玄共坐，時人謂「蒹葭倚玉樹」。（《世說‧容止》3）

在這類形象品鑒上，猶有可取者為疊字狀詞之運用以擬聲形容，如「卓卓」、「謖謖」、「濯濯」、「肅肅」、「亭亭」、「汪汪」、「巖巖」、「蕭蕭」、「朗朗」、「軒軒」、「爛爛」、「纚纚」、「颼颼」、「窟窟」、「稜稜」、「黯黯」、「昂昂」、「森森」、「頹頹」、「揚揚」、「察察」、「羅羅」等，直是形聲俱觀，感受刻深。此以自然景物（如動物、植物、礦物）之美來形容人物神態之美，或靜觀，或動察，格外鮮明生動，意趣橫出，此可謂「詩質」的品藻。當時人物品評與道德規範無關，全然注重人物個性所表現之特質及外形之神采風度。這種對個人個性自由發展之重視，是與自然主義之抬頭，儒家禮教之沈隱有關。

　　除了以自然之美形容人物之美外，另有一類抽象性品鑒，不對人物做詳細的描繪，而以三言兩語斷定之，呈現修辭學上以相近或相反之事物加以對照映襯，以增強印象的效果。

　　△鍾士季曰：「裴楷清通，王戎簡要。」（《世說‧賞譽》6）

　　△司馬太傅為二王目曰：「孝伯亭亭直上，阿大羅羅清疎。」（《世說‧賞譽》154）

　　△世目謝尚為「令達」，阮遙集云：「清暢似達。」（《世說‧賞譽》104）

　　△王孝伯曰：「長史虛，劉尹秀，謝公融。」（《世說‧品藻》84）

　　△世稱：「荀子秀出，阿興清和。」（《世說‧賞譽》137）

　　△世目「杜弘治標鮮，季野穆少。」（《世說‧賞譽》70）

　　△王丞相云：「刁玄亮之察察，戴若思之巖巖，卞望之之峯踞。」（《世說‧賞譽》54）

　　△濟尼言：王夫人「神情散朗」，顧家婦「清心玉映」。（《世說‧賢媛》30）

　　△謝幼輿曰：「友人王眉子清通簡暢，嵇延祖弘雅劭長，董仲道卓犖
　　有致度。」（《世說・賞譽》36）

以上爲總合人物整幅印象，而給予一品目，從而作比較，各得明朗之美，却
無分高下。其如〈品藻〉4所舉「諸葛瑾弟亮及從弟誕，并有盛名，各在一國。
于時以爲蜀得其龍，吳得其虎，魏得其狗」，則有高下之別矣！他如：

　　△周侯題高坐曰：「可謂卓朗。」（《世說・賞譽》48）

　　△世目楊朗：「沈審經斷」。（《世說・賞譽》63）

　　△時人目庾中郎：「善於託大，長於自藏」（《世說・賞譽》44）

　　△殷中軍道右軍：「清鑒貴要」。（《世說・賞譽》100）

此爲深度的衡鑑，乃經長久觀審，所作的一言論定。對人物之品藻，以「欣
趣」（牟宗三先生語）爲尚。多重神情，其或清、或令、或簡、或風、或韻，
也就是以脫俗、高雅、爽朗、蕭疏、飄逸、光潔、神姿、高舉、閒靜、閒都、
高想、韶舉、率眞、傑邁、雄略、清逸、高蹈、頹放、調暢、歷落、雅概、
嶔崎、豪雄、高韻、才鑒、風標、朗悟、高識、奇度、器局、遠量、姿儀、
狂誕、清舉、俊朗、明徹、整麗、容姿、高卓、精神、風儀、神儁、風韻、
泠暢、神慧、琳琅、風概、簡秀爲上，此與東漢人物批評著眼於「德」、「節」、
「才」、「志」、「學」、「氣」、「理」者有別。

　　品藻人物使用了不計其數的不同概念、名稱，可見當時審美的精微。而
我們若仔細品味，實可體其智悟之美趣。舉如王子敬語謝公：「公故蕭灑」，
謝曰：「身不蕭灑，君道身最得，身正自調暢」。按此調暢正指身心之自在悅
佚，是無比的自由解放，而在調暢悅佚中，呈顯出塵優雅之姿，此瞻形取「神」，
正是玄風氛圍下的產物。從上可印證人的本身，包括辭氣，皆被當作藝術品
般的珍惜玩賞。

　　人倫「識鑒」之風起於漢代，至漢末許劭、許靖以「月旦評」聞名，但仍
以「拔士」爲目的，[註9]至魏・劉劭作《人物志》，乃以才性爲重，其鑒識人
材由骨、氣、肌、筋、血等五體加以甄別，雖重人物體性，但仍爲官人時，分
別流業之用。稍後之鍾會，綜集當時論才性之作，著成「才性四本」論，以才

〔註9〕《太平御覽》引謝承《後漢書》云：「（許劭）仕郡爲功曹，所稱如龍之升，
　　　　所貶如墮於淵。」《後漢書・許邵傳》載當時有言：「天下言拔士者，咸稱許、
　　　　郭。」〈郭泰別傳〉亦言郭林宗「自著書一卷，論取士之本。」可見仍以識鑒
　　　　後拔取任官爲目的。

性之合、同、離、異爲立論準據，其最終目的，仍爲政府用人任官之參考。其若袁準之「才性論」，亦以才德體用爲論基，猶不離知任之實用。隨著人物品藻著眼點的轉移，逐漸擺脫才性、志業的範疇，而以審美爲目的，〔註 10〕於是以神、氣、風、骨、韻、度爲審美角度，以高、朗、秀、潤、清、眞、通、達爲趣味之人物欣賞，紛紛出現於史傳中。其中，最能代表當時特色的是「神」，「神」是最基本的觀審角度，而「神」的昇華爲審美情趣，即爲風神之「清」，此「清」字，正好配合著當時玄學的發展，而賦予契合「玄致」的意蘊。〔註 11〕

猶有一端，即當時極重人物之個性、氣質，《世說・品藻》87 云：

> 桓玄問劉太常曰：「我何如謝太傅？」劉答曰：「公高，太傅深。」
>
> 又曰：「何如賢舅子敬？」答曰：「楂、梨、橘、柚，各有其美。」

又據裴啓《語林》載劉琨妓女見桓溫而泣，問其故，言桓溫似劉琨，但又指出「眼甚似，恨小；面甚似，恨薄；鬢甚似，恨赤；形甚似，恨短；聲甚似，恨雌」，使桓溫十分洩氣。

論人而能注意人物之個性，重個性，故有不同之題「目」。在個人主義思想瀰漫的時代，形成多彩多姿的人物群相。從《世說新語》的篇目，可窺一斑：

> 德行、言語、政事、文學、方正、雅量、識鑒、賞譽、品藻、規箴、
> 捷悟、夙惠、豪爽、容止、自新、企羨、傷逝、棲逸、賢媛、術解、
> 巧藝、寵禮、任誕、簡傲、排調、輕詆、假譎、黜免、儉嗇、汰侈、
> 忿狷、讒險、尤悔、紕漏、惑溺、仇隙。

可謂爲三十六種人格形象，呈現活潑、生動、具藝術性，倍顯人間之逸氣。是一元價值分裂後呈現的多元價值。此時個人獲得解放的機會，突破儒家理想人格的框限，而「形成更多非儒家新性格類型的發展階段」，從《世說新語》所記載的「機智的論辯、生活的情調、藝術的情趣、感情的奔放，都說明了這個事實。」〔註 12〕分析《世說》之篇目，知是對不同的個性加以歸類的總結，由此可見儒家的理想人格之分化與轉變。此時剛大之氣已逐漸式微，代之以柔性的風姿、神韻，甚且爲其發言吐辭，或率眞的行爲擊節歡賞。

《世說》有〈識鑒〉28 則、〈賞譽〉156 則、〈品藻〉88 則、〈容止〉39

〔註 10〕人物品鑒的演進，大略可區別爲德業——才性——唯美三個階段。

〔註 11〕儒、道，道教各有其「清」，由自然、人物、文藝之審美、人格修養到與世隔絕，張揚身心等許多面向，與「清」對反者爲濁、爲俗。

〔註 12〕逯耀東〈魏晉別傳的時代性格〉。

則等諸篇，或對人物儀形風貌賞鑑，或品評人物性行高下，其所佔比例，超過《世說》四分之一。可知魏晉知人識鑒之風極其盛行，從史傳中加以統計，當時號稱「知人鑒」者極夥，就本傳即有張華、張載、慕容皝、陽耽、徐統、薛讚、權翼、苻堅、李流、何顒、荀彧、王脩、崔琰、蔣濟、許劭、杜畿、司馬朗、陳群、許混、楊俊、郭玄信、趙元儒、石浚、裴秀、裴楷、李憙、劉寔、王戎、山濤、王澄、劉琨、庾顗、劉公榮、武陔、任愷、郭奕、潘滔、王敦、董仲道、慧遠、庾敳、江統、陳訓、周浚、祖訥、王導、王謐、陶侃、溫嶠、賀循、劉訥、潘京、賈嵩、桓彝、顧榮、韋叟、嵇紹、虞悝、徐苗、嵇康、王羲之、謝安、王蘊、辛憲英、嚴憲、鍾琰、王渾、朱紀、崔懿之、公師彧、崔琰、韓觀、曼游、劉元起、司馬徽、許靖、許劭、孫裕、劉琬、羊衜、景養、顧劭、虞翻、虞忠、虞俊、陸喜、陸遜、陸雲、鍾離駰、喬玄、裴潛、傅嘏、何晏、羊祜、楊朗、周嵩、王應、褚裒、晉簡文帝、郗超、韓康伯、王胡之、王珣、謝甄、鍾會等，知人鑒識與清言同時號稱「上流」，乃當時士流的習尚，而人物之品鑑的成為一種學問，祇有魏晉才有。

當時他們所欣賞的乃是活活潑潑的人物如：

1. 〈王敦傳〉載：「（王敦）每酒後輒詠魏武帝樂府歌曰：「老驥伏櫪，志在千里。烈士暮年，壯心不已！」以如意打唾壺為節，壺邊盡缺。」《世說・豪爽》1 載其於帝坐振袖而起，揚槌擊鼓，音節諧捷，神氣豪上，傍若無人，舉坐歎其雄爽。其氣概可知也！

2. 《世說・豪爽》9：「桓公讀《高士傳》，至於陵仲子，便擲去曰：「誰能作此溪刻自處！」雄豪者不喜近乎自虐之行。

3. 《世說・雅量》22 載顧和覓蝨，周侯過而指顧心曰：「此中何所有？」顧搏蝨如故，徐應曰：「此中最是難測地。」連細微的動作或言語皆可欣賞。

4. 《世說・言語》96：「毛伯成既負其才氣，常稱：『寧為蘭摧玉折，不作蕭敷艾榮。』」此皆自我價值之發現和肯定，人格個性之美，可欣賞，可讚歎，可企羨，故人物品藻為時代之特色。

5. 《世說・自新》1 載周處少「凶強俠氣」，後入山「刺虎，入水擊蛟」，改勵自新，終全忠臣孝子之節，皆虎虎有生氣者。

6. 《世說・自新》2 又載戴淵於攻掠商旅時，猶「據胡床，指麾左右，皆得其宜。」神姿峯穎，雖處鄙事，神氣猶異。

7. 《世說‧容止》18 庾子嵩長不滿七尺，腰帶十圍，頹然自放。」此見身形之粗短與精神之安然。

8. 《世說‧雅量》31 載謝萬石當蔡子叔暫起時，移就其位，「蔡還，見謝在焉，因合褥舉謝擲地，謝冠幘傾脫，乃徐起振衣就席，神意甚平，而無瞋沮」，二人俱不介意。甚見率性不拘及寬容之量。

又如謝尚言「企腳北窗下，彈琵琶，故自有天際真人想」（〈容止〉32），其疏放高引，蕭散超脫，自具風操。陶潛脫葛巾濾酒，見其豪華落盡之真淳。

時許詢亦名士也，「好遊山水，而體便登陟」（〈棲逸〉16），有一次他與司馬昱相會，「爾夜風恬月朗，乃共作曲室中語。襟懷之詠，偏是許之所長。辭寄清婉，有逾平日」（〈賞譽〉144），其境遇頗詩情畫意，而二賢月下作「曲室中語」，其風味固有不能已已者！

他如郗超將其父聚斂所得，一日之間散之盡盡，〔註13〕皆卓犖曠世，了無沾滯者。

彼時人物形象多彩多姿，如曹操之短小英發、嵇康之龍章鳳姿、劉伶之土木形骸、阮籍之青白眼、孟業大肥（重千斤）（據王隱《晉書》）、左思之醜頗、王夷甫之整麗、支道林之醜異、韓康伯之肥壯、王藍田之性急、王恭之「乘高輿，被鶴氅裘」，望之若神仙，而道安人呼為「漆道人」，劉毅亦以其黑，時人謂之「鐵色」（《御覽》三百八十八）。就是婦女，如賈充妻之善妒、王衍妻之貪欲、張光之美音、謝道韞之才辯，皆具獨特風格，其或奢或嗇，或美或醜，或狂或痴，皆為如實存在，因之可喜可愕，令人無下口處。

今天我們欣賞的六朝人物是因為他們有極凸出的形象，他們個性率真，虎虎有生氣，他們敢愛敢恨，他們自許以一等風流人。誠如王司州於座上詠「入不言兮出不辭，乘回風兮載雲旗」等屈原之辭，自云：「當爾時，覺一坐無人！」（〈豪爽〉12）其襟期實越古邁今者！

《世說‧輕詆》12 載袁虎視與伏滔比肩為極辱，是嚴別清濁也。又〈排調〉27 載謝安隱居時，兄弟已有富貴者，翕集家門，傾動人物，劉夫人戲之曰：「大丈夫不當如此乎？」謝乃捉鼻不屑地說：「但恐不免耳！」是視富貴如糞土者！

〈品藻〉68 云：「庾道季云：廉頗、藺相如雖千載上死人，懍懍恒如有氣。曹蜍、李志雖見在，厭厭如九泉下人。」他們欣賞的是富有蓬勃生機，重「風領毛骨」，以形象清邁澈朗，不可假借者為上。

〔註13〕見〈僉齒〉9 頁 876。

　　而桓溫過王敦墓,望曰:「可人、可人」(〈桓溫傳〉)。即若胡主石勒亦言:「大丈夫行事當磊磊落落,如日月皎然,終不能如曹孟德、司馬仲達父子,欺他孤兒寡婦,狐媚以取天下!」(〈石勒載記〉)此昂昂一丈夫之言也!此皆是生命的清純,生機的旺盛,與做兒女態者不可同日而語,這是雄爽之美。

　　形相之美如上,而《世說新語·言語篇》所錄當時士人的對話,多非立身處事的訓誡,而儘多具有情味的趣談,其機鋒詼諧,給人無窮回味,所以也具有「美」的價值。其如王羲之與親友間往來之帖札,閒話家常,如在眼前,極和熙生動,沁人心脾,無不從肺腑中流出。而生活點滴,躍然紙上,毫無保留的呈顯真情實感,最可珍惜。是人物之神姿風韻自有其美,吐辭發音,亦可欣賞,在重視先天材質的時代,儀形各異,性格亦殊,皆不假雕琢,互有勝負,合而成全幅人物之評賞。

第三節　山川之美

　　永嘉喪離,北方豪門勢族南遷,群聚江浙,因會稽頗豐山水,吸引嘉遁之士居之。

　　且于時「朝隱」風氣彌盛,士流優遊卒歲,嚮往林泉,每當佳日,乃「窮名山,泛滄海」,觀魚鳥,親林澤,築莊園,籠山水靈秀之氣,稍可冲洗其貪腐縱欲的生活,使他們的享樂泛上幾筆清淡的色彩。漸漸地,山林野趣,成了他們生活的一環,他們視之為賞心樂事而樂此不疲,戴逵〈閑遊贊〉中云:

> 且夫巖嶺高則雲霞之氣鮮,林藪深則蕭瑟之音清,其可以藻玄瑩素,疵其皓然者舍是焉。故雖援世之彥,翼教之傑,放舞雩以發詠,聞乘桴而懷屬,況乎道乖方內,體絕風塵,理揖長謝,歌鳳逡巡,滷八疵於玄流,澄雲崖而頤神者哉?然如山林之客,非徒逃人患,避爭門,諒所以翼順資和,滌除機心,容養淳淑,而自適者爾,況物莫不以適為得,以足為至,彼閒遊者,奚往而不適,奚待而不足?故蔭映巖流之際,偃息琴書之側,寄心松竹,取樂魚鳥,則澹泊之願于是畢矣。

此以林藪之美,足以全性養真,陶冶精神,故頗適淡泊之志。自然景物在此

時成為觀賞審美的對象，於是登山臨水，蔚成風氣，甚且以登臨樂遊為不朽的盛事。〔註14〕江南名勝，「潭壑鏡澈，清流灌注」（見《會稽郡記》），在寧謐清秀之美景中，心舒神釋，情思渺遠。

於崇尚自然的時代風氣下，自然景物的觀賞也跟著普徧，自竹林之「遊」，左思以山水勝絲竹；王羲之樂遊後歎曰：「我卒當以樂死！」（〈王羲之傳〉）對山水勝景的著迷，已到了如痴如醉的地步，並形之於當時文士篇章中，如庾闡、郭璞、左思、張協等皆有不朽之寫景佳構，是以袁山松有〈宜都記〉，盛弘之則有〈荊州記〉等遊記性質之作，其他登臨名山勝水之風景篇什，更不可勝數。

魏晉南北朝時期，貴族封山占澤，廣闢莊園，加上佛道盛行，寺廟宮觀皆設於山水勝處，當時士人對自然風景觀賞的興趣，幾乎與玄學的迅速發展並行。如嵇康〈與山巨源絕交書〉中言：「遊山澤，觀魚鳥，心甚樂之」；〈羊祜傳〉言祜「樂山水，每風景，必造峴山，置酒言咏。」謝安寓居會稽，「出則漁弋山水，入則言咏屬文」，過著逍遙遊放的生活。而如東晉永和九年三月三日的大型修禊活動於會稽山陰之蘭亭舉行，共有四十一人參與，一觴一詠，暢敘幽情。即連和尚慧遠、慧永等三十餘人，亦於晉隆安四年杖錫遊廬山石門，遊賞於山林，體玄悟道，從山水佳趣中，引出哲學的思考來。故玄學推動了領悟大自然美的興趣，而大自然之美也激發對於生命的思考，由於對大自然的深厚感情已建立，故隱逸乃成了一時風尚，而隱逸又助長對大自然的審美。士大夫漫遊成風，〔註15〕逍遙適性乃其生活形態，於是對自然有更親切的關照，並從中探求生命的消息，且用託性靈。

漢朝園林苑囿之造設，乃以狩獵、生產、求仙為主要目的，遊賞之功能尚在其次，漢晉間由於社會動蕩不安，士人間接流行著消極悲觀之情緒，由於有人命奄忽的意識橫亙胸中，故多趨向及時行樂，當士族門第聚歡之餘，過優遊享樂之生活，且寄託情志於山林，周維權《魏晉南北朝園林概述》云：「而老莊之崇尚自然和隱逸，玄學的反樸歸真，佛學的出世思想也都促使他們投身於大自然，於是便逐漸形成了知識界的遊山玩水，浪漫風氣。當時的

〔註14〕王羲之〈雜帖〉：「要欲及卿在彼，登汶嶺、峨眉而旋，實不朽之盛事。」《全晉文》頁 1583。

〔註15〕王羲之寫景云：「群籟雖參差，適我無非親」（〈蘭亭詩〉），又曰：「從山陰道上，猶如鏡中行。」（《水經注》引）此從《莊子・知北遊》：「山水與，皋壤與，使我欣欣然而樂與」而來。

名士們都喜歡嘯傲吟咏於山際水濱，他們一旦入山，往往流連忘返，甚至數日不歸。」在嚮慕超脫玄遠的時代風氣下，自覺的賞美，此詩畫心情使有經濟能力者造園，以便於日夜遊賞其間。山水之遊既可暢玄、悟美、寄情，可以解憂、可以開人視野，盪人心胸，以樂其生。

蓋晉室南渡，江南一帶秀麗山水，吸引北來士人，故王羲之見山水形勢之勝，便有「終焉之志」。〔註16〕當時南渡士人「每至美日，輒相邀新亭，藉卉飲宴」（《世說・言語》31）而群眾性郊遊盛會，如沿承中朝洛水禊祓，蘭亭修禊，更傳爲千古韻事，成群雅士臨流賦詩，自比濠梁之遊。他們於吳土之山光水色流連不已，時發詠贊，如：

王子敬云：「從山陰道上行，山川自相映發，〔註17〕使人應接不暇。若秋冬之際，尤難爲懷。」（《世說・言語》91）

顧長康（愷之）從會稽還，人問山川之美，顧云：「千巖競秀，萬壑爭流，草木蒙籠其上，若雲興霞蔚。」〔註18〕《世說・言語》88

道壹經吳中，會雪下，未甚寒，人問道上所經，道壹曰：「風霜固所不論，乃先集其慘澹。郊邑正自飄瞥，林岫便已皓然。」（《世說・言語》93）

戴仲若春日攜雙柑斗酒，人問何之？答曰：「往聽黃鸝聲。」（《世說新語補》）

林公見東陽長山曰：「何其坦迤！」（《世說・言語》87）

王武子、孫子荊各言其土地人物之美。王云：「其地坦而平，其水淡而清，其人廉且貞。」孫云：「其山崔巍以嵯峨，其水㵒渫而揚波，其人磊砢而英多。」（《世說・言語》24）

王司州至吳興印渚中看。歎曰：「非唯使人情開滌，亦覺日月清朗。」（《世說・言語》81）

對於山水的沈迷，而發自心田的謳歌。視一山一水如有生命般，故對草木的

〔註16〕 《晉書・王羲之傳》載：「羲之雅好服食養性，不樂在京師，初渡浙江，便有終焉之志。會稽有佳山水，名士多居之，謝安未仕時亦居焉。孫綽、李充、許詢、支遁等皆以文義冠世，並築室東土，與羲之同好。」

〔註17〕 王羲之亦曰：「從山陰道上行，如在鏡中遊。」

〔註18〕 《世說新語》：袁彥伯「江山遼落，居然有萬里之勢」，荀中郎登北固望海云：「雖未覩三山，便自使人有凌雲意。」

感情，勝過人事，所以有孫統性好山水，乃求爲鄞令，轉在吳寧，居職不留心碎務，縱意遊肆，名山勝川，靡不窮究。(《晉書‧孫楚傳》) 山水美景足以娛情悅性，可以撫平士人心靈的漂泊，忘懷得失，昇華情感，稀釋愛憎，亦以能賞愛風景之美爲高雅而自負，如《世說‧品藻》17 載：

> 明帝問謝鯤：「君自謂何如庾亮？」答曰：「端委廟堂，使百僚準則，臣不如亮。一丘一壑，自謂過之。」

以縱意丘壑自許，又如陶淵明自謂性愛丘山而無適俗韻，皆可見其徜徉山水，向大自然傾注眷戀之情，將自己主觀精神融入大自然，而以山水爲知音。此袁山松〈宜都記〉所言：「人于山水，矚覽無厭，山水于人，驚逢知己。」在應目會心中，有「數」存于其間，此「數」即是道，也就是從樂遊中可體道致意。在他們極熱衷探索自然之美時，山水詩文得到相當的發展。同時，有錢人更想移佳山勝水於自己的生活範圍之中，他們想長期的占有自然風景以爲一己享用，在假山假水之中，實即神仙生活在現實的完成。於是，風景式園林乃紛紛出現，名士更樂此不疲，愛園成癖。如王子敬聞顧辟疆有名園，徑往賞之，遊歷既畢，指麾好惡，旁若無人 (《世說‧簡傲》17)。桓玄遣臣佐四出「掘果移竹」，不遠千里 (〈桓玄傳〉)。謝安於「土山營墅，樓館竹林甚盛，每攜中外子侄往來遊集」(〈謝安傳〉)，石崇〈思歸引〉中述「河陽別業」：「其制宅也，却阻長堤，前臨清渠，柏木幾於萬株，流水周於舍下，有觀閣池沼，多養鳥魚」；又在河南縣界的金谷澗中，所營建的別墅，有「清泉茂林，眾果竹柏藥草之屬，金田十頃，羊二百口，雞豬鵝鴨之類，莫不畢備。又有水碓魚池土窟，其爲娛目歡心之物備矣！」迴溪峻阪，綠池青柳，檻泉激波，靈囿茂林，台觀樓閣，賞心悅目，得遊賞其間，樂也融融。且依地勢而建，配合環境以突出其景點，顯得親切自然。

當時皇族、高第亦盛造園風氣，而大抵在都邑建築私園，限以地狹，爲求體現大自然之景觀，在「小中見大」的前提下，須運用寫意的手法，在造景方面，不能太寫實，半丘半壑，足以遊心騁懷，「一寸二寸之魚，三竿兩竿之竹」(庾信〈小園賦〉)，多重天成機趣，而鄙夷綺靡之富貴態，如孫綽〈遂初賦〉所云：「乃經始東山，建五畝之宅，帶長阜，倚茂林，孰與坐華幕，擊鐘鼓者同年而語其樂哉！」此深受道家哲學影響，重氣質神韻。《世說新語‧言語篇》61 云：

> 簡文入華林園，顧謂左右曰：「會心處，不必在遠。翳然林木，便自

有濠、濮間想也，覺鳥獸禽魚，自來親人。」

皇室子弟多有嚮往平原、流水、叢林、岡巒間，築雅舍而絕人事者。〔註19〕

　　士大夫利用江南形勢之美，依山傍水，聚石開澗，盡幽居之美，棲息其間，充分享受大自然之情趣，故有「朱門何足榮」而滿足眼前的人生態度。就是僧侶道士，亦擇山林勝景築道場、蓋寺廟道觀，如《世說・棲逸》11 載：

　　　　康僧淵在豫章，去郭數十里，立精舍。旁連嶺，帶長川，芳林列於
　　　　軒庭，清流激於堂宇。乃閒居研講，希心理味。

東晉高僧慧遠喜廬山之山青水秀，遂建東林寺，《高僧傳・慧遠傳》云：

　　　　遠創造精舍，洞盡山美，却負香爐之峰，傍帶瀑布之壑，仍石疊基，
　　　　即松栽構。清泉環階，白雲滿室，復於寺內別置禪林，森樹烟凝，
　　　　石徑苔生，凡在瞻履，皆神清而氣肅焉。

如前所述，慧遠曾結伴成群遊覽山水名勝，後賦詩並寫序，以記其盛，叙重岩映帶，洪泉分流，文石發采，樫松芳草，蔚然光目，足以暢神。可思其盛況。是以有佛徒欲買山而居之事，《世說・排調》28 載：

　　　　支道林因人就深公買印山，深公答曰：「未聞巢、由買山而隱。」

時寺院皆擅長花木丘池，「禪閣虛靜，隱室凝邃，嘉樹夾牖，芳杜匝階」（《洛陽伽藍記・景林寺》）亦是當時盛行園林之表現。

　　自然景物直到魏晉，才成為名士生活中審美觀景的對象，此時，他們才自覺的去登山涉水，如竹林之遊，金谷遊園，洛水邊戲，北固山遊、泛海遊，蘭亭禊集等，皆視為不朽盛事。有漢山水自然祇是政事、人事附庸，至魏晉玄學盛行，尚自然，才啓發了對自然美之自覺。孫盛〈遊天台山賦〉中云：「泯色空以合跡，忽即有而得玄，渾萬象以冥觀，兀同體于自然」，此即「含道映物」之境，人與自然山水合一，欣然見天地之精神。於是如宗炳從自然山水中得到最大的愉快與享受，《宋書・隱逸傳》載：

　　　　（宗炳）有疾還江陵，嘆曰：「老疾俱至，名山恐難遍睹，惟當澄懷
　　　　觀道，臥以遊之。」凡所遊履，皆圖之於室，謂人曰：「撫琴動操，
　　　　欲令眾山皆響！」

老病猶眷戀山水，故圖以臥遊之。其「澄懷觀道」，即是以「玄」對山水也。而渺入圖中，撫琴動操，情景交融，物我冥合矣。在顧盼之際，即是佳山美水，此時亦是山水詩、畫誕生成熟的最佳時機。

〔註19〕如簡文子蕭大圜即以超世網，幽居林澤為己志。

第四節　文藝之美

除山水可欣賞外，生活用品中的扇子、塵尾、琴，甚至一顆桔子、一朵花、一個酒杯、一隻鸚鵡、一把寶刀、一片小園，無不可歌詠，詠物詩賦的大量出現，實可看出當時社會風習之矜奇尚美。

因當時談辯講求辭清語妙，韶音令辭，泠然若琴瑟，影響所及，辭章亦考究「巧構形似」，注重用典、修辭、對偶、滋味、藻采、隱喻、意境、聲韻之美，踵事增華，錯采鏤金，此為「文學」之美，亦為文學史研究者所津津樂道，如曹丕《典論》指出「詩賦欲麗」；陸機《文賦》標「詩緣情綺靡，賦體物而瀏亮」，又言其「會意也尚巧，其遣言也貴妍。暨音聲之迭代，若五色之相宣」，尚巧麗之文學觀，即孕於當時重雕藻之審美時尚也。

揆諸文論如《文心‧明詩》之評六朝詩言：「情必極貌以寫物，辭必窮力而追新」；〈情采〉：「綺麗以豔說，藻飾以辯雕」，而〈聲律〉還強調「聲轉於吻，玲玲如振玉；辭靡於耳，累累如貫珠。」又立〈麗辭篇〉重對偶之美。鍾嶸《詩品序》亦提出作詩宜「潤之以丹采」。又如沈約《宋書‧謝靈運傳論》言「三祖陳王，咸蓄盛藻」；《文心‧明詩》言竹林之嵇志「清峻」、「興高采烈」；阮旨「遙深」、「歸趣難求」；《詩品》評曹植「詞采華茂」；《三國志》稱阮籍「才藻豔逸」，稱嵇康「文辭壯麗」，其語言雅正而聲韻亦富變化。而太康文學「采縟於正始，力柔於建安」；沈約言元康文學「縟旨星稠，繁文綺合」，如潘岳詩「爛若舒錦」（《詩品》）、「情辭悽婉」；張華詩「華豔」如散珠，務為妍冶；張協「詞采蔥蒨」；左思「動墨而橫錦」；陸機「辭致側密」、「弘麗妍贍」；陸雲「翩翩藻秀」，整個時代之文風以「輕綺」為特色，「輕綺」即指清麗綺靡，《晉書‧夏侯湛潘岳張載傳論》云：

孝若（夏侯湛）淡蔚春華，時標麗藻。覯其抵疑詮理，本窮通於自天；作誥敷文，流英聲於孝悌，旨深致遠，殊有大雅之風烈焉。安仁思緒雲騫，詞鋒景煥，前史儔於賈誼，先達方之士衡。賈論政範，源王化之幽賾；潘著哀詞，貫人靈之情性。機文喻海，韞蓬山而育燕；岳藻如江，濯美錦而增絢。混三家以通校，為二賢之亞匹矣。然其挾彈盈果，拜塵趨貴，蔑棄倚門之訓，乾沒不逞之間，斯才也而有斯行也，天之所賦，何其駁歟！正叔含咀藝文，履危居正，安其身而後動，契其心而後言，著論究人道之綱，裁箴懸乘輿之鑒，可謂玉質而金相者矣。孟陽鏤石之文，見奇於張

敏；濛汜之詠，取重於傅玄，爲名流之所挹，亦當代之文宗矣。
景陽摛光王府，棨莘相輝。泊乎二陸入洛，三張減價。考覈遺文，
非徒語也。贊曰：湛稱弄翰，縟彩雕煥。才高位卑，往哲攸歎。
岳實含章，藻思抑揚。趨權冒勢，終亦罹殃。尼標雅性，凤聞詞
令。載協飛芳，棨華增映。

此見西晉文風之尙情采音韻之美，且講究駢偶。如《晉書·陸機傳論》評陸
機之詩文：

高詞迥映，如朗月之懸光；疊意迴舒，若重巖之積秀。千條析理，
則電坼霜開；一緒連文，則珠流璧合。

凡此都證「繁辭綺合」之特點。也就是要求構思之精巧，辭采之華美，及音
聲之和諧，兼顧音、辭、意三者。《金樓子·立言》提出爲「文」要求「綺縠
紛披，宮徵靡曼，脣吻遒會，情靈搖蕩」，是兼顧情、辭、聲三者之美。

皇甫謐〈三都賦序〉即言：「文必極美，觸類而長之，故辭必盡麗。」此
皆認爲文章須以綺采藻飾爲根本。蕭統《昭明文選》之選錄標準，即重文采，
凡「綜輯辭采」、「錯比文華」、「事出於沉思，義歸於翰藻」者即集之。

而東晉玄言與佛理詩盛，則淡乎寡味，一直被貶抑，以其「理過其辭」，
「雖比響聯辭，波屬雲委，答賓戲曰：馳辨如濤波。仲長統昌言曰：妙句雲
布。孝經鉤命決曰：雲委霧散，殊錯沈浮。莫不寄言上德，託意玄珠」；而郭
璞「始會合道家之言而韻之」（檀道鸞《續晉陽秋》），以其質直少文采，皆未
得青睞。唯郭璞遊仙詩，於仙境之描寫及祕境之採靈芝妙藥，仍有飄渺玄思
及奇詭之辭采。而劉琨善爲淒戾之詞，則以淒厲悲壯稱。

從賦體之流變言，魏晉六朝以諷刺及抒情小賦爲特色，在描寫技巧及修
辭上，亦重雕琢，求工整，對自然景物及心靈的勾勒更爲細密。且隨駢化而
更重視辭華之富麗與聲響浮切之回環。而像陶淵明詩之落盡豪華，以淡遠沖
和爲特色，在當時的評價祗能列爲中品耳，而其後蘇軾且評之曰：「質而實
綺」。至於其賦如〈閑情賦〉，明·楊愼《升庵詩話》卷三言「曲盡麗情，深
入冶態」，實亦情致纏綿之作。

然何以魏晉文學以「緣情綺靡」爲特色耶？蓋當時人倫賞鑒尙人物之美，
且士人喜陶醉於自然山川之美，《文心·詮賦》言：「情以物興，故義必明雅；
物以情觀，故辭必巧麗」，詩人既濃於情，在流連萬象時，感物連類，故辭必
窮妍盡貌。且以文思逞才，故較量詞采，觀陸機聞左思作〈三都賦〉，嗤之以

將取以「覆酒甕」，及見其賦乃嘆伏，以其辭義瓌瑋也。是知情濃則意酣，意酣則辭靡，情辭乃相互爲用者。

當清談講究簡暢雅致韶音令辭，平時用語好整飾音詞；且日沉浸於千岩萬壑、懸泉飛瀑、雲興霞蔚、氣佳景清之美景；欣賞著龍章鳳姿，膚色玉映、清炤整麗、軒軒輕舉之人物形姿；又沉醉於詩情酒趣，琴棋書畫之中，含孕無盡之美致、情致，游目騁懷，才思迸發，遂鋪彩摛文，寄托深懷遠旨，以情文兼濟，或泓崢蕭瑟，或燦麗淵潤，金聲玉亮，或淺靜或深蕪，各有其美。凡有佳構，於自吟自賞而沾沾自喜之餘，每取譽於文宗，若獲美譽，則成名筆才士，一時贊嘆、傳頌，且爭相傳寫，都下爲之紙貴。而宏筆大才之高名，遂甚囂塵上，如阮籍之賞張華〈鷦鷯賦〉；皇甫謐、張華之鼓吹左思〈三都賦〉；潘岳之賞夏侯湛〈周詩〉；王濟之重孫楚〈除婦服詩〉；阮孚之嘆郭璞〈幽思篇〉；庾亮對庾闡〈揚都賦〉大爲名價，使此賦妙絕當時。袁喬道孫綽〈庾公誄〉具有興廢感，而成絕妙之評賞。又孫綽比左思〈三都賦〉爲「五經鼓吹」；劉眞長贊王脩〈賢人論〉足參微言；孫綽評潘岳「爛若披錦，無處不善；陸文若排沙簡金，往往見寶」；張華見陸機屬文，篇篇稱善；簡文帝稱許詢五言詩「妙絕時人」；范榮期佳孫綽〈天台賦〉，謝尚偶在秋月下泛舟時聞袁宏〈詠史詩〉，覺其辭文藻拔，頗有勝致而大爲賞識。桓溫贊嘆袁宏〈北征賦〉；桓胤喜羊孚之〈雪贊〉並將之題於扇上等，不勝枚舉。可見當時執柄貴勢、阿衡朝政，或一代談宗，文壇盟主，在識人、拔才時，常憑口才、文才，而藉其一言之褒，社會聲價陡漲，故文士無不騁辭采、擅吟詠、顯才調、炫家風、誇門第，藉機晉身上流。

此時，詩文品評及文學評論也起著推波助瀾，使文學蓬勃發展，成果燦爛的作用。從《世說新語・文學篇》之前 65 則重清談，66 則之後發揚文學創作，除見言文之關係外，並見文藝之美頗爲士流所重也。而尙有可留意者，即許多被傳頌之作品，皆頗富生命感及纏綿俳惻之情感，像阮籍〈詠懷詩〉、向秀〈思舊賦〉，石崇〈思歸引〉、〈金谷園序〉，潘岳之〈悼亡詩〉、陸機〈思歸賦〉、王羲之〈蘭亭詩序〉、陶淵明〈歸去來辭〉等，情文相生，誠如「人言愁，我始欲愁矣」（《晉書・王承傳》），有時空之錯位、生命的無奈、失志之悲、友誼親情的傷惋等，因蓄積宏富，感慨遂深。且士人耽溺玄思，眞情實感，毫無保留之奔瀉而出，所謂「事出於沉思，義歸乎翰藻」（《文選序》），忒能襯托出文學之「淒美」、「玄美」。

第五節　美的原理之發現

因爲當時世人浸淫在美的氛圍中，對美有相當深入的自覺與體悟，故提出許多有價值的美學原理，茲略述之：

（一）美的距離說

1、《世說・言語》98 載：

> 司馬太傅齋中夜坐，於時天月明淨，都無纖翳。太傅歎以爲佳。謝景重在坐，答曰：「意謂乃不如微雲點綴。」太傅因戲謝曰：「卿居心不淨，乃復強欲滓穢太清邪？」

2、《世說・言語》102 又載：

> 宣武移鎮南州，制街衢平直。人謂王東亭曰：「丞相初營建康，無所因承，而制置紆曲，方此爲劣。」東亭曰：「此丞相乃所以爲巧。江左地促，不如中國；若使阡陌條暢，則一覽而盡。故紆餘委曲，若不可測。」

這兩條記載大體說來是同一原理，一以「紆餘委曲，若不可測」，一以「浮雲若遮，益增其美」，因主客保持適當「距離」，美感遂以產生。

（二）傳神寫照

1、《世說・巧藝》13 載：

> 顧長康畫人，或數年不點目精。人問其故？顧曰：「四體妍蚩，本無關於妙處；傳神寫照，正在阿堵中。」

顧愷之此處提出「傳神寫照」之命題，他認爲畫人物重傳神，而傳神在強調某關鍵部位，此爲其「意思」所在。且其所指之「神」，爲能表現一個人之個性、懷抱者。也就是透過「寫照」以表現人物之本質內涵，亦即其精神。

2、《世說・巧藝》14 載：

> 顧長康道畫：「手揮五絃易，目送歸鴻難。」（目送歸鴻、手揮五絃是嵇康詩）

此捕捉微妙之目光，夫「精神」難寫，而境界每存乎「神」之襯顯，蓋「氣韻生動」乃畫家所追求者。這種「以形寫神」之美學理論，正是玄學「言不盡意」論的拓延，即要求於形象丹青之外，表現某種無限、說不出的情味。

3、《世說・巧藝》8 載：

> 顧長康畫裴叔則，頰上益三毛。人問其故？顧曰：「裴楷俊朗有識具，

此正是其識具。」看畫者尋之，定覺益三毛如有神明，殊勝未安時。

顧愷之所成就之人物形象，是形、神之統一，也是一種超越，超越形骸之外，把握人之內在品質（俊朗有識具），而每個人之個性與生命情調不同，從而表現其特徵的方法也不相同。顧愷之為了凸顯其特質而透過藝術加工，達成「似又不似之間」的妙境。同例又有顧愷之畫殷仲堪像，仲堪有目病，愷之卻以「明點瞳子，飛白拂其上，使如輕雲之蔽日」（〈巧藝〉11），此「飛白」術之以枯筆巧妙運用，除了掩蓋仲堪眇目之形體缺點，還襯托出神韻。按神由形出，寓神於形，在長短、深淺、剛軟、濃薄、大小的細節表現間，都影響神氣。藝術之能滲透，或感動人之心靈者，就在於神，然非略其形。誠如王弼「四象形而大象暢，五音聲而大音至」，祇不可執於四象、五音耳。必於有形有物之處，明其所由之「宗」，此「宗」即「神」。

4、《世說·賢媛》31 又云：

> 王尚書惠嘗看王右軍夫人，問：「眼耳未覺惡不？」答曰：「髮白齒落，屬乎形骸；至於眼耳，關於神明，那可便與人隔？」

在普遍的重神明、遺形骸的風氣下，自講求「傳神」矣。同時玄學追求言外之意，忘形而後妙得，妙得是通乎宇宙本體及生命之道也。這時突破有限之形體，而通向無限的道境，為其一生應世，所累積之慧識的結聚。

5、《世說·巧藝》12 又載：

> 顧長康畫謝幼輿在巖石裏。人問其所以？顧曰：「謝云：『一丘一壑，自謂過之。』此子宜置丘壑中。」

此注意環境之烘托作用。由背景襯托人物之精神底蘊，將謝鯤自許的具有「典型」意的「丘壑」情，予以傳遞出來，亦屬「以形寫神」，頗具自然情趣。

（三）澄懷觀道

1、逯欽立《先秦漢魏晉南北朝詩·晉詩》載張翼〈詠懷詩〉三首之一：

> 運形不標異，澄懷恬無欲。座可棲王侯，門可迴金轂。

「少欲」乃能「澄懷」，澄懷以觀大化之流行，得而湊泊自然之道，凝神靜思，通靈入妙，具有「超越世俗的虛靜的心胸面對山水」〔註20〕，藝術之欣賞與創作，皆須有「澄心」、「玄心」，即遠離凡塵的山林心，唯能忘懷，滌除世利，乃能「玄覽」，也才能應機通感。

〔註20〕葉朗《中國美學史大綱》。

2、《世說‧巧藝》8載：

> 戴安道中年畫行像甚精妙。庾道季看之，語戴云：「神明太俗，由卿
> 世情未盡。」戴云：「唯務光當免卿此語耳。」

此提出唯「務光」之清高，不受禪讓，與世隔絕，乃眞能不俗。戴逵接受桓玄供養，又與名勢交，故被質疑。當時人常表現爲一種激烈追求玄趣，突破有限，妙入無窮之道的境界。他們對於自然美之欣賞，對於藝術的賞鑑，是提高到從宇宙、人生、歷史入手，此實由玄學所啓迪的。

3、《世說‧賞譽》107載：

> 孫興公爲庾公參軍，共游白石山。衛君長在坐，孫曰：「此子神情都
> 不關山水，而能作文。」庾公曰：「衛風韻雖不及卿諸人，傾倒處亦
> 不近。」孫遂沐浴此言。

孫綽認爲作文須心靈湊泊山水靈氣，得其神韻，進至物我相映發，直覺其美。

（四）遷想妙得

顧愷之〈魏晉勝流畫贊〉云：

> 凡畫，人最難，次山水，次狗馬，台榭一定器耳，難成而易好，不待
> 遷想妙得也。

此處「遷想」即發揮創造性藝術想像，以捕捉靈感，又貫聯不同時空之事物，使主客、物我相融相入。故神思而後能妙得，以其可以突破有限而通向無限之「道」（宇宙精神），因爲有形而上之追求，才能達到神妙之境界。今美學家常以感情移入以釋「遷想妙得」。〔註21〕

自王弼提出「忘言忘象以得意」之論，可謂已掌握了「美」的鈐鍵。中國詩歌講求言外之意，音樂講求弦外之音，繪畫講求象外之趣，書法講求字外之味，預想其偃仰、平直、振動，經脈相連，意在筆前（王羲之語）。葉朗在《中國美學史大綱》中論「得意忘象」此一命題之影響於美學上具有下列意義：

一、意味人們對藝術本體之認識，已深入到更內在的層次。

二、啓發人們認識到審美觀照須超越有限物象，也要超越觀念。即在捕捉到深遠之意趣的刹那，往往擺脫概念，處於「忘言」境界。

三、對於文學藝術家認識藝術形式美和藝術整體形象之間的辯證關係，給了很大之啓示。即藝術形式美只有否定自己才能實現自己。

〔註21〕 如俞劍華等。

「得意忘言忘象」論之影響於審美趨向空靈，可謂極其深遠，而無限美境的延伸開拓，正在名士「游心」於物象、情境交融，形神俱暢中而得。因玄學言意乃是體用關係，不能捨「有」以言「無」，故不能忽略寫形，祇是不能停留於形，當超於「形」而進於「神」，即質「有」而趨「靈」，由上所述命題，可括稱為玄意美學。

小　結

魏晉世族貴遊，生活優裕浪漫，故講求「文」尚於「質」，凡事以「美」為第一要求，於是除了注重人本身之美外，也考究外在生活周遭事物之美。

以其擺脫儒家實用觀的約束，故能暢所欲為的表現自己，追求自己喜歡的生活方式，尤其東晉帝室為王、庾、桓、謝所制，高門壟斷政治、經濟之實利，這是高門貴族在與帝室妥協下所能得到的最大權益，因貴勢而得薰染文雅，蕭然高寄於風景，因此，整個時代風氣充滿著浪漫、唯美。

在人物賞鑑上，注重其才情、氣質、格調、風貌，是以人物之美妙入「玄」境，乃得其「神」，得其「清」之賞鑑，實可稱為「玄鑒」或「神鑒」。而人物又以「虛靈」之胸襟，面對大自然，也就是「韜光玄照」，故能「表裡澄澈，一片空明」，自然景物都在人的眼前呈現「光明鮮潔，晶瑩發亮」的樣貌，〔註22〕令人應接不暇。由於提倡書畫藝術在表現自我，其以一個愛好自由、崇尚活潑，蔑視虛偽鄉愿之個我，對於美有充分之晤對，故能點染大自然，點化人生，自然啟示無盡的玄思欣趣，而玄思欣趣正是一切藝術創作的源泉。

即在美的氛圍裡，撫平了現實的矛盾痛苦，也排遣了滿腹的牢騷，誠如孫綽〈三月三日蘭亭詩序〉所云：「屢借山水，化其鬱結」，唯有「美」才能平衡魏晉人士亙古的無常感與窮愁。而此三美的關係可以下表圖示：

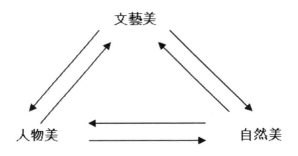

〔註22〕參閱宗白華〈論世說新語和晉人的美〉，此文收入《美學散步》一書中。

第十一章 朝 隱

前 言

　　夫隱則非仕，仕則非隱，隱則放情物外，棲志丘壑；仕則昇朝堂，戮力吏事，欲軌正督世，其中容不得假藉。但是在魏晉時代，則突破傳統的隱逸觀，在「玄學」的旗幟下，竟然將「仕」與「隱」結合起來，取消了二者的對立，而合為一體，這種「新隱逸」，即稱為「朝隱」，所謂「朝隱」是以在朝任官為隱，也為了隱而為官，即標榜對大自然的嚮往，居官而無官官之事的「心隱」。這是士大夫因應魏晉特殊的社會、政治環境所孕育的處世哲學及生活方式，而這種處世方式是最適合門第社會及當時的政治形勢之需要。

　　按「朝隱」一詞出揚雄《法言》：「或問柳下惠非朝隱者歟？」而東方朔也有「以仕代耕」、「避世金馬門」之語，然揚雄、東方朔之論，皆在於「形見神藏」的明哲保身之計。而魏晉以後之朝隱，乃由不同的背景所胎成的「吏隱」新貌。

　　按東漢士人道德以「清」為高，故隱居之士，每為人所重，當時朝廷徵辟，每先巖穴，若被徵而不仕，聲價更高，凡避世逃名者，皆得到社會的崇敬，如〈郭林宗傳〉言：

　　　　或問汝南范滂曰：「郭林宗何如人？」滂曰：「隱不違親，貞不絕俗，

　　　　天子不得臣，諸侯不得友，吾不知其它。」

他們隱居州郡，以授徒為業，也有應辟命而出仕，但都能不苟利祿，當然也有臥託養疾以就聲價的，像晉文經、黃子艾，「臥託養疾，無所通接」，以隱居為祿仕捷徑的偽隱者。隱是做為一種「美德」而被表彰、歌頌，隱士為人們尊敬的對象，於是許多碑傳、贊文紛紛出現，此《後漢書·法真傳》所云：

「逃名而名我隨，避名而名我追」也。以隱者「蟬蛻囂埃」，自顯一種清高之氣，故本身即是一種價值。而魏晉的隱逸，相形多采多姿，而以「入世容跡」、「跡冥圓融」爲特色，此時已從「形隱」轉向「心隱」，茲抉發其隱微。

第一節　時命大謬

漢末，天下亂離，士大夫懷著「大廈將傾，非一木所能支」之心，紛紛歸隱。如郭泰言：

> 雖在原陸，猶恐滄海橫流，吾其魚也，況可冒衝風而乘奔波乎！未
> 若巖岫頤神，娛心彭、老，優哉游哉，聊以卒歲。〔註1〕

當時隱居大多爲了避禍保身之計。如諸葛亮隱隆中，「苟全性命於亂世」，韓暨「隱居避亂魯陽山中」，邴原將家屬「入海住鬱州山中」，田疇率親族「入徐無山中，營深險」，這時隱居皆由「時命大謬」，〔註2〕在存身的要求下的行爲。

而魏晉簒代之際，「去就易生嫌疑」，如何晏因與魏姻戚，無復退；桓範亦闇於「危邦不入」之理，終被族滅。有識者除非不得已，都有高隱之志，於是紛紛辭疾歸隱，如竹林七賢激於時變，由是不與世事，遂酣飲於竹林，據史傳言阮籍「有傲世情，不樂仕宦」，其〈詠懷詩〉中言：「咄嗟榮辱事，去來味道眞，……巢由抗高節，從此適河濱」，此以隱爲志可知。嵇康且言「榮進之心日頹，任逸之情轉篤」（〈嵇康傳〉）。劉伶則以「行無轍跡，居無室廬，幕天席地，縱意所如」（〈劉伶傳〉），回歸自然爲理想。向秀亦有「拔俗之韻」，外物不足拂其心；阮咸則「貞素寡欲」；王戎「韜晦遜退」，山濤每「隱身自晦」，可見七賢值易代之際，皆有隱志。從劉弘在惠帝永興二年八王混戰時上表言：「自頃兵戈紛亂，猜禍鋒生，疑隙構于群王，災難延于宗子，今日爲忠明日爲逆，翩其反而，互爲戎首。載籍以來，骨肉之禍未有如今者也。」可見處亂世之艱難。

在尖銳的政治環境中，士大夫「不得已」而退隱，以免被捲入政治漩渦，所謂「動靜有適，不可過也，犯時之忌，罪不在大，失其所適，過不在深」（《周易略例》），在君子道消之時，「愼默」之端，格外顯得重要。

〔註1〕　《抱朴子·正郭篇》，頁457。

〔註2〕　《莊子·繕性篇》云：「古之所謂隱士者，非伏其身而弗見也，非閉其言而不出也，非藏其知而不發也，時命大謬也。」時命大謬而能及時深藏者，當時稱「見機」、「知機」。

　　因爲隱本有對當時政權者不滿的表示，是當時政治的側面批判，如嵇康就表現得很絕決，因爲他不附屬於司馬黨，所以堅決不應仕，甚至山濤舉他爲官，竟與絕交。在魏晉之際，隱與仕的問題，比以往任何一個時代都更帶著政治黨際色彩，它往往反映一種政治抉擇。在去就之間，稍一不愼，就會身家俱隕。因爲新政權得靠社會名望的支持，如果此時這些有社會聲價的名士賢達，明顯的表示不合作，這等於是否定其政權的合理性，不承認其名分。這是篡位者所不能容忍的，所以常不惜以嚴法繩之，以收殺一儆百之效，於是一些依違觀望者，這時就不得不紛紛出仕了。他們迫於嚴法，畏法而至，如《世說·言語》16 載：

> 司馬景王東征，取上黨李喜，以爲從事中郎。因問喜曰：「昔先公辟君不就，今孤召君，何以來？」喜對曰：「先公以禮見待，故得以禮進退；明公以法見繩，喜畏法而至耳」。

同此「畏法而出仕」者，如向秀，他本有拔俗之韻，及嵇康被誅，秀遂「失圖」，乃應歲舉到京師求官，司馬昭故意問他：「聞有箕山之志，何以在此？」秀回答說：「巢、許狷介之士，未達堯心，豈足多慕。」向秀「遜辭」隱跡，其實心裡之痛苦逾恒，此從其〈思舊賦〉可窺出。魏晉禪代之際如此，入晉之後，八王互相攻伐，亂中有亂，士人出處仍無以改善，《晉書·劉殷傳》亦言「懼禍應命」之事：

> 趙王倫篡位，孫秀夙重殷名，以散騎常侍徵之，殷逃奔雁門。及齊王同輔政，辟爲大司馬軍諮祭酒。既至，謂殷曰：「先王虛心召君，君不至。今孤辟君，君何能屈也？」殷曰：「世祖以大聖應期，先王以至德輔世，既堯舜爲君，稷契爲佐，故殷希以一夫而距千乘，爲不可迴之圖，幸邀唐虞之世，是以不懼斧鉞之戮耳。今殿下以神武睿姿，除殘反政，然聖跡稍粗，嚴威滋肅，殷若復爾，恐招華士之誅，故不敢不至也。」

處此「天地之將閉，平路之將陂，時將大變，世將大革」（王弼《易·泰卦》注）之際，統治勢力緊緊的掐著每一個人的脖子，靠攏新勢力嘛，如果造反不成怎麼辦？盡忠舊主嘛，一朝新政權建立，仍不免被剷除，是進亦憂、退亦憂，如何適應那個時代，如何在「全生」與「護志」的衝突中，尋找一可行的路，乃士人最關心的問題。故隱逸之風的衍盛，與政亂時險，是有密切關係的。尤其在撲朔迷離的政局中，「士諱登朝，而競赴林薄」（束皙〈玄居

釋〉），如〈張翰傳〉載：

> （司馬）同時執權，翰謂同郡顧榮曰：「天下紛紛，禍難未已。夫有
> 四海之名者，求退良難。吾本山林間人，無望於時。子善以明防前，
> 以智慮後。」榮執其手，愴然曰：「吾亦與子採南山蕨，飲三江水耳。」
> 翰因見秋風起，乃思吳中菰菜、蓴羹、鱸魚膾，曰：「人生貴得適志，
> 何能羈宦數千里以要名爵乎！」遂命駕而歸。

「見機」而隱，遠離禍害，此皆因「時命大謬」也。這時若仍眷戀權位，則
恐禍難有不能預料者：譬如張華處八王之亂時，盡忠王室，被趙王倫所收，
將死，謂張林曰：「卿欲害忠臣耶？」林稱詔詰之曰：「卿為宰相，任天下事，
太子之廢，不能死節，何也？」華曰：「式乾之議，臣諫事具存，非不諫也。」
林曰：「諫若不從，何不去位？」（〈張華傳〉）張華乃無語以對。又陸機亦死
八王之亂，臨刑謂牽秀曰：「……成都（司馬穎）命吾以重任，辭不獲已。今
日受誅，豈非命也！」既而歎曰：「華亭鶴唳，豈可復聞乎！」（〈陸機傳〉）
此皆以不能退隱而身家被抄滅，為千古歎恨的顯例。以下每經一次動亂，如
王敦、蘇峻、桓玄之亂，總有一些英才死在未及隱、不得隱的難關上。

第二節　與時舒卷

　　在鼎革之際，凡拔奇吐異者，「求退良難」，因這些人之名望，足以號召群
眾，同時，也是出謀獻策的良材，乃新政權極欲網羅的對象，他們迫於威刑而
應命，以非出自本衷，為了避禍，盡量使自己不負實際責任，於是一方面選清
官來當，〔註3〕一方面是毀行穢德，如佯狂、縱酒、頹放，以示無用，這是一種
明哲保身的「自晦」法，像〈王戎傳〉載：「戎以晉室方亂，慕蘧伯玉之為人，
與時舒卷，無蹇諤之節。自經典選，未嘗進一寒素，退虛名，但與時浮沈，戶
調門選而已！」山濤每亦隱身自晦，故為孫綽所鄙而斥之曰：「山濤吾所不解，
吏非吏，隱非隱。」《晉書·王衍傳》言衍：「雖居宰輔之重，不以經國為念，
而思自全之計」。〈山簡傳〉言簡於王威不振，四方寇亂時，「優遊卒歲，唯酒是
耽」；庾敳：「為陳留相，未嘗以事攖心，從容醊暢，寄通而已！」顧榮懼禍之

〔註3〕《陳書·後主紀》末史臣論曰：「自魏正始、晉中朝以來，貴臣雖有識治者，
皆以文學相處，罕關庶務，朝章大典，方參議焉，文案簿領，咸委小吏，浸
以成俗。」貴族高門「雍容令僕」，實際政務皆落寒素，他們位高職輕，終日
飽食進退，優遊無事。

及，「終日昏酣，不綜府事」；王雅：「以朝廷方亂，內外攜離，但愼默而已，無所辨正，……凡所謀謨，唯唯而已！」《世說·賞譽》58 注引《冀州記》曰：「（楊）淮見王綱不振，遂縱酒不以官事規意，逍遙卒歲而已！成都王知淮不治，猶以其名士，惜而不遣」。阮裕以（王）敦有不臣之心，乃「終日酣暢，以酒廢職。」這種任職爲官，卻袖手不做事，尸位素餐的風氣，已普遍的泛濫於當時官場上。此《晉書》四十九卷末史臣論：「世疾名流，茲焉自垢」者，然此本爲掩智保生、託跡慢形之計，卻給時代帶來不良的結果，這是裴頠〈崇有論〉所斥的「處官不親所司」、「奉身散其廉操」者。

太康、元康間，政治依然不上軌道，故士人爲官而宅心事外的風氣仍盛，且常是政治愈腐敗，名士愈高談曠遠，此戴逵所評：「若元康之人，可謂好遁跡而不求其本」者。余嘉錫《箋疏》亦論道：「當官而行，則生命可憂；欲高蹈遠引，則門戶靡託。於是務爲自全之策，居其位而不事其事」，〔註 4〕漸漸的蔚成「朝隱」之風氣。

且由斯時「玄風」普暢，莊老思想成了士人安身立命的憑藉，他們取玄學得「意」、取「神」之旨，一方面坐享朝堂富貴，一方面「以柔保身，以傲慢世」，不務正事，迷戀於大自然的風光，以樂山水魚鳥之趣爲尚，此以官爲「隱」，爲了「隱」而爲官，二者互相輔成的「朝隱」說應時出現了。其實「朝隱」是「僞隱」，爲苟且的行爲，它巧妙的將「隱」與「仕」結合起來，以「馳騁莊門，排登李室」自許，外表看似高雅、超塵，其實仍難掩其「乾沒不已」。

祇因其人已仕，表示對當權的承認與擁護，且不太管事，沒有危險性，對朝政沒有太多干涉，故多被優容之。且其人既自命風雅，養有「名望」，於是統治者也就順水推舟，以收禮賢愛德之美名。此臣得行厥志，而主有嘉名，各得其美。同時，也藉這些在朝的「高士」，來激貪勵薄，抑止華競。故庾峻曾上疏晉武帝言：「聽朝士時時從志，山林往往間出。」（《晉書·庾峻傳》）

夫隱居不仕，離群絕俗，爲具有守道澄懷，抗志塵表的精神，故爲人們尊禮的對象。也就是社會價值標準以能隱爲尚，〔註 5〕如嵇康撰錄上古以來

〔註 4〕　《世說·言語》18，余嘉錫案語，《箋疏》頁 79。
〔註 5〕　從史志著錄當時記載高逸的著作，有嵇康《聖賢高士傳》、皇甫謐《高士傳》、《逸士傳》、張顯《逸民傳》、習鑿齒《逸人高士傳》、虞槃佐《高士傳》、孫

聖賢隱逸、遁心遺名者，集爲傳贊，此《高士傳》之作也。又皇甫謐作《高
士傳》，以「身不屈於王公，名不耗於終始」爲采錄標準；謝萬作〈八賢論〉，
取四隱四顯，而以「處者爲優，出則爲劣」，可見當時更突出的以「隱」爲
高，以仕爲濁俗，因爲尚雅遠是魏晉的時代特色之故。如《世說‧文學篇》
49 云：

> 人有問殷中軍：「何以將得位而夢棺器，將得財而夢矢穢？」殷曰：
> 「官本是臭腐，所以將得而夢棺屍；財本是糞土，所以將得而夢穢
> 汙。」時人以爲「名通」。

既是「名通」，則官位、財利爲不韻，乃當時普遍的看法。這時能高情避世，
清貞有遠操者，輒爲人所欲欽敬；其有俗情不淡，中途變節者，常成眾人取
笑對象。《世說‧排調》32 載：

> 謝公始有東山之志，後嚴命屢臻，勢不獲已，始就桓公司馬。于時
> 人有餉桓公藥草，中有「遠志」。公取以問謝：「此藥又名『小草』，
> 何一物而有二稱？」謝未即答，時郝隆在坐，應聲答曰：「此甚易解：
> 處則爲遠志，出則爲小草。」謝甚有愧色。桓公目謝而笑曰：「郝參
> 軍此通乃不惡，亦極有會。」

〈排調〉26 又云：

> 謝公在東山，朝命屢降而不動。後出爲桓宣武司馬，將發新亭，朝
> 士咸出瞻送。高靈時爲中丞，亦往相祖。先時，多少飲酒，因倚如
> 醉，戲曰：「卿屢違朝旨，高臥東山，諸人每相與言：『安石不肯出，
> 將如蒼生何？』今亦蒼生將如卿何？」謝笑而不答。

此皆「鮮終之誚」的趣例。謝安先「隱」後「仕」，令人歎息絕望，故屢遭冷
嘲熱諷。

除了被揶揄之外，有時還被質疑，《世說‧排調》26 注引《婦人集》載桓
玄問王凝之妻謝道韞曰：

> 「太傅東山二十餘年，遂復不終，其理云何？」謝答曰：「亡叔太傅
> 先正，以無用爲心，顯隱爲優劣，始末正當動靜之異耳。」

《晉書‧鄧粲傳》亦載：

> 綽《至人高士傳讚》、袁淑《真隱傳》、阮孝緒《高隱傳》、周弘讓《續高士傳》，
> 另有不著撰人之《高隱傳》等，由此類著作之眾多，可推當時隱逸風氣之流
> 行與聲價。

（粲）少以高潔著名，與南陽劉驎之、南郡劉尚公同志友善，並不
應州郡辟命。荊州刺史桓沖卑辭厚禮請粲為別駕，粲嘉其好賢，乃
起應召。驎之、尚公謂之曰：「卿道廣學深，眾所推懷，忽然改節，
誠失所望。」粲笑答曰：「足下可謂有志於隱而未知隱。夫隱之為道，
朝亦可隱，市亦可隱。隱初在我，不在於物。」

而隱志不堅者，每遭拒斥，《世說‧棲逸》9 載：

南陽翟道淵與汝南周子南少相友，共隱于尋陽。庾太尉說周以當世
之務，周遂仕，翟秉志彌固。其後周詣翟，翟不與語。

為什麼魏晉時代格外以隱為高呢？這可由下列原因說明之：（一）以老莊思想
為主導的時代，隱才是第一義，仕終是下乘，因老莊基本精神是超俗出世的，
就是反仕，其生命態度，本與隱者同，皆求逍遙自適，不以外物累心。（二）
以隱逸為能跳開政治陷阱的有識者。（三）求於道術，絕棄喧囂，以樂其志。
當時重養生，採藥煉丹風熾，或養形或養神，形神兼養，高隱乃得實現養生
的願望，故為求道慕道者所崇。（四）以隱逸最得玄學意趣。（五）高門貴族
享盡榮華富貴，其生活奢靡，相形之下，隱者不驚寵辱，具拔俗之韻，於是
棲遲蓬蓽者，乃如鶴立雞群般，成為被企慕的對象，《世說‧棲逸》6 載：

阮光祿在東山，蕭然無事，常內足於懷。有人問王右軍，右軍曰：「此
君近不驚寵辱，雖古之沈冥，何以過此！」

《世說‧棲逸》10 載：

孟萬年及弟少孤，居武昌陽新縣。萬年遊宦，有盛名當世，少孤未
嘗出，京邑人士思欲見之，乃遣信報少孤，云：「兄病篤。」狼狽至
都。時賢見之者，莫不嗟重，因相謂曰：「少孤如此，萬年可死。」

以隱者淡泊名利，不降志屈身，且以其能安貧樂道，故為人所企羨。《世說‧
棲逸》10 注引袁宏〈孟處士銘〉：

少而希古，布衣蔬食，棲遲蓬蓽之下，絕人間之事，親族慕其孝。
大將軍命會稽王辟之，稱疾不至，相府歷年虛位，而淡然無悶，卒
不降志，時人奇之。

又如孫綽與許詢，皆擅屬文，而詢卒不降志，孫綽則嬰綸世務，世以許
詢見志趣而評價較高。故世聞隱逸者而頂禮傾心焉，因為以「隱逸」為高、
為雅，以其不為物役，內省自足，而被視為「達人」、「至人」。於是即使再貪
鄙，也要故意顯得不食人間煙火，像石崇之奢豪，卻有〈思歸引〉之作，其

序曰：「晚節更樂放逸，篤好林藪，遂肥遁於河陽別業。」又云：「困於人間煩黷，常思歸而永歎！」趨炎附勢、浮湛富貴的潘岳，也要口沾清高，在他的〈閒居賦〉序中云：「覽止足之分，庶浮雲之志」，皆身在「廟堂」而心在「江湖」的顯例。

由於隱居巖穴，生活艱苦，如《晉書‧郭文傳》：「窮谷無人之地，倚木於樹，苫覆其上而居焉。」〈孫登傳〉：「編草為裳」，〈楊軻傳〉：「衣褐襦袍」、「食粗飲水」，過極端清苦的生活，實非一般人所樂為，王羲之〈與謝萬書〉云：

> 古之辭世者，或被髮佯狂，或污身穢跡，可謂艱矣。

所以桓溫讀皇甫謐《高士傳》，至於陵仲子，便擲去曰：「誰能作此溪刻自處」。像伯夷叔齊之流，「甘長飢於首陽」，介之推「安赴火於綿山」，晉之夏統則木人石心，皆苛刻不近人情，實非重享樂為習尚的魏晉名士所喜。所以《世說‧言語》69載：

> 劉真長為丹陽尹，許玄度出都就劉宿。牀帷新麗，飲食豐甘。許曰：「若保全此處，殊勝東山。」劉曰：「卿若知吉凶由人，吾安得不保此。」王逸少在坐曰：「令巢、許遇稷、契，當無此言。」二人並有愧色。

貴遊名士過「牀帷新麗，飲食豐甘」的生活，因而有「殊勝東山」的肺腑之言。

他們覺得優遊山林，快意縱酒比北伐重要，北伐是武夫之事，是卑賤的實務，故輕鄙之；至於清談，自覺得可以顯身份、格調、才學，則樂此不疲。凡屬行政實務，他們都不太關心，《世說‧品藻》36載：

> 撫軍（司馬昱）問孫興公：「卿自謂何如？」曰：「下官才能所經，悉不如諸賢；至於斟酌時宜，籠罩當世，亦多所不及。然以不才，時復託懷玄勝，遠詠老、莊，蕭條高寄，不與時務經懷，自謂此心無所與讓也！」

此以堯舜事業為塵垢粃糠，且以自許，實晉人之通病；他們無視於現實，而安於玄虛，不以「端委廟堂，使百僚準則」為高，而以一丘一壑為風流（〈品藻〉），這是干寶〈晉紀總論〉所言：「當官者以望空為高而笑勤恪」、「倚杖虛曠依阿無心者」反而名重海內。此舍實逐聲之流充促，難怪庾翼不以名士為貴，言宜「束之高閣」，[註6] 只能點綴太平而已！

〔註6〕《世說‧豪爽》注引《漢晉春秋》曰：「（翼）……少有經緯大略。……有匡維內外，掃蕩群凶之志。是時，杜乂、殷浩諸人盛名冠世，翼未之貴也。常

就是阿衡朝網者亦以無為為上，《世說・政事》15 載：

> 丞相末年，略不復省事，正封籙諾之。自歎曰：「人言我憒憒，後人
> 當思此憒憒。」

〈言語篇〉70 又載：

> 王右軍與謝太傅共登冶城。謝悠然遠想，有高世之志。王謂謝曰：「夏
> 禹勤王，手足胼胝；文王旰食，日不暇給。今四郊多壘，宜人人自
> 效。而虛談廢務，浮文妨要，恐非當今所宜。」謝答曰：「秦任商鞅，
> 二世而亡，豈清言致患邪？」

王導以「遺事」為高，謝安亦「不存小察」、「靜以和靜」，此自出政治手腕，然等而下之，則流於苟安佚樂中，於是朝中儘多優遊無事之「寄生蟲」，像《世說・簡傲》11 所載：

> 王子猷作桓車騎騎兵參軍，桓問曰：「卿何署？」答曰：「不知何署，
> 時見牽馬來，似是馬曹。」桓又問：「官有幾馬？」答曰：「不問馬，
> 何由知其數？」又問：「馬比死多少？」答曰：「未知生，焉知死？」

〈簡傲〉13 又載：

> 王子猷作桓車騎參軍。桓謂王曰：「卿在府久，比當相料理。」初不
> 答，直高視，以手版拄頰云：「西山朝來，致有爽氣。」

像謝萬負征討之責，却以嘯詠自高，未嘗撫慰眾士，謝安勸他召集部將打打氣，他却以如意指諸將曰：「諸君皆是勁卒！」一付邁往不屑之「韻」，其落敗乃是預料中事。（《世說・簡傲》14）當時身受重任，鎮扼上流者，儘多自命風流而每事不辦者，但當時並不以為非，反以通達目之。像劉惔一類「居官無官官之事，處事無事事之心」者，反而被視為高雅；而恪勤匪懈者，終滯鄙俗矣，此時「朝隱」之風大為盛行。

按朝隱風氣在西晉初年已開，嵇康之兄嵇喜在〈答嵇康詩〉第四首中云：

> 達人與物化，世俗安可論。都邑可優遊，何必棲山原？孔子策良駟，
> 不云世路難。出處因時資，潛躍無常端。保心守道居，視變安能遷！

此「都邑可優遊，何必棲山原」，實即「名教中有樂地」（樂廣語）、「大隱隱朝市」之說的先聲。

當時由於玄學講「名教」與「自然」合一，而朝隱正是此論的行動實踐。行為獲得理論的支持，每因風易行。此「隱在有無之間」者，無形中最合玄

曰：『此輩宜束之高閣，俟天下清定，然後議其所任耳！』」《箋疏》頁 599。

趣。而山澤林藪，也無非貴遊名士浪漫奢華生活之點綴而已。

第三節　跡冥圓融

　　時以裴頠爲代表的儒學派，攻擊在朝而「偃息」、「靜拱」的缺失，爲彌合仕、隱的衝突，郭象標出「跡冥圓融」之論，此論可以稍救「靜拱」派之弊，但也爲朝隱派提出了理據，〈大宗師〉注提出「夫理有至極，外內相冥，未有極游外之致而不冥于內者也」，只要做到冥，則雖身處廟堂上，而心無異於山林之中，〈逍遙遊〉注云：

> 世以亂故求我，我無心也。我苟無心，亦何爲不應世哉？然則體玄
> 而極妙者，其所以會通萬物之性，而陶鑄天下之化，以成堯舜之名
> 者，常以不爲爲之耳。孰弊弊焉勞神苦思，以事爲事，然後能乎？

此將隱仕之矛盾統一起來，認爲隱逸重在精神之超然無累，祇要宅心玄虛，祇要「無心」，則應世可也，這是以山林與廟堂不二，眞正外王者必是內聖，「游外」者乃能「冥內」，治理天下祇是跡，如不以此爲意，則可不擾其神志。
〈駢拇〉注云：

> 故與世常冥，唯變所適，其跡則殉世之跡也；所遇者或時有髺夷禿
> 脛之變，其跡則傷性之跡也。然而雖揮斥八極而神氣無變，手足髺
> 夷而居形者不擾，則奚殉哉？無殉也，故乃不殉其所殉，而跡與世
> 同殉也。

郭象提出「無心、順有」，以「即世間」爲「出世間」，在「得意」的觀點上，溝通了「仕」與「隱」。此理論頗爲徘徊於仕、隱間的士大夫所喜。
　　〈逍遙遊〉注云：

> 若謂拱默乎山林之中，而後稱無爲者，此莊老之談所以見棄於當塗。
> 當塗者自必於有爲之域而不反者，斯之由也。

〈馬蹄〉注又云：

> 而惑者聞任馬之性，乃謂放而不乘；聞無爲之風，遂云行不如臥，
> 何其往而不返哉！斯失乎莊生之旨遠矣。

「迷惑」不通者的看法，是大大的錯解、誤解了莊子，是使莊子爲當道所棄的癥結，他認爲「無爲之業，非拱默而已，所謂塵垢之外，非伏于山林也」。
於是在〈逍遙遊〉注中直言道：

若獨亢然立乎高山之頂，非夫人有情於自守，守一家之偏尚，何得
專此？此故俗中之一物，而為堯之外臣耳。

他斥「亢然立乎高山之頂之山谷之士」，遺絕塵世者乃「俗中之一物」，此何
其「往而不返」者。他說：「若乃厲然以獨高為至而不夷乎俗累，斯山谷之士，
非無待者也，奚足以語至極而遊無窮哉？」（〈逍遙遊〉注）不能順世隨俗，
一味自標清高者，反見其偏執不自然，此破以隱為高之論法。

反過來，他又破崇有者祿仕有為，入而不能出，勞形苦思，未得逍遙。
如嵇康所言做官有「七不堪」、「二不可」，像機務纏心，繁禮擾人等，郭象順
著整個士風普遍希企雅遠的要求，強調做官任事本可不害脫俗，在游外（應
世）之中，更能圓滿的達到「自然」。

因為當時頗有一些士人，在「存身」與「固志」的兩難下，降志辱身，
衷心不能沒有沈悔，又有如郭象者，本不就辟召，後竟出為太傅主薄，甚得
東海王越親委，遂任事用事，熏灼內外，卑屈的俯伏於權勢之下，他們極須
一大套宏綽的理論，來為自己作辯護，以避時人不恥的眼光，以杜悠悠之口，
於是以「旁通多可」為特色的「跡冥圓融」論乃應時產生。

郭象以「至至不虧」，一味守寂，只是一偏；游談方外，不能與化為體，終
無法臻乎聖境。聖人遊變化之途，與物「冥」而無跡，因為他不曾「有對」於
天下，祇是與眾「玄同」，故未始不寧。如果一個人先在心裡存著對待，視世人
為俗人，而自己就如不食人間烟火的高人雅士，這樣的獨異於人，乃是「有己
以臨物，與物不冥」者，在郭象看來，祇是「俗中之一物」耳。〈在宥〉注云：

夫與眾玄同，非求貴於眾，而眾人不能不貴，斯至貴也。若乃信其
偏見而以獨異為心，則雖同於一致，故是俗中之一物耳。

〈齊物論〉「謂之道樞」郭象注又云：

故無心者與物冥，而未嘗有對於天下也。此居其樞要，而會其玄極，
以應夫無方也。

故玄通合變之至人，無時而不安，無順而不處，冥然與造化為一，於是游於
世而不避，〈天地〉注云：

聖人未嘗獨異於世，必與時消息，故在皇為皇，在王為王，豈有背
俗而用我哉！

〈逍遙遊〉「綽約若處子」注云：

神人即今所謂聖人也。聖人雖在廟堂之上，然其心無異於山林之中，

世豈識之哉？徒見其戴黃屋，佩玉璽，便謂足以纓紱其心矣；見其

歷山川，同民事，便謂足以憔悴其神矣；豈知至至者之不虧哉？

郭象提出「游外者依內，離人者合俗」（〈大宗師〉注）之說，正可以圓滿「貴無」與「崇有」之矛盾，一方面可以居位任官做事，救虛無之弊；一方面又神氣不虧，不妨害清高、自尊，更不妨害逍遙，既有「貴無」所沒有的好處，却無「崇有」之缺點，既有「弘防」，又有「達意」，〔註7〕兩方面兼顧，在仕與隱之精密結合下，至乎「玄冥」，這是最高的境界。〈大宗師〉注云：

内放其身，而外冥於物，與眾玄同，任之而無不至者也。

至此而「貴無」者無可攻之流弊，而「崇有」者無可諷之俗累，豈不滿足了「貴無」、「崇有」之要求，而解決了「崇有」、「貴無」之缺憾？故郭象之學說之投合時人口味，是有原因的。郭象《莊子注·序》云：

故觀其書，超然自以為己當經崑崙，涉太虛，而遊惚恍之庭矣。雖復貪婪之人，進躁之士，暫而攬其餘芳，味其溢流，彷彿其音影，猶足曠然有忘形自得之懷。

這樣，「貪婪之人」、「進躁之士」，也得「曠然自得」矣，此實為「充屈」之士、「熱勢」之徒，找出一條既清高，又得享受現實的大道。所以郭象「跡冥圓融」義，其實是「朝隱」風氣最圓滿的理論根據。此說一出，天下靡然，追求形超神越，高標「應物無累」，「朝隱」成了一種格外「風流」的行為。

且東晉袁宏《後漢記》「初平二年紀」後論更言：「夫君臣父子、名教之本也。然則名教之作，何為者也？蓋準天地之性，求自然之理。」則名教即自然矣！那出仕食祿，乃實踐公民責任，乃天經地義，為自然之舉，凡此皆為朝隱提供理論根據。

因為高門貴族封山占澤，自立莊園，莊園中有清泉茂林，亭台樓閣，珍禽異獸，名花異卉，有優遊之樂，無巖居之苦，故個個「虛述人外」、「汎詠皐壤」（《文心·情采》），以山水玄意，沖淡俗情。王羲之〈與謝萬書〉云：

今僕坐而獲逸，遂其宿心，其為慶幸，豈非天賜，違天不祥。項遊東還，修植桑果，今盛敷榮，率諸子，抱弱孫，游觀其間，有一味之甘，割而分之，以娛目前。雖植德無殊邈，猶欲教養子孫以敦厚退讓。或以輕薄，庶令舉策數焉，彷彿萬石之風。君謂此何如？比當與安石東游山海，并行田視地利，頤養閒暇。衣食之餘，欲與親

　　　　知時共歡讌，雖不能興言高詠，銜杯引滿，語田里所行，故以為撫

　　　　掌之資，其為得意，可勝言邪！常依陸賈、班嗣、楊王孫之處世，

　　　　其欲希風數子，老夫志願盡於此也。

在山水勝景中，立精舍，「傍連嶺，帶長川，芳林列於軒庭，清流激於堂宇」〔註
8〕自得其中，享受「出則以遊目弋釣為事，入則有琴書之娛」的寫意生活。尤
其江南山川靈秀，令人「應接不暇」，據《世說・言語》91 注引《會稽郡記》曰：

　　　　會稽境特多名山水，峯崿隆峻，吐納雲霧。松栝楓柏，擢榦竦條，

　　　　潭壑鏡徹，清流瀉注。

故王羲之一到江南，便有「終焉之志」，高柔娶姿色清惠之胡毋氏女，營宅於
伏川，眷戀綢繆，驅動之情遂薄，此是神仙生活在人間的完成。朝隱是在魏
晉政治環境、玄學理論、享樂風氣相結合下所興起的理想生活方式。而門第
獨占政治經濟利益，為「朝隱」提供條件。就是求仙求佛，也與傳統之法不
同，在人之為生當盡一生之歡，窮當年之樂，食甘旨，服輕煖、通陰陽、處
官秩的情況下，若人間可得長生，何必昇遐？所以《抱朴子・釋滯篇》載：

　　　　古人多得道而匡世，修之于朝隱，蓋有餘力故也。何必于山林，盡

　　　　廢生民之事，然後乃成乎？

本來求仙是企圖絕然脫塵，遠離人間，到虛無飄渺的仙境，今則變成要求更
長久的在人間天堂裡享受清福，在現實生活中優遊山水、窮歡極娛，則成仙
得道的樂趣也盡在其中了。這種朝隱式的求仙方法，自為人所樂趨。於是或
深山採藥煉丹，或與名士共修服食之事。

　　　就是求佛也以「道在心不在事」為言，於是「發心即是出家，何關落髮，
棄俗方稱入法，豈要抽簪」，〔註9〕在玄學的氛圍裡，一切無不以主體的「心」
為樞要，心神為形軀之本，故不可拘執有形之粗跡，如執著形跡，則得不到
「真性」。故王坦之取笑道「沙門不得為高士」，《世說・輕詆》25 載：

　　　　王北中郎不為林公所知，乃著論「沙門不得為高士」論，大略云：「高

　　　　士必在於縱心調暢，沙門雖云俗外，反更束於教，非情性自得之謂也。」

　　　當時般若「心無」宗，亦標榜「無心」、「神靜」，在玄學「得意」觀點的
籠罩下，隱逸所注重的是超然無累，祇要宅心玄遠，不必輕忽人事。《蓮社高
賢傳・周續之傳》載：

〔註 8〕　《世說・棲逸》11 載「康僧淵」所居之環境，《箋疏》頁 659。
〔註 9〕　《廣弘明集》卷八釋彥琮〈通極論序〉。

或問身爲處士，時踐王庭，何也？答曰：心馳魏闕者，以江湖爲桎
梏，情致兩忘者，市朝亦岩穴耳，時號通隱先生。〔註10〕

此以「情致兩忘」則廟堂與江湖無別，辛謐〈遺冉閔書〉云：

……然賢人君子雖居廟堂之上，無異於山林之中，斯窮理盡性之妙，
豈有識之者邪！是故不嬰於禍難者，非爲避之，但冥心至趣而與吉
會爾。

他們強調「心隱」，也就是精神隱居，祇要心存玄思，則朝亦可，市亦可。此
實爲「通」於仕而「達」於隱者。《太平御覽》卷八十引東晉苻朗著《苻子》，
中言：

許由謂堯曰：「坐于華殿之上，面雙闕之下，君之榮願亦已足矣夫？」
堯曰：「坐于華殿之上，森然而松生於棟，余立於欞扇之内，靄焉而
雲生于牖，雖面雙闕，無異乎崔嵬之冠蓬萊，雖背墉墻，無異乎迴
巒之縈崑崙，余安知其所以不榮？」

那麼，何必鄙榮華呢？所貴者在「神會」耳！如謝安，愛好聲律，碁功之慘，
仍不廢妓樂，王坦之諫之，他卻回書言：「稱情義則無所不可爲……常謂君粗
得鄙趣者，猶未悟之濠上邪？」（《晉書・王坦之傳》），享受人生是風雅，所
以「朝隱」頗契合於行樂。傳統之隱太刻苦，非人所樂爲，唯朝隱兼有出處
之美，王康璩認爲混俗自處，足以免患，何必山林？作〈反招隱詩〉云：

小隱隱陵藪，大隱隱朝市，伯夷竄首陽，老聃伏柱史，昔在太平時，
亦有巢居子，今雖盛明世，能無中林士？放神青雲外，絕跡窮山裡，
鵾鷄先晨鳴，哀風迎夜起，凝霜凋朱顏，寒泉傷玉趾。周才信眾人，
偏智任諸己，推分得天和，矯性失至理，歸來安所期，與物齊終始。

此淮南小山招隱「山中兮不可以久留」之意，則隱、仕的距離沖淡，於是「隱」
不再是「不得已」，反而是樂事，是積極追求的一種生活方式。他們日與自然
爲友，流連山林野趣，〔註11〕或「杖策神遊，以咏以吟」〔註12〕心舒神釋。
其如佳節美日，遊新亭、泛滄海，名園賞竹，曲水流觴，專擅丘壑之美，心
亦不再懷慚，忘記「山河之異」。而忽憶及朋友，則千里命駕，到了友處，卻
不見而返；即若隱居，亦接受四方諸侯之遺，如《世說・棲逸》13載：

〔註10〕《蓮社高賢傳》，台北：藝文印書館「百部叢書集成」，1965，頁20、21。
〔註11〕此《莊子・知北遊》所言：「山林與，皋壤與，使我欣欣然而樂與」也。
〔註12〕殷仲堪〈遊園賦〉。

> 許玄度隱在永興南幽穴中，每致四方諸侯之遺。或謂許曰：「嘗聞箕
> 山人，似不爾耳！」許曰：「筐篚芭苴，故當輕於天下之寶耳」。

時人既以唯有「務光」能無世情，而此輩不免「溪刻自處」，反而不盡人情。而佛徒亦浸染時風，以「物我兩忘」爲標，故紛紛爲王者所迎，又與高門遊，如《世說・言語》45載：

> 佛圖澄與諸石遊，林公曰：「澄以石虎爲海鷗鳥。」

〈言語〉48載：

> 竺法深在簡文坐，劉尹問：「道人何以遊朱門？」答曰：「君自見其
> 朱門，貧道如遊蓬戶。」

高僧寄生於王公貴族之間，來往於名勝許，「泯然曠達」，入而不入，此或爲了傳教方便，而亦見其「通達」，從當時《維摩詰經》之流行於談座，其應機化導，其雙遣有無的觀念實影響時人之應世之道也。而當時許多士大夫、知識份子，樂與高僧遊，如王導、周顗、庾亮、謝尚、郗超、王恭、王謐、戴逵、謝敷、許詢、孫綽、簡文帝……等，其中不必眞心皈依，不過借佛之「空」智以「祛練神明」，點化俗情，以沾染清高之氣而已。〔註13〕

　　這時，朝隱成了盛世的點綴，肥遯之事，乃政權妝點門面的工具，像桓玄想篡位，但想到「歷代咸有肥遯之士，而己世獨無」，於是乃「徵皇甫謐六世孫希之爲著作，并給其資用，皆令讓而不受，號曰高士」（《晉書・桓玄傳》），此賴「充隱」以粉飾太平，則時隱多附庸風雅者。

　　當時竟也出現資助別人隱居的事情，如郗超「每聞欲高尚隱退者，輒爲辦百萬資，並爲造立居宇」（《世說・棲逸》15），各種器用、僮僕都爲俱備，像他替戴逵所蓋的百萬屋舍，甚精整，當戴逵進住時，告所親書曰如住進「官舍」，可見其豪華，以其位於風景佳勝處，而亭台樓閣，儼若別墅，戴逵逃仕，却住豪宅，又詣吳國內史王珣於武丘山之別館，「游處積旬」，即因其有「達其旨故不惑其跡」的「通隱」之論也。〔註14〕

〔註13〕《世說・排調》22載：「何次道往瓦官寺禮拜甚勤。阮思曠語之曰：『卿志大宇宙，勇邁終古。』何曰：『卿今日何故忽見推？』阮曰：『我圖數千戶郡，尚不能得；卿乃圖作佛，不亦大乎？』」〈排調篇〉又載：「二郗奉道，二何奉佛，皆以財賄。謝中郎云：『二郗諂於道，二何佞於佛。』」佞佛諂道，足以稍釋塵累而已！《世說・文學》44載：「佛經以爲祛練神明，則聖人可致。簡文云：『不知便可登峯造極不？然陶練之功，尚不可誣。』」崇信釋氏，在陶練神明，其意可知。

〔註14〕《晉書・戴逵傳》並見其〈放達爲非道論〉。

　　朝庭既以粉飾昇平，故「隱」非眞「隱」，「仕」非眞「仕」，《世說補》載王瓚之以「未嘗詣一朝貴」爲「朝隱」，則「隱」義愈來愈寬鬆矣。必如謝安懷經綸之才，任社稷之重，志存國家，臨難不懼，成竹在胸，勇於負責，而又能託心高遠，常懷山林曠逸之思，從〈謝安傳〉言其少時寓居會稽，漁弋山水，放情丘壑，執政之時，於土山營墅，樓館林竹甚盛，每攜中外子姪，往來遊集。嘗登冶城，悠然遐想，有高世之志，此眞戴逵〈閑遊贊〉所言「載之以大猷，覆之以玄風」，既屬「援世之彥」，又居心閒曠，以保恬和，既能建濟世經綸之業，又有超世曠遠之懷，此才爲理想的領袖人物，而謝安實可當之而無愧。魏晉清談講融合儒道，溝通名教與自然之矛盾，唯能致乎此，則郭象所言之歷山川、同民事，佩紫戴黃而不縈絆其心，不憔悴其神之言，豈「凡人」所得假藉！苟無才識胸襟、修養，而侈言境界，祇是玩弄光景，必引發苟且之頹風。

第四節　出處同歸

　　然而標榜以「仕」爲「隱」的「朝隱」說，終見棄於人。此從《晉書‧鄧粲傳》載粲先不應辟命，後桓沖卑辭厚禮聘之，粲嘉其好賢而應召，其友劉驎之、劉尚公對其改節，頗質疑之，鄧粲答二人以「足下可謂有志於隱而未知隱。夫隱之爲道，朝亦可隱，市亦可隱，隱初在我，不在於物」，然粲終亦「名譽減半」，則「心隱」之行實未爲得也。於是又有「出處同歸」之論，《世說‧文學》91「謝萬作八賢論」條，注引《中興書》云：

　　　　其旨以處者爲優，出者爲劣。孫綽難之，以謂體玄識遠者，出處同歸。

肯定仕、隱價值相同，則君子之或仕或隱，其義則一，無分高下，葛洪《抱朴子‧任命篇》云：

　　　　蓋君子藏器以有待也，蓄德以有爲也，非其時不見也，非其君不事也，
　　　　窮達任所值，出處無所繫。其靜也，則爲逸民之宗；其動也，則爲元
　　　　凱之表。或運思乎立言，或銘勳乎國器。殊塗同歸，其致一焉。

此以「出處」之事，人各有懷，殊塗同歸，蓋鐘鼎山林各有天性，殆不可強。仕、隱雖異，若各盡其分，「在朝者，陳力以秉庶事；山林者，修德以厲貪濁」（〈逸民篇〉），則同具價值。此「出處同歸」之論，本在調和仕、隱間之矛盾，糾正時人一味以隱爲高，以仕爲俗的錯誤觀念，《抱朴子‧嘉遁》又言：「非

有出者，誰叙彝倫？非有隱者，誰誨童蒙？」亦此義也。使在極端崇尚高雅的時代，爲仕者亦得坦然爲仕，各行所安。這樣隱逸山林亦不爲高矣。這種判分仕、隱，各肯定其價值，使「僞隱」、「充隱」者，無所假借矣。然南朝「朝隱」風氣又衍盛，且成「終南捷徑」矣！

小　結

自黨錮之禍，「海內塗炭二十餘年，諸所蔓衍，皆天下善士」（《後漢書‧黨錮列傳》），經此打擊，「嚴氣正性」已被摧殘，士流漸失凜然不屈之風向與馳驅危阽之慷慨死節，不是與時卷舒，聊以卒歲，就是流於任誕風流。「離事自全」乃當時士人普遍意識，於是能隱則隱。其具有名望，不遂隱志，被脅逼出仕者，則抱著「避重就輕」的處事態度，袖手不敢露才揚己，「愼默」是當時最高的智慧。

「出處之節」，在牽涉到政治成份時，每變得非常嚴重，譬如嵇康被司馬氏所殺，嵇康的兒子嵇紹想應詔出仕，不敢作主，詢於山濤，山濤曰：「爲君思之久矣，天地四時，猶有消息，而況人乎？」（《世說‧政事》8），其意謂彼一時，此一時，仕之可也。及嵇紹見危授命，死蕩陰之役，朝臣王接上議褒揚，而郭象却著文謂：

> 嵇紹父死非罪，曾無耿介，貪位死闇主，義不足多。（《世說‧政事》8 注引王隱《晉書》）

郭象又以問郗公（鑒）曰：「王裒之父亦非罪死，裒猶辭徵，紹不辭用，誰爲多少？」郗公曰：「王勝於嵇。」或曰：「魏、晉所殺，子皆仕宦，何以無非也？」答曰：「殛鯀興禹，禹不辭興者，以鯀犯罪也。若以時君所殺爲當耶？則同於禹。以不當耶？則同於嵇。」（《世說‧政事》8 注引王隱《晉書》）在此，郭象以嵇紹本不當出仕！其失就在不當仕而仕。像諸葛靚因其父諸葛誕被司馬氏所殺，入晉，詔以爲侍中，固辭不拜，且「常背洛水而坐。」（《世說‧方正》10），其間高下判然，一直到明末顧炎武猶嚴詞以論嵇紹出仕之事〔註15〕其嚴於出處有如此者！

〔註15〕《日知錄》十七：「昔者嵇紹之父康，被殺於晉文王，至武帝革命之時，而山濤薦之入仕。紹時屏居私門，欲辭不就，濤謂之曰：『爲君思之久矣！天地四時，猶有消息，而況於人乎？』一時傳誦以爲名言，而不知其敗義傷教，至於率天下而無父也。……自正始以來，而大義之不明，徧於天下。如山濤者，既爲邪說之魁，遂使嵇紹之賢且犯天下之韙而不顧。」其言痛切，足以正風

　　以隱本身有老莊哲學做後盾，而被公認爲一種高貴、高雅的行爲，是很合乎「意足」、「樂志」的玄學要求的，因此，當時格外抬高「隱」的地位與價值，於是造成許多逐影效跡的「僞隱」者，他們對於隱居，並沒有莊嚴的體認，祇是附庸風雅，其實，他們不能忘懷人間的享樂。由於這些具有豐厚經濟條件的高門世族，不必做官也可安享富貴，所以他們選名山勝水、風景殊異處，營別業，優遊其中，這就是他們心目中的隱居了。

　　由於推崇隱逸太過，無形中，出仕者就被看成是俗氣了，於是在朝任職者，爲了向人宣示自己雖做官，但仍「清高」得很，所以有表現在行爲的倚杖虛曠、望白署空，以遊樂清談爲務的；也有表現爲理論，標榜「心隱」之學說的，提出「與人群者，不待離人」，祇要無心，則可隨處所適，而不荷其累，故雖「終日揮形而神氣無變，俯仰萬機而淡然自若」（〈大宗師〉注），此提供「朝隱」的理據。朝隱的特色是「隱而不隱」、「不隱而隱」，強調「精神隱居」，此說極具迷惑力，故風靡一時。然而此實「假無欲以自通」，自欺可以，欺人則未爲得計！

　　當然，那時也有不敢以隱自高的，像孟陋就是一個例子，《晉書‧隱逸傳》言孟陋曰：

> 億兆之人，無官者十居其九，豈皆高士哉？我疾病不堪恭相王之命，
> 非敢爲高也。

此在天下皆以隱爲高，甚且不擇手段「詐隱」以徼名之時，能有此自覺，無形中批判了「畸形」的隱風。所以束晢在〈玄居釋〉中，對「出處」之事，有較開明的看法，他說：

> 物從性之所安，士樂志之所執，或背豐榮以巖栖，或排蘭闥而求入，
> 在野者龍逸，在朝者鳳集。雖其軌跡不同，而道無貴賤，必安其業，
> 交不相羨，稷契奮庸以宣道，巢由洗耳以避禍，同垂不朽之稱，俱
> 入賢者之流。參名比譽，誰劣誰優？

此出處同歸之論也。這時隱與仕乃無分高下，可以理直氣壯的出仕，而講求治實事功；再不必以隱爲高，而率天下慕隱、通隱、僞隱，坐隱，〔註16〕或自欺欺人的標榜「心隱」了！讀陸喜〈西州清論較論格品篇〉〔註17〕載有人

教。見顧炎武《日知錄》（台北：明倫出版社，1970），頁 379。
〔註16〕《世說‧容止》36 謝車騎道謝公：「遊肆復無乃高唱，但恭坐捻鼻顧睞，便自有寢處山澤間儀！」《箋疏》頁 624。
〔註17〕見《全晉文》頁 1855。

問薛瑩最是國士之第一者乎？〔註18〕陸喜竟答以應在四、五之間，其意以為
處暴虐無道時，「若龍蛇其身，沈默其體，潛而勿用，趣不可測，此第一人也；
避尊居卑，祿代耕養，玄靜守約，沖退澹然，此第二人也。」其若體國思治，
方正執身，或意不忘忠，時有獻替之言，則為三、四流人；至於依阿過日，
從容保寵，則為第五流人。」其以晦明履順而遠悔吝為上，而以濟世近咎累
為戒，皆時代所扭曲也。

〔註18〕陸喜，吳人，後入晉為散騎常侍。作《言道》、《審機》等。薛瑩見時法政多
　　　　謬，舉措煩苛，每上陳緩刑簡役以濟百姓，撰史，著《新議》以暴酷之朝登
　　　　顯列，故為人所譏。見《三國志集解》頁1036～1038。

玄風篇結論

　　魏晉風尚多采多姿，僅採擇最具時代特色的清談、風流、唯美、朝隱四端，加以舖述分析，以做為評價之張本。

　　當時清談的形式極其自由，場所不拘，隨時隨地皆可展開，或大庭廣眾，賓客如雲時，「騁黃馬之劇談，縱碧雞之雄辯，敘溫郁則寒谷成喧，論嚴苦則春叢零葉，飛沈出其顧指，榮辱定於一言」（劉峻〈廣絕交論〉），或姁姁然作「曲室」中語，其所涉內容，多深微有思致，且遠離俗事，發人深省，故清談實非「虛談妄語」。然當時即有指斥清談為「虛談廢務，浮文妨要」而不屑者，如何充對王濛、劉惔之前來找他玄言相應不理；庾亮對王導之遺事清言「未以為允」（具見《世說‧政事篇》14）；而桓溫有一次乘雪欲獵，裝束單急，王、劉見而問曰：「老賊欲持此何作？」桓曰：「我若不為此，卿輩亦那得坐談？」（《世說‧排調》24），此皆不以清談為佳，而以「虛薄」、「說空」、「妄語」視之。

　　今揆「清談」最大價值，在開自由談講之風氣：平等對辯，以辭理取勝，其有以辯才一鳴驚人，常騰譽於士林。在自由討論之風氣下，不拘師承宗法，思想蓬勃，睿思穎義絡繹。而當時人講話玄遠有韻味，好整飾音辭，簡要中見閒逸脫俗之美，極可欣賞，其於「論道」、「約言」方面，自有其貢獻。

　　而世所斥的「清談亡國」，其目標當指在朝為官却恣談縱辯，不以庶務自經；或指談士之為放誕頹廢，悖禮敗俗者，干寶〈晉紀總論〉中有云：

> 風俗淫僻，恥尚失所，學者以莊老為宗，而黜六經；談者以虛薄為辨，而賤名檢；行身者以放濁為通，而狹節信；進仕者以苟得為貴，而鄙居正；當官以望空為高，而笑勤恪。……劉頌屢言治道，傅咸每糾邪正，皆謂之俗吏；其倚仗虛曠，依阿無心者，皆名重海內；

> 若夫文王日旰不暇食，仲山甫夙夜匪懈者，蓋共嗤點以爲灰塵矣，
> 而相詬病矣。禮法刑政，於此大壞，如室斯構而去其鑿契，如水斯
> 積而決其隄防，如火斯蓄而離其薪燎也。國之將亡，本必先顛，其
> 此之謂乎！故觀阮籍之行，而覺禮教崩弛之所由也。（《晉書・懷愍
> 二帝紀》引）

晉室南遷，有識之士多將永嘉傾覆的責任加到清談、放曠，及處官不親所司，
「居官無官官之事」，以袖手心隱爲雅之輩身上，如《世說・賞譽》54 注引鄧
粲《晉紀》云：

> 初，咸和中，貴遊子弟能談嘲者，慕王平子、謝幼輿等爲達。（下）
> 壼屬色于朝曰：「悖禮傷教，罪莫斯甚！中朝傾覆，實由於此。」

虞預論「阮籍裸袒，比之伊川被髮，所以胡虜遍於中國，以爲過衰周之時。」
（〈虞預傳〉）《晉書・應詹傳》亦言詹上疏元帝曰：

> 元康以來，賤經尚道，以玄虛宏放爲夷達，以儒術清儉爲鄙俗。永
> 嘉之弊，未必不由此也。

他如陶侃見僚佐或有談戲而廢事者，斥之曰：

> 老莊浮華，非先王之法言，不可行也！君子當正其衣冠，攝其威儀，
> 何有亂頭養望，自謂宏達邪？（《晉書・陶侃傳》）

桓溫也曾登樓慨歎道：「使神州陸沈，百年丘墟，王夷甫諸人不得不任其責」
（〈桓溫傳〉）；而范寧見當時浮虛相扇，儒雅日替，以爲其源始自王弼、何晏，
於是斥其罪深桀紂，其言曰：

> 王、何蔑棄典文，不遵禮度，游辭浮說，波蕩後生，飾華言以翳實，
> 騁繁文以惑世。搢紳之徒，翻然改轍，洙泗之風，緬焉將墜。遂令
> 仁義幽淪，儒雅蒙塵，禮壞樂崩，中原傾覆。（〈范寧傳〉）

此則不但斥責曠達行爲，並兼及談辯之風，因爲范寧辭嚴義正，故其說深入
人心，「清談亡國」之觀念，於是牢不可破。唐修《晉書・儒林傳》即言：

> 有晉始自中朝，迄於江左，莫不崇飾華競，祖述虛玄，擯闕里之典
> 經，習正始之餘論；指禮法爲流俗，目縱誕以清高。遂使憲章弛廢，
> 名教頹毀，五胡乘間而競逐，二京繼踵以淪胥。運極道消，可爲長
> 歎息者矣。

明末清初的顧炎武，傷愍國破家亡之痛，故鄙空疏浮遊，於是對「清談」之
風，加以口誅筆伐，《日知錄・正始》條云：

> 一時名士風流，盛於洛下，乃其棄經典而尚老莊，蔑禮法而崇放達，
> 視其主之顛危若路人然，即此諸賢爲之倡也。自此以後，競相祖
> 述，……以至國亡於上，教淪於下，胡戎互僭，君臣屢易，非林下
> 諸賢之咎而誰咎哉？……魏晉人之清談，何以亡天下？是孟子所謂
> 楊墨之言，至於使天下無父無君而入於禽獸者也。

「清談」須負「亡國」之罪，乃成定讞。像這種有「激」而發的情緒性判斷，
每每蒙蔽事實眞相，後人被誤導而習焉不察，此最是險事。因爲就在談風盛
行時，袁宏就有「運有興廢，豈必諸人之過」；謝安亦有「秦任商鞅，二世而
亡，豈清言致患邪？」等反對清談誤國的說法。至清朝學者，乃能深究並肯
定此期學術之內容與價值，如朱彝尊〈王弼論〉，尊貴王弼《易注》之暢義理，
掃除陰陽災異之說；錢大昕〈何晏論〉，亦重視何晏之集解《論語》；章太炎
在〈五朝學〉中，更正視玄學對靜俗的貢獻，至於時代之傾頹在世貴之營私
而忘公：

> 五朝有玄學，知與恬交相養，而和理出其性。故驕淫息乎上，躁競
> 弭乎下。……世人見五朝在帝位日淺，國又削弱，因遺其學術行義
> 弗道。五朝所以不競，由任世貴，又以言貌舉人，不在玄學。〔註1〕

劉師培於玄學之不滯于拘墟，崇尚自然則十分推許，對玄學的價值作全面的
肯定。要之，於清談的評價，須先將言論與行爲劃清界限，因爲有許多清談
名家，極有事功；而有許多自命風流，却是逐影效跡，賣弄聲光，驅動浮華，
矜高浮誕，既無著述，又不負責任，故「爲政則政亂，牧民則民怨」，其生活
頹縱腐敗，空虛無聊，處世多存玩世態度，這種以放蕩爲目的者，乃眞正亡
國之罪魁。至於一些反抗迫害，苦心造作的放蕩行爲，因其胸懷本高，撐得
住人格，所以亦不必過責之。

綜論清談本身，因所談範圍極廣，「其言循虛，其藝控實」，足以新人耳
目，而在逞談縱辯中，激發新義，提昇邏輯思維的水準及辨名析理的能力。
而在此種學術氛圍中，士人個性得到解放，他們能夠盡情盡性的表露自己的
情感、思想，行爲也可超越禮教束縛而自顯一種風姿，在抗教抗政，標榜老
莊自然，其所表現的出「位」踰「格」，本身也自有諷刺時代，批判虛僞，解
放性靈，展現自由適性的正面意義。《晉書》四十九卷列諸阮（阮籍、阮咸、

〔註1〕見傅杰編校《章太炎學術史論集》（北京：中國社會科學出版社，西元 1997
年），頁 267、268。

阮瞻、阮孚、阮脩、阮放、阮裕）及七賢中，去山、王，加上元康八達，可見此卷可稱為〈任達傳〉，其與《世說‧任誕》合觀見其懷道而蔑視王公，輕禮經，體無為，「旨酒厥德，憑虛其性」，自命「達生」。而須正視的是一代士人，何以出現「毀行穢德」、驚世駭俗之舉？何以鼓播「縱情肆欲」的人生取向？大抵任達多有來自現實的生存焦慮，當價值理想失落，遂以殊行表現自我，如阮籍之「青白眼」、王羲之的「坦腹東床」、顧和的「捫蝨」、周伯仁之「露醜」，類似此「通其旁徑」的身體展演，雖有「凋風俗」之弊，却也達到衝破禮防，反叛慣性的創意，則此以暢情放意為特色的身體展演，也就具有不可小覷的美感。

他們發現了「美」，「美」是在清、虛、神、玄中體悟、提煉出來的，在他們把「美」推崇到崇高的境界時，尚美求美乃成一時風潮。此時，文學、書畫、藝術，都得到前所未有的開展，而題材、風格各異，在較論中，美學原理也自然形成；文學理論更蓬勃興起，這也拜魏晉士人耽於形上思辨，長於歸納析理風氣之賜。他們歌頌人體形姿之美，所以流行人物品鑑；他們竭智盡慮的顯出一己的超卓，故放蕩形骸，甚且以「裸袒為高」，這種變態，追根詰底，皆由有閒，有閒則流於虛浮，於是一味求奇尚美，而不做潛修默守的工夫。

他們禮讚山川景物之美，於是登山臨水，樂遊忘返，隱逸之思乃大行其道，其有不能達成隱逸之志者，也要於良辰美日，攜親從子姪，遊於自己的莊園別業中，並高唱「心隱」；而這些皆是貴遊高門之「雅操」，在矜奇尚美之時代風氣下的產物。此上下苟安、耽於逸樂所造成之沒有壓力的文化，是以個人主義為依歸，以滿足自己為特色者。

總結──魏晉「有」、「無」觀念之理論與實踐

經由上列「玄理」與「玄風」兩方面的研析，魏晉學術思想、社會風尚乃可得其梗概。

魏晉玄學之主題可以說是環繞著「有」與「無」兩概念而進行，「有」、「無」的論證，乃是玄學的核心。在《老子》一書中，「有」、「無」齊觀，且循環無端，「同出而異名，同謂之玄」，而何晏、王弼發揮老子的本體概念，提出「有」以「無」為本的主張。自此以後，玄學家於有無這對概念各有孤詣，使「有」、「無」的內涵更為豐富。而就在論證「現象」背後之「本質」時，並推展此說於各個層面，無論政治、社會、人生、文藝，皆可由「有無」貫通之：

一、理論部份

（一）本末體用

王弼是中國哲學史上首先將本末、體用作為哲學範疇來加以解析者。他以現象世界（有）為「末」，而「無」是在現象世界之上、之外看不到的本質，故「將欲全有，必反於無」，王弼從而提出「崇本以息末」、「崇本舉末」、「得本以知末、不舍本以逐末」（《老子・五十二章》注）等命題。

他又將「有」、「無」解釋為「實體」與「作用」的關係，「有」是作為「無」的作用來說的。《老子・十一章》注云：「言無者，有之所以為利，皆賴無以為用也。」「無」為「體」，「有」是「用」，「有」之所以能夠表現各種性用，乃由「無」這個本體。體、用之概念更為後來佛學、理學所研精，影響甚大。但也有像鍾會所云：「有無相資、俱不可廢，故有之以為利，利在于體，無之以為用，

用在于空，故體爲外利，資空用以得成，空爲內用，藉體利以得就，但利、用相藉，咸不可亡也。」此以用爲無、爲內，體爲有、爲外，則是與王弼異者。

（二）動靜常變

《老子・十六章》注云：

> 凡有起於虛，動起於靜，故萬物雖并動作，卒復歸於虛靜，是物之極篤也。

《復・象》注亦云：

> 先王則天地而行者也，動復則靜，行復則止，事復則無事也。

萬物咸運，主之者靜，動靜並非相對觀念，而是以靜爲動之本境。而佛徒道安等明「本無」，以一切諸法，本性空寂，法性常靜之極，故曰「空」無爲無著。如僧肇講動中見靜，靜以說動，動靜一如。

道是永恆不變，無所不在的，此即道之常，萬物則是變化不常，而群變乃復歸於「道」之本，此即是「常」，要知常，在致虛、守靜、見素抱樸也。

王弼以情僞之動，瞬息萬變，是以不眞，而終始變化，最後仍不失其常。《老子指略》云：

> 雖古今不同，時移俗易，此不變也。……故古今通，始終同，執古可以御今，證今可以知古始，此所謂常者也。

執常可以御變，即以靜制動，息亂以靜之說也。

（三）經權幽顯

《論語釋疑》云：「權者，道之變，變無常體，神而明之，存乎其人，不可豫設，尤至難者也。」把握「常道」，則能隨機應變，此即是「權」。此已觸及經與權之關係。《老子指略》言：「夫欲定物之本者，則雖近而必自遠以證其始；夫欲明物之所由者，則雖顯而必自幽以敘其本。」則幽爲顯之本矣。

（四）一與多，寡與眾

> 《老子・四十二章》注云：「萬物萬形，其歸一也。何由致一？由于無也。由無乃一，一可謂無。」

「無」即是「一」，「一」爲「多」之主宰，〈明象〉曰：

> 故自統而尋之，物雖眾則知可以執一御統制也；由本以觀之，義雖博，則可以一名舉統括也。

如君統眾民，即「執一統眾」也。《老子・二十二章》注云：「自然之道，亦

猶樹也，轉多轉遠其根，轉少轉得其本」，此以少爲根本，多爲細末，是知少爲多之所貴也。

又轂能統三十幅者，「無」也，以其無，故能受物，此亦「以寡統眾」也。寡爲眾之所宗，是以一卦五陽而一陰，則一陰爲主矣。

（五）母與子

此母子非生成關係，亦就現象及其本質而言，《老子・五十二章》注云：「母，本也；子，末也，得本以知末，不舍本以逐末也。」守母存子即「守本存末」、「崇本舉末」也；相對的，如捨母用子，則爲棄本適末，終必有患憂。

（六）理與事

王弼《周易略例・明象》云：「物無妄然，必由其理。統之有宗，會之有元，故繁而不亂，眾而不惑」。又《論語釋疑》言：「夫事有歸，理有會，故得其歸，事雖殷大，可以一名舉；舉其會，理雖博，可以至約窮。」執此「統宗會元」之「理」，則爲以簡御繁，以一統萬，以寡治眾，以靜制動，體常達變，守母存子也。《睽卦》注云：「同於通理，異於職事。」此理同事異即本同末異也。

王弼於《乾卦》注云：「夫識物之動，則其所以然之理，實皆可知也。」《豫卦》注：「辯必然之理，故不改其操」，郭象《莊子・逍遙遊》注：「理有至分，物有定極，各足稱事，其濟一也。」〈齊物論〉注：「物物有理」、「物有自然，理有至極。」〈外物〉注：「自然之理，有寄物而通也」。在《老子》注、《莊子》注中，「理」字遍在。裴頠〈崇有論〉：「是以生而可尋，所謂理也。理之所體，所謂有也」，此以實有之「理」內在於具體之形「器」中。

（七）形與神

人倫鑒識首重「瞻形得神」，及王弼，論聖人有茂於人之「神明」，故能體沖和以通「無」，所以有應物之情，而不被情所累。到了嵇康，也反對形神相離，而認爲形與神「相親相即」之觀點。其〈養生論〉中云：「形恃神以立，神須形以存」，形神相互依賴，如有無之並生，故「神躁於中，而形喪於外」，所以養生得兼顧養形與養神，使內外相冥，表裡俱濟，以形神相親，故可長生久視，神志不虧也。嵇康主張形神相互依存，但以神爲主，形爲從耳。

他如楊泉〈物理論〉，其中有關形神問題，乃主張二者不可分離，故提出「人死神滅」的看法，其言曰：「人含氣而生，精盡而死，……譬如火焉，薪盡而火滅，則無光矣，故滅火之餘，無遺炎矣，人死之後，無遺魂矣。」此

成了南北朝神滅論之先驅。

而東晉葛洪，在《抱朴子‧至理篇》說到：「夫有因無而生焉，形須神而立焉。有者，無之宮也。形者，神之宅也，……身勞則神散，氣竭則命終」，必棟宇存，而後形神有所寄，此葛洪明點出形神關係如「有」因「無」而生。

到了梁朝之范縝，著〈神滅論〉以破佛說，他亦以形神互相結合而不能分離，形體是精神之基礎，精神是形體之作用，他在「形神相即」的基礎上提出「形質神用」，且舉刃利之喻，以說明形神之質用關係。此即以有、無不可分而崇其「有」。故以形體爲主，精神只是形體之屬性與作用耳。

因爲佛教主張形神可以分離，精神離開形體之後，猶照常存在，神爲第一性，形爲第二性，其理論根據乃建於「形神異源」上，形神不存在派生之關係，故形殘而神智不亂，以形粗神精，神爲本，形爲末，所以形體衰謝而神猶存，此種神超形而獨存，是佛性法身常住說之所由建立也。這是以無爲本，「無」超於「有」之上、之外之貴無說也。

至於道教，其形神觀在說明形神可通過人爲努力，而得以長保不壞，使形神永不消滅，但其重形實更重於神。

（八）意與言

因爲做爲萬物本體之「無」，乃無名無象「寂然無體」，故又牽涉到言意問題，首先有荀粲者，以爲「子貢稱夫子之言性與天道，不可得而聞，然則六籍雖存，固聖人之糠粃。」（何劭〈荀粲傳〉）其意以爲理之微者非物象可舉也，對於「象外之意」、「繫表之言」，則蘊而不出，非言象所得盡也。至王弼則言：「忘象者，乃得意者也；忘言者，乃得象者也。得意在忘象，得象在忘言。故立象以盡意，而象可忘也，重畫以盡情，而畫可忘也。」（〈明象〉）此以言、象乃表意之工具，爲「有」，忘言忘象乃通向「無」，或可謂神明之境。其以言有限，而官天地、府萬物之道乃無限，故言何可執耶？王弼《論語釋疑》注云：「寄旨傳辭，將以正邪，而勢至於繁，既求道中，不可勝御，是以修本廢言，則天而行化」，以無言爲本，言爲末，「修本廢言」，即「重意略言」也。

（九）至與常

嵇康的新義主張存在著兩個世界，一是感官所能認識之現象世界，一是祇有至人、聖人始得體會之精神世界，從而證明精神世界才是眞正本源。他又以理分至理與常理；物分至物與常物；人分至人與常人；樂分至樂與常樂。

常為一般，至為特出；常屬低級，「至」則為盡善盡美，為高級；至則微妙，常則無奇，透過這兩者之褒貶，而強調「至」，輕視「常」，這實同於王弼之「崇本息末」說也。又因其以「至物」、「至理」微妙，「可以理知，難以目識」、「天下微事，言所不能及……豈常理之所逮」，至理乃「言所不能及，數所不能分」，〔註1〕端賴神明契悟。這與王弼「言不盡意」說相關。《列子》張湛注提出「群有以至虛為宗」，「至虛」為萬有之本。

（十）自然與名教

與「有、無」之辨同時成為玄學主題的為「自然與名教」問題，何晏、王弼以本末一體，體用不離，雖貴「無」，但未嘗捨「有」，「無」以「有」顯，故「四象」形、「五音」聲而後「大象」暢、「大音」至。此用在「自然與名教」之問題上，即為名教本於自然，出於自然，自然為本、名教為末，但兩者乃相依存。至阮籍、嵇康則宣言「越名教而任自然」，此名教與自然為對立，重自然而棄名教也。及向秀、郭象則泯合有、無之矛盾，溝通儒道之衝突，而認為「儒道一」，於是「自然與名教」成了一而二，二而一的關係，也就是自然即名教，名教即自然。從而以道家之至人、神人等同於儒家之聖人，聖人無心順有，故終日揮形而神氣不虧矣。

此概念又為「無為」與「有為」的關係，「有為」當本於「無為」，「故從事於道者，以無為為君，不言為教」（王弼《老子・二十三章注》），即「為」於「無為」，則「無為而無所不為」矣。

（十一）冥與跡

郭象提出「跡冥論」，言聖人遊外冥內，有應世之跡，而心無不冥。〈天運〉注云：

> 所以跡者，真性也。夫任物之真性者，其跡則六經也。況今之人事，
> 則以自然為履，六經為跡。

理想的聖人人格，乃集跡冥於一身，跡冥圓融之處，跡即冥，冥即跡，「即世」即「出世」，承體起用，而跡指名教，所以跡（冥）指自然，則名教與自然一也。

（十二）真與俗

佛教以解散空（無）為「真諦」，眾緣和合而有，為「俗諦」。于道邃「緣會宗」義曰：「緣會故有，是俗；推拆無，是真。」及雙破雙照，存有、無對

─────────────

〔註1〕嵇康〈難張遼叔宅無吉凶攝生論〉。

待爲俗諦，體「非有非無」爲眞諦，即透過「俗諦有」之破斷滅見，以「眞諦無」破虛幻見，然後又超越對待，以「非有非無」破除對待以顯「至虛至無」之第一義諦，如僧肇以眞俗二諦爲體用關係，並論證即俗以見眞，以臻「眞俗不二」。

（十三）性與情

性指人性，情指喜怒哀樂之感情，玄學家對性的體認，大多本乎道家自然質樸的觀點，如何晏《論語・公冶長》注云：「性者，人之所受以生也。」〈雍也〉注亦云：「凡人任情，喜怒違理。顏回任道，怒不過分。遷者，移也。怒當其理，不移易也。」此強調「性」爲天生之全，情是後天之欲，故任情則違理。王弼認爲性不分正邪善惡，祇有厚薄之別；而情，王弼則主張聖人有情而無累於情，即不陷溺於情，是「性」其「情」（《論語釋疑》），性情實即天理與人欲也。

（十四）天與人

自何晏稱讚王弼：「可與言天人之際矣」（何劭〈王弼傳〉），天人關係，即「天道」與「人事」之關係也，王弼以寂然至無之本體釋天，而人類之「名教」活動，若政治施爲，本乎「自然」無爲之原則，即理想之聖治，此以「天人際合」代替「天人感應」。魏晉「天人新義」是提高人之地位，否定天之神靈性，而代之以自然。

由上可知「有」與「無」這一對本體範疇，除泛指具體的存在和抽象本體外，也是儒道兩家分立的焦點。儒家貴名教、道家崇自然；儒重人事施爲，道主清靜玄虛，一講有爲，一倡無爲；儒家重群體，道家重個人，所以儒家肯定現實禮教制度之存在，道家則宣揚「無君思想」，否定一切制度規章；儒家重視現實人生，道家則尚理想、高蹈；從形上本體之探討，以致於政治社會、現實人生等問題，都可由「有」、「無」之概念來貫穿。然誠如王弼言：「聖人體無，無又不可以訓，故言必及有」，聖人出「有」入「無」，由「無」反「有」，有無乃一而二、二而一。而玄學即在呈顯儒道「將毋同」也。

二、實踐部份

由「有」、「無」概念之付諸實踐，更具有極其豐富的內涵。茲舉犖犖大端如下：

（一）仕隱之間

「仕」與「隱」本兩不并存，聖明之世，「朝貴致功之臣，野美全志之士」（皇甫謐〈釋勸論〉），出處各得其所。然而魏晉士人，仕非眞仕，隱非眞隱；故雖隱而「時時間出」；而仕又多入世「容跡」、「與時俯仰」，無蹇諤之節，他們居官在朝，却以「寄通」爲高，有的雖居宰輔之重，却不以經國爲念。執政者以碌碌爲雅，成了風氣，此「以仕爲隱」者即所謂的「朝隱」也。朝隱之實質是隱與仕之結合，而郭象之「跡冥圓融」論可成爲「朝隱」的理論根據。祇要「無心以順有」，即使身處廟堂之上，也猶如遁跡山林之中。這種隱、仕結合的現象，正暗示著「儒道通」之玄學本色。其標榜「心隱」却也貽「吏非吏、隱非隱」之質疑。要之，此「仕隱之間」的「玄隱」，乃特殊的時代學術氛圍下的產物。

（二）操兩可之言，居身可否之間

魏晉士人在言語上力追新奇，不落俗調，以是取莊子「材與不材間」之義，儘量的模稜兩可，可以達「玄遠」之趣。同時也爲了在瞬息萬變之局勢中，不落人「把柄」，使自己的言行盡量做到謹愼小心，不隨便臧否人物，也不亂評論時事，使喜怒不形於顏，態度也求其「模稜兩可」「不著邊際」。如鍾會就屢次伺察阮籍，甚至問他一些敏感的問題，讓他在不經意間置了「可」與「否」，好入他的罪。（《晉書·阮籍傳》）但是阮籍就是「愼默」以對。《世說·言語》9 注引〈司馬徽別傳〉云：

> （司馬）徽……有人倫鑒識，居荊州。知劉表性暗，必害善人，乃括囊不談議時人。有以人物問徽者，初不辨其高下，每輒言佳。其婦諫曰：「人質所疑，君宜辨論，而一皆言佳，豈人所以咨君之意乎？」徽曰：「如君所言，亦復佳」。

裴徽不辨高下，每事言佳〔註2〕，竟意外的得到「理趣」，耐人尋味，《世說·言語》72 載：

> 王中郎令伏玄度、習鑿齒論青、楚人物。臨成，以示韓康伯。康伯都無言，王曰：「何故不言？」韓曰：「無可無不可」。

又如李豐「依違兩公間，無有適莫」（《三國志·夏侯玄傳》注引《魏略》），正惟恐一旦政局變化而容身不得，故預留退路也。這種爲保生而答話依違，

〔註2〕 《金樓子》引此下有「所以避時也」等字。

首鼠兩端者，在魏晉特多。如〈謝鯤傳〉：

> 鯤不徇功名，無砥礪行，居身於「可否之間」，雖自處若穢，而動不
> 累高。

鯤之自穢，乃見王敦有不臣之跡，知不能匡救，故「優遊寄遇，不屑政事」。
又傅嘏稱衛瓘爲「寧武子」，以「無所親疏」也。（《晉書·衛瓘傳》）又《世
說·文學》75 云：

> 庾子嵩作〈意賦〉成，從子文康見，問曰：「若有意邪？非賦之所盡；
> 若無意邪？復何所賦？」答曰：「正在有意無意之間」。

庾子嵩見王室多難，知終嬰其禍，乃作〈意賦〉以寄懷「豁情」，〔註 3〕那麼
在「有意、無意間」，實有多少難言之隱耶？

　　至於以「兩可」之言發明「玄趣」者亦夥，今《世說·言語篇》多載此
類言論，如：

> 1. 鍾毓兄弟小時，值父晝寢，因共偷服藥酒。其父時覺，且託寐以
> 觀之。毓拜而後飲，會飲而不拜。既而問毓何以拜，毓曰：「酒以成
> 禮，不敢不拜。」又問會何以不拜，會曰：「偷本非禮，所以不拜。」
> （〈言語〉12）

> 2. 鍾毓、鍾會少有令譽。年十三，魏文帝聞之，語其父鍾繇曰：「可
> 令二子來！」於是敕見。毓面有汗，帝曰：「卿面何以汗？」毓對曰：
> 「戰戰惶惶，汗出如漿。」復問會：「卿何以不汗？」對曰：「戰戰
> 慄慄，汗不敢出」。（〈言語〉11）

> 3. 明帝數歲，坐元帝膝上。有人從長安來，元帝問洛下消息，潸然
> 流涕。明帝問何以致泣？具以東渡意告之。因問明帝：「汝意謂長安
> 何如日遠？」答曰：「日遠。不聞人從日邊來，居然可知。」元帝異
> 之。明日集群臣宴會，告以此意，更重問之。乃答曰：「日近！」元
> 帝失色，曰：「爾何故異昨日之言邪？」答曰：「舉目見日，不見長
> 安。」（〈夙惠〉3）

> 4. 簡文作撫軍時，嘗與桓宣武俱入朝，更相讓在前。宣武不得已而
> 先之，因曰：「伯也執殳，爲王前驅。」簡文曰：「所謂無小無大，
> 從公于邁。」（〈言語〉56）

〔註 3〕 《晉書·庾敳傳》：「著〈意賦〉以豁情，猶賈誼之鵩鳥也。」賈誼作〈鵩鳥
　　　　賦〉以自廣，《西京雜記》言作此賦以「齊生死、等榮辱，以遣憂累」。

魏晉刑名、縱橫之學盛行，故公孫龍「白馬論」成了當時名論，而惠子「旨不至」之理，亦被拿來公開討論，《世說‧文學》16：

> 客問樂令「旨不至」者，樂亦不復剖析文句，直以塵尾柄确几曰：「至不？」客曰：「至！」樂因又舉塵尾曰：「若至者，那得去？」於是客乃悟服。樂辭約而旨達，皆此類。

以敲桌示至，旋又拿開否認至，這表示至或不至皆相對不能確定，則人們所見都是非真非假，非假非真，真真假假。於是講話可以隨時改更，最出名的是「好縱橫之術」的王衍，他於談辯時，義理有所不安，隨即改更，當時號曰：「口中雌黃」。（《晉書‧王衍傳》）清談到後來，不再求理源所歸，於是你通一義，我送一難，都極精采，但不知誰是誰非。而表現在文學上，亦「依稀其旨」，莫測高深。〔註4〕

（三）兩得其中

在待人接物上，當時有所謂「兩得其中」，《世說‧任誕》11云：

> 阮步兵喪母，裴令公往弔之。阮方醉，散髮坐牀，箕踞不哭。裴至，下席於地，哭弔喭畢，便去。或問裴：「凡弔，主人哭，客乃為禮。阮既不哭，君何為哭？」裴曰：「阮方外之人，故不崇禮制；我輩俗中人，故以儀軌自居。」時人歎為『兩得其中』。

或「儀軌自居」或「不崇禮制」，各合乎自己的意識型態。〔註5〕《世說‧簡傲》17注引〈高坐傳〉云：

> 王公曾詣和上，和上解帶偃伏，悟言神解。見尚書令卞望之，便斂衿飾容。時歎『皆得其所』。

對象不同，所對的行為則有隨便與嚴謹的差別。至於「方內」與「方外」的問題，實牽涉到下面另一問題，即「情與禮」之問題。

（四）任情與尊禮

《世說新語‧德行篇》17載：

> 王戎、和嶠同時遭大喪，俱以孝稱。王雞骨支牀，和哭泣備禮。武帝謂劉仲雄曰：「卿數省王、和不？聞和哀苦過禮，使人憂之！」仲

〔註4〕 《文心雕龍‧指瑕篇》云：「晉末篇章，依希其旨。」故百代之下，難以猜測。

〔註5〕 《後漢紀》卷十九、《風俗通義》卷三：「王龔夫人卒，龔與諸子並扶杖行服。是時山陽太守薛勤喪妻不哭，將殯，臨之曰：『幸不為夭，復何恨哉？』議者『兩譏』焉。」

雄曰：「和嶠雖備禮，神氣不損；王戎雖不備禮，而哀毀骨立。臣以

和嶠生孝，王戎死孝，陛下不應憂嶠，而應憂戎。」

此以王戎「死孝」，和嶠「生孝」，死孝者不拘禮制，却哀毀骨立；生孝則備禮而神氣不損，就如阮籍行「方外」之禮，所謂方外之禮即尚「自然」，重「情」；而俗中方內之禮，貴「名教」，講「禮」，阮籍言「禮豈爲我輩設哉！」（〈任誕〉7）他不受「世俗之禮」約束，却合「自然人情之禮」，而魏晉所尚的正是此自然之禮。

（五）率真與偽飾

《世說‧企羨》6 載：

孟昶未達時，家在京口。嘗見王恭乘高輿，被鶴氅裘。于時微雪，

昶於籬間窺之，歎曰：「此眞神仙中人。」

「名士」一目，乃漢魏以來特有之標幟，以其具有獨特之風姿神韻，故令人油然生起效慕之心，以其「傾動」，故效跡者眾。一些縱欲放蕩者，本身並無才學，內心亦未能開拓自覺意識，徒慕風流而詘周疵孔，這是「假名士」。所以「眞名士」與「假名士」之區別，一是率眞，一是偽飾。此猶東施之效顰，只求貌似，本身沒有嚴肅之生命自覺，也沒有超越之修養，也就是沒有其「意」，此「意」乃出「有」入「無」而得，意得而忘形骸，從而顯現曠達雅遠之風姿，此風姿乃如風行水流，自然生動者；現在偽飾之徒，遺神取跡，執「跡」不放，則只見其醜耳。所以我們不得不辨其清濁，別其薰蕕。

他如謝安得知淝水戰勝之捷報，了無喜色，圍棋如故，而過戶限，心甚喜，不覺屐齒之折，則又是「矯情鎮物」者，《世說‧尤悔》14 載：

謝太傅於東船行，小人引船，或遲或速，或停或待，又放船從橫，

撞人觸岸。公初不呵譴。人謂公常無嗔喜。曾送兄征西葬還，日暮

雨駛，小人皆醉，不可處分。公乃於車中手取車柱撞馭人，聲色甚

厲。夫以水性沈柔，入隘奔激。方之人情，固知迫隘之地，無得保

其夷粹。

迫隘之地不能保其夷粹，可見眞到了緊要關頭，就矯情不來了。戴君仁云：我們常譏笑「假道學」、「偽君子」，而未聞人譏刺「偽名士」。「假道學」、「偽君子」固然可厭，可是陰沈而且虛偽的名士，却是頗有點可怕呢！旨哉斯言！

又如《世說‧德行》28 載鄧攸於避難中棄己子全弟子，注引《中興書》云：「（鄧）攸棄兒於草中，兒啼呼追之，至暮復及。攸明日繫兒於樹而去。」

其以義斷恩，固所難能，然繫兒於樹，則非人情而顯矯揉。《世說・雅量》19：「郗太傅在京口，遣門生與王丞相書，求女婿。丞相語郗信：『君往東廂，任意選之。』門生歸，白郗曰：『王家諸郎，亦皆可嘉，聞來覓婿，咸自矜持。唯有一郎，在床上坦腹臥，如不聞。』郗公云：『正此好。』訪之，乃是逸少，因嫁女與焉。」諸王皆飾容，獨羲之神色自若，旁若無人。是一率眞，一僞飾也。《晉書・羊曼傳》載：「曼拜丹楊，客來早者得佳設，日晏則漸罄，不復及精，隨客早晚而不問貴賤。有羊固拜臨海太守，竟日皆美，雖晚至者，猶獲盛饌。論者以固之豐腆，乃不如曼之『眞率』。」

由「七賢」到「八達」，正見出率眞與僞飾之區別。以老、莊爲師者貴率任，以其一往眞情，故有可欣賞者，然亦有「畫」老莊圖像而自命清高者，如《晉書・嵇含傳》：

> 時弘農王粹以貴公子尚主，館宇甚盛，圖莊周于室，廣集朝士，使含爲之讚。含援筆爲弔文，文不輟點。其序曰：「帝壻王弘遠華池豐屋，廣延賢彥，圖莊生垂綸之象，記先達辭聘之事，畫眞人於刻桷之室，載退士進趣之堂，可謂託非其所，可弔不可讚也。」其辭曰：「邁矣莊周，天縱特放，大塊授其生，自然資其量，器虛神清，窮玄極曠。人僞俗季，眞風既散，野無訟屈之聲，朝有爭寵之歎，上下相陵，長幼失貫，於是借玄虛以助溺，引道德以自獎，戶詠恬曠之辭，家畫老莊之象。今王生沈淪名利，身尚帝女，連耀三光，有出無處，池非巖石之溜，宅非茅茨之宇，馳屈產於皇衢，畫茲象其焉取！嗟乎先生，高跡何局！生處巖岫之居，死寄彫楹之屋，託非其所，沒有餘辱，悼大道之湮晦，遂含悲而吐曲」，粹有愧色。

當時儘多浮湛富貴而託身老、莊之門者，其僞飾之跡甚顯。而嵇含之勇於直諷，不阿諛即是率眞。率眞則「自然」，僞飾則「矯效」，此不得不別。

（六）形神之合離

「形、神」用於藝術賞鑑上，則特重神姿，於形似之上，求其神似。

當時人物品鑑特重神明，而遺其形骸。故于交游亦重「神」交「意」契，如《晉書・王徽之傳》載其月夜憶戴逵，當下乘小船詣之，經宿方至，造門不前，人問其故，徽之曰：「本乘興而來，興盡而返，何必見安道（逵）邪？」此亦重神意而不重形跡，而有不盡之意於行跡之外也。又如呂安一想到嵇康則「千里命駕」（《世說・簡傲》4），皆以「意」契也。史載竹林七賢之交往

皆爲「神交」。他們平時喜怒不形於顏，澹默少言，但遇到知己，則「把臂入林」，促膝長談。至於意不契者，則雖逼之亦不與交。如呂安訪嵇康，康不在，康之兄嵇喜拭席接待呂安，但呂安却弗顧而求與康兒共戲。（〈簡傲〉4 注引干寶《晉紀》）又阮籍本與王戎之父王渾交，但遇王戎後，就喜歡與王戎談而不理王渾了。（《晉書‧王戎傳》）他如嵇康拒鍾會，夏侯玄臨死也不與鍾會兄弟交，和嶠不願與荀勖同車等，《世說‧輕詆》多載私情不諧，彼此相輕者，知當時矜「神」而輕「形」也。

對於人之行爲，則特別重視「神韻」，如《世說‧簡傲》16 載：

> 王子猷嘗行過吳中，見一士大夫家，極有好竹。主已知子猷當往，乃灑掃施設，在聽事坐相待。王肩輿徑造竹下，諷嘯良久。主已失望，猶冀還當通，遂直欲出門。主人大不堪，便令左右閉門不聽出。
> 王更以此賞主人，乃留坐，盡歡而去。

蓋「意得」爲歡也。當初主人之「灑掃施設」，是落形跡，意態矜重不能自閒；及「閉門不聽出」，惟是率眞。眞性情容不得一絲假借，是以王子猷佳賞其神也。

又如〈阮孚傳〉言：「初，祖約性好財，孚性好屐，同是累而未判其得失。有詣約，見正料財物，客至，屏當不盡，餘兩小簏，以著背後，傾身障之，意未能平。或有詣玩，正見自蠟屐，因自歎曰：『未知一生當著幾量屐。』神色甚閒暢。於是勝負始分。」阮孚所以勝者以神色夷暢，是人性之一往清澈，而祖約矜持意不平，故不如：且「屐」與「財」，一空靈，一著實；而「未知人生當著幾量屐」是言之「玄遠」有高致者，以其具有生命感，而令人沈思回味，留餘不盡。是以二者高下自見矣。又《世說‧容止》1：

> 魏武將見匈奴使，自以形陋，不足雄遠國，使崔李珪代，帝自捉刀立牀頭。既畢，令間諜問曰：「魏王何如？」，匈奴使答曰：「魏王雅望非常，然牀頭捉刀人，此乃英雄也。」魏武聞之，追殺此使。

此魏武形陋而神王也。又《世說‧德行》36：「謝公夫人教兒」，問太傅：「那得初不見君教兒？」答曰：「我常自教兒。」常人以嚴訓爲教，不知耳目所聞見，教自在其中，此身教重言教也。

（七）醉與醒之間

然而，我們也該注意到魏晉「亂中有亂」的時代裡，士人在「全生」與「護志」的掙扎下，爲了兼而有之，而多崎嶇人世，毀行穢德。如縱酒以示無用，此以酒做爲保護色，其中最出名的是阮籍，他「本有濟世志」，後卻「酣

飲爲常」（籍本傳），蓋「胸中有壘塊」也。另〈顧榮傳〉云：

> 齊王同召（顧榮）爲大司馬主簿。同擅權驕恣，榮懼及禍，終日昏
> 酣，不綜府事，以情告友人長樂馮熊。熊謂同長史葛旟曰：「以顧榮
> 爲主簿，所以甄拔才望，委以事機，不復計南北親疏，欲平海內之
> 心也。今府大事殷，非酒客之政。」旟曰：「榮江南望士，且居職日
> 淺，不宜輕代易之。」熊曰：「可轉爲中書侍郎，榮不失清顯，而府
> 更收實才。」旟然之，白同，以爲中書侍郎。在職不復飲酒。人或
> 問之曰：「何前醉而後醒邪？」榮懼罪，乃復更飲，與州里楊彥明書：
> 「吾爲齊王主簿，**恒**慮禍及，見刀與繩，每欲自殺，但人不知耳。」

其昏酣，慮禍之深也。故行事之清濁，自有「玄」機，欲識其人，須轉幾層，
繞幾圈去體會，否則從浮面斷定，每看錯一個人。除縱酒隱跡外，有聚斂以
自晦者，如王戎貪營錢財，當時人以爲他無可救藥，但有言其「自晦」[註6]
者；又有佯狂以隱跡者，如王戎佯以藥發墮廁；王衍佯狂斫碑等，裝瘋賣傻，
以避人耳目。又有任誕隱跡，藉著放蕩行爲，以示無用，他們外表看起來似
乎污濁，但是揭去此層保護色，原來，他們的志向甚宏遠，其神甚清澈，如
劉伶土木形骸，肆意昏放，但本傳言其「機應不差」，所以我們要從其「跡」，
上溯其「所以跡」，所謂「所以跡」，即「眞性」也，必瞻「形」得「神」，乃
得其「眞性」。

（八）默與語之間

值天下紛紛之時，機變屢起，故言不如默，像阮籍至愼，未臧否人物；
嵇康二十年無喜慍之色，此種不尋常的沈默，實非本性使然。又非無臧否，
他們表面不言，而無時無刻不言，誠如《世說·賞譽》66所云：「桓茂倫云：
褚季野皮裡陽秋」謂其「裁中」，心裡自有臧否也，所謂「雖不言，而四時之
氣亦備」也。（〈褚裒傳〉）《晉書·范粲傳》：「粲因陽狂不言，寢所乘車，足
不履地。子孫恆侍左右，至有婚宦大事，輒密諮焉。合者則色無變，不合則
眠寢不安，妻子以此知其旨。」默語之間自有玄機。〈孫登傳〉：「魏晉去就，
易生嫌疑，貴賤並沒，故登或默也！」沈默其實是無言的示威。〈庾敳傳〉：

> 是時天下多故，機變屢起，敳常靜默無爲。參東海王越太傅事，轉
> 軍諮祭酒。時越府多雋異，敳在其中，常自袖手。

[註6] 《世說·儉嗇》3注引《晉陽秋》：「戎多殖財賄，常若不足。謂戎故以此自晦
　　也」。《箋疏》頁874。

〈王雅傳〉：

> 以朝廷方亂，內外攜離，但慎默而已，無所辨正。……凡所謀謨，
> 唯唯而已。

慎默不能測，而意在言外也。

（九）理想與現實

當現實不如意時，人類每馳騁其靈思，嚮往「大人境界」，清思遼渺，在心靈世界裡構築仙鄉樂土，將自己遁入其中，去安享太平。這種高蹈之思，在亂世格外活躍，如服食以得一時之「神清氣朗」，遊仙以暫且跳出塵網，詠太虛或上古社會，以襯託世界的紛亂桎梏，沈醉於荒誕不經的傳奇或神力，亦聊以撫平內心不平之氣。這種將理想拉到人間，實可撫慰亂世飽經憂患的心靈。然而他仍須去面對現實，那麼，其幻夢終究要醒來，而重尋已無覓處。此由「實」到「虛」，「虛」又落「實」之路，魏晉士人生活、生命之「玄義」即此也。〔註7〕就是當時士人之矜奇尚美、貴虛尚玄，也可說是追求理想的表現。而志怪小說的大量創造，在他界的描述中，實寄託其理想。

（十）隱解與顯解；闇解與神解

向秀注《莊》，「隱解」《莊子》，妙演奇致，大暢玄風，令讀之者無不超然有振拔之情。此所以「絕倫」者，乃因「隱解」之故。「隱解」的相反辭是「顯解」，「顯解」而莫得旨統，今用「寄言出意」的方法，捨經而自作文，其的然「妙解」，超然「慧解」，乃用「達觀」以要其「會歸」，而不在「言表」上兜圈子。向郭一心想融通「儒、道」，故於方內、方外之對立，自然與名教之衝突，都加以「圓說」，對莊子捭擊儒家、周孔處，也用了「寄言出意」法，叫人要善讀不可拘執，這樣使莊子成了「涉俗蓋世」之談。郭象《莊子注‧序》云：「雖復貪婪之人，進躁之士，暫而攬其餘芳，味其溢流，彷彿其音影，猶足曠然有忘形自得之懷。」故呂安見此注，曰：「莊生不死矣」，莊子學說之得以宣揚，即本此「隱解」，隱解是舊注外之新解，是於「有」處窺其「無」，於「無」處見其「有」也。

至於音樂方面，有所謂的「闇解」與「神解」，《世說‧術解》1 載：

> 荀勗善解音聲，時論謂之「闇解」。遂調律呂，正雅樂。每至正會，

殿庭作樂，自調宮商，無不諧韵。阮咸妙賞，時謂「神解」。……於
是伏阮神識。

在此標出「闇解」與「神解」二目。其區別乃一為「調」、「正」而諧韵，仍
存有知識、經驗之性質，這是技精處自然準度節律。而「神解」存乎絕對音
感之「妙賞」，乃超越知識，入於化境，別人說不得，此仍先須是此中妙手，
然不以此為能，又憑靈光智悟，真契精微，「官知止而神欲行」、「技經肯綮之
未嘗」，與音樂之「精神」合而為一，入乎其中，又能出乎其外以得神趣，此
已超出知識、經驗，是機靈的甄定。故闇解可能有誤，神解則深入音聲之本
質，為理之必然如此，所以他直覺其不調，此為「闇解」所不及也。

此即庖丁解牛之以「神行神遇」，不以目視也。又如輪扁之斲輪：「不徐
不疾，得之於手，而應於心，口不能言，有數存焉於其間」（《莊子·天道》）。
按此「心凝」之境，即《莊子·天地篇》所云：

視乎冥冥，聽乎無聲。冥冥之中，獨見曉焉；無聲之中，獨聞和焉。

故深之又深而能物焉，神之又神而能精焉。

「神」即「玄」，不可言說，此固出乎天才及殊能，非盡人之所能，乃「以天
合天」（《莊子·達生篇》），直湊單微者。

（十一）痴與點之間

〈阮籍傳〉稱阮籍「當其得意，忽忘形骸，時人多謂之『癡』」。阮籍率
意獨駕，不由徑路，車跡所窮，慟哭而反，又登山興感，醉臥婦側等，看是
「癡」，而處於政治風暴中，為保全自己，實明且哲也。《世說·賞譽》62 又
載：「王藍田為人晚成，時人乃謂之『癡』。王丞相以其東海子，辟為掾。常
集聚，王公每發言，眾人競贊之。述於末坐曰：『主非堯、舜，何得事事皆是？』
丞相甚相歎賞。」《御覽》二百四十九引《語林》曰：「王藍田少有癡稱，王
丞相以地辟之。既見，無所他問，問：『來時米幾價？』藍田不答，直張目視
王公。王公云：『王掾不癡，何以云癡？』」據《世說》62 注引《晉陽秋》曰：
「述體道清粹，簡貴靜正，怡然自足，不交非類。雖群英紛紛，俊乂交馳，
述獨蔑然，曾不慕羨」，可見王述遜退，實為智者。另顧愷之號稱「癡絕」等。
按魏晉士人之真聰明者，每表現為對人情事理的無所通達，表面看來是癡，
知者知其不癡。如王湛有隱德，不逐名，癡名遠播，連晉武帝都知其癡，然
而談易則剖析入微，妙言奇趣，騎馬步驟有節，且識馬之優劣，談辯則滔滔
不絕，極其精微，使人聞言，「不覺懍然，心形俱肅」。（《晉書·王湛傳》）這

是聰明不外露也。又鄧粲《晉紀》曰：「王湛……初有隱德，人莫之知，兄弟宗族，皆以為癡。」就是其父王昶也認為他「癡」。顧愷之出語幽默，能成全他人的惡作劇，不與人計較，其癡不可及，桓溫批評他「癡黠各半」（《晉書‧顧愷之傳》），表面是癡，實際上是聰明絕頂，世傳其有「三絕」，其可見者癡，不見者黠，以眞率近狂，狂而不合世情，故目為「癡」耳。而又以其「癡」，乃能凝神專注於藝術創作，而臻乎最高的境界。

（十二）全生與護志

魏晉士人多排徊於「全生」與「獲志」的衝突中，誠如杜預在鎮，數餉遺洛中貴要，或問其故，預曰：「吾但恐為害，不求益也」（《晉書‧杜預傳》），為保身全家，扭曲自己以自迁，他們已來不及「護志」矣，而二者要兼顧唯有隱逸，然誠如張翰對顧榮說的：「天下紛紛，禍難未已。夫有四海之名者，求退良難。」（《晉書‧張翰傳》）此「出處兩難」，實當時士人心靈苦悶之癥結。「全生」與「護志」之掙扎，表現在阮籍身上，格外明顯，按阮籍本有「濟世志」，為了「全生」，由是不與世事，但也為了「保身」，為司馬氏所親，而任中郎、常侍等官，然為官又不親事，酣飲為常。所以阮籍的一切言行，「要皆有不得已三字者在」（黃節《讀阮嗣宗詩札記》），從〈詠懷詩〉可窺其徘徊遊疑，無限痛苦之情。

（十三）內外虛實

當時士人在行止方面，有外表看起來清高玄遠者，其實這是「假無欲以自通」（伏義〈與阮嗣宗書〉），為自己的貪鄙泛上清淡色彩而已！有外表悠閒恬靜，其實奔競鑽營不已，如對賈謐望塵而拜的潘岳、石崇等，竟有思歸求止足之作。又有何曾輩，「口說道義方，戶內滅芬芳」，而為阮籍所諷。另亦有內心進退維谷而借風雅之舉以排遣者。有內懷怨懟，而強作寬解者，如殷浩被黜放之後，「口無怨言，夷神委命」但終日書空作「咄咄怪事」（〈殷浩傳〉），且於送別其甥時，詠「富貴他人合，貧賤親戚離」句，因而泣下，可見其心跡也。類此失意者，每於玄寂豁達的言行中，縈繞著深沈之歡恨。

（十四）雅與俗

當時士人熱衷於「雅」，故產生矯情鎮物之態，他們不屑於俗，如王戎不忘俗情，阮籍就稱他「俗物已復敗人意」，王戎因答：「卿輩意豈復易敗耶？」（《世說‧排調》4）這又不俗了。

戴安道中年畫行像甚精妙，庾道季看之，語戴云：「神明太俗，由卿世情未盡。」戴云：「唯務光當免卿此語耳。」（《世說・巧藝》8）人言其不免「世情」，戴以人難免世情爲答，是不俗。又《世說・任誕》10：

> 阮仲容、步兵居道南，諸阮居道北。北阮皆富，南阮貧。七月七日，北阮盛晒衣，皆紗羅錦綺。仲容以竿挂大布犢鼻惲於中庭。人或怪之，答曰：「未能免俗，聊復爾耳。」

則諸阮鬥富爲俗，阮咸「未能免俗」，但以別出心裁，造成反諷，故「不俗」。「雅俗」所以區別人物的高下。《世說・品藻》74載：

> 王黃門兄弟三人俱詣謝公，子猷、子重多說俗事，子敬寒溫而已。
> 既出，坐客問謝公：「向三賢熟愈？」謝公曰：「小者最勝！」客曰：
> 「何以知之？」謝公曰：「吉人之辭寡，躁人之辭多，推此知之。」

此以寡言辭爲雅。《世說・言語篇》63載：

> 支道林常養數匹馬。或言道人畜馬不韻，支曰：「貧道重其神駿。」

此以和尚養馬爲「不雅」，以太世俗化之故。然重「神駿」則又「不俗」。《世說・言語篇》45又載：

> 佛圖澄與諸石遊，林公曰：「澄以石虎爲海鷗鳥。」

又〈言語〉48：

> 竺法深在簡文坐，劉尹問：「道人何以遊朱門？」答曰：「君自見其朱門，貧道如遊蓬户。」

是以能「入」又能「出」，任性而往，隨性而可，「無心」「順有」，則有而不有。則與世俗處，不害其神氣也。其若王衍之「口不言錢」而貪生怕死者，則矜雅反俗矣。

魏晉是純粹理智思辨最爲發達的時代，而一組「有無」之概念，可推到溝通儒道，泯合自然與名教之衝突，並推廣到政治、社會、及人生各層面，其內涵極豐富，極生動有趣。而「有、無」之由分而合，合而又能超越，此即是「玄」境、「神」境，魏晉士人無不在追求此「玄」境。從當初阮瞻「將毋同」之妙答，已透露此消息！因爲魏晉人「戶咏恬曠之辭，家畫老莊之像」（《晉書・嵇含傳》），老莊成了他們安身立命之憑藉，尤其莊子精神的落實到他們的日常生活言行之間，最顯明的表現在「人之自覺」上，[註8] 人之覺醒，

〔註8〕《世說・品藻》35：「桓公少與殷侯齊名，常有競心。桓問殷：『卿何如我？』殷云：『我與我周旋久，寧作我。』」又〈方正〉20：「王太尉不與庾子嵩交，

故能突破舊傳統、舊的價值，而標榜「美」，追求「玄」，他們強調內在智慧，高超的精神，而在言行上，自然的流露出脫俗不群，他們講「氣韻」、「風神」、「簡傲」，一種說不出的趣味，這就是魏晉之精神面貌，而這種特殊之風度，正由他們鍥而不捨的「參玄」，始能「見機」而有智。吾人欲眞正了解魏晉士人之言行生活，本身亦需具備高度的「個體自覺」，唯有高度的個體自覺，才能「契」入魏晉士人那麼高度自覺所講出的任何一句話，所表現的任何一種行爲；同時，也才能揭發魏晉名士每擺盪於超越與沈淪之間，今人在人倫臧否時，當入其中，又能出其外，庶幾能辨淄澠。

庾卿之不置。王曰：『君不得爲爾。』庾曰：『卿自君我，我自卿卿。我自用我法，卿自用卿法。』」此皆見個體自覺意識之高張也。當時士人競門第，誇才辯，逞文思，較豪奢，竭智盡慮以顯一己之超卓。

附錄一：影響魏晉學風與世風之名士風流與清談玄論表體例

一、本表所列僅限於較能代表魏晉風尚者。

二、本表所列人物、言論、行為及影響，可供讀者參考，以掌握魏晉士人風貌、學術文化及社會之各層面。

三、本表多取材自《三國志》、《晉書》、《世說新語》、《高僧傳》及其注，另參類書所引文獻。

四、本表人物先後次序，自以其活動及交往為憑，偶有因生卒年不詳，或應陳述需要而略有調整。

影響魏晉學風與世風之名士風流與清談玄論表

人　物	著　作	言　行	影　響
王充 （約西元27～97年）	論衡 無鬼論 骨相	主張順氣以言性，性成命定。詮輕重之言，立真偽之事，反讖緯，反鬼神	釋物類同異，正時俗嫌疑，自言其作在疾虛妄。孔融、阮籍受其影響，如〈大人先生傳〉中「蝨虱」之喻出自《論衡》〈物勢〉、〈怪奇〉、〈卜筮〉各篇。破迷信的理性思想與性成命定說影響魏晉性分說及自然論。
戴良 （生卒年不詳）		本傳：及母卒，兄伯鸞居廬啜粥，非禮不行，良獨食肉飲酒，哀至乃哭，而二人俱有毀容。或問良曰：「子之居喪，禮乎？」良曰：「然。禮所以制情佚也，情苟不佚，何禮之論？夫食旨不甘，故致毀容之實。若味不存口，食之可也。」論者不能奪之，議論尚奇，多駁流俗。	重情遺禮，影響阮籍、王戎。
馬融 （西元79～166年）		《後漢書》本傳：為人美辭貌、有俊才，達生任性，不拘儒者之節。常坐高堂，施絳紗帳，前授生徒，後列女樂。謂友人言：「生貴於天下也，今以曲俗咫尺之羞、滅無貲之軀，殆非老莊所謂也。」	影響魏晉達生、任性、貴己之觀念。
郭泰 （西元128～169年）	自著書一卷，論取士之本	范滂云：「（林宗）隱不違親，貞不絕俗，天子不得臣，諸侯不得友。」「不為危言覈論，故宦官擅政而不能傷也。」善談論、美音制，善人倫，性明知人，好獎訓士類。	本傳：「泰之所名，人品乃定，先言後驗，眾皆服之。」「後歸鄉里，衣冠諸儒，送至河上，車數千輛，林宗與李膺同舟而濟，眾賓望之，以為神仙焉。」

			又：「容貌魁偉，褒衣博帶，周遊郡國，嘗於陳梁間行，遇雨、巾一角墊，時人乃故折巾一角，以爲林宗巾，其見慕如此。」葛洪《抱朴子・正郭篇》：「林宗才非應朝，器不絕倫，……行自衒耀……收名赫赫……，遂使聲譽翕熠，秦、胡景附。」是風流之先聲。
李膺 （西元？～169 年）		《世說・德行》4：「後進之士有升其堂者，皆以爲登龍門。」 〈符融傳〉載其折晉文經、黃子艾之虛僞。	《世說・賞譽》2：「世目李元禮（膺）：『謖謖如勁松下風。』」 太學中語曰：「天下楷模李元禮。」（《後漢書・黨錮列傳》）
黃憲 （生卒不詳）		郭林宗詣黃叔度流連彌日信宿。人問其故？答曰：「叔度汪汪，如萬頃之陂，澄之不清，擾之不濁，其器深廣，難測量也。」（〈德行〉3）周子居云：「吾時月不見黃叔度，則鄙吝之心已復生矣」（〈德行〉2）	此劉劭所論的中和平淡一格，具道家大人之境，非儒家建功立業之流。
許劭 （西元150～195 年） 許靖 （約西元 152～222年）		〈許劭傳〉言劭評曹操曰：「君清平之奸賊，亂世之英雄。」	〈許劭傳〉：「天下言拔士者，咸稱許、郭。」愛樂人物，誘納後進。 又：「與靖俱有高名，好共覈論鄉黨人物，每月輒更其品題，故汝南俗有『月旦評』焉。」
孔融 （西元153～208 年）	聖人優劣論 汝潁優劣論 周武王漢高論	本傳：「（融）前與白衣禰衡跌蕩於言，云：『父之於子當有何親？論其本意實爲情欲發耳。子之於母，亦復奚爲？譬如寄物瓶中，生則離矣。』」又：「年十三喪父，哀悴過毀，扶	曹操嘗謂：「世人多採其虛名，少于核實，見融浮艷，好作變異，眩其誑詐，不復察其亂俗。」（《三國志・魏志・崔琰傳》注引《魏氏春秋》）反曹操之逆，而被曹操指爲修浮華。

		而後起，州里歸其孝。」天性樂善，戲謔笑傲。早知夙慧，通辯能言，豪氣直上，常歎：「坐上客恆滿，尊中酒不空，吾無憂矣。」	
禰衡 （西元173～198年）		本傳：「裸立擊鼓，為漁陽參撾，蹀躞而前，容態有異，聲節悲壯，聽者莫不慷慨。」常稱曰：「大兒孔文舉，小兒楊德祖，餘子碌碌莫足數也。」融亦深愛其才。	葛洪《抱朴子·彈禰》以斥之。以其氣尚剛傲，好矯時慢物，疾惡如仇，飛辯騁辭，見曹操雄詐漸著，數不能堪，故冷嘲熱諷，為一代狂士之代表。
司馬徽 （西元？～208年）	與劉廙論運命歷數事	《世說·言語》9注引〈司馬徽別傳〉：「司馬徽有人倫鑒識。……時人有以人物問徽者，初不辨其高下，每輒言佳，其婦諫曰：『人質所疑，君宜辨論，而一皆言佳，豈人所以咨君之意乎？』徽曰：『如君所言，亦復佳。』」	此依稀其旨者。阮籍之「言皆玄遠」、「難以情測」，與此相同。人稱為「水鏡先生」。曾薦諸葛亮、龐統。
曹操 （西元155～200年）	三次求賢令 短歌行	用人唯才是舉。三次求賢，尚刑名。	建安十五、十九、二十二年三次求賢令唯才是舉。顧炎武《日知錄·論兩漢風俗》云：「（孟德）崇獎跅弛之士，觀其下令再三，至於求負汙辱之名，見笑之行，不仁不孝，而有治國用兵之術者。於是權詐迭進、姦逆萌生。……夫以經術之治，節義之防，光武明章數世為之而未足，毀方敗常之俗，孟德一人變之而有餘。」
葛玄 （西元164～244年）	道德經序	精於仙道	吳大帝時方士。

魏諷 （西元？～219年）		以才智顯，傾動鄴都，名重當世，自公卿以下皆傾心交之，建安二十四年謀誅曹操，事洩被曹丕所誅。	修浮華，事交遊，以結黨助，被視爲浮華的代表，識者預知其爲禍，足以亂世敗俗。
曹丕 （西元187～226年）	《典論・論文》	《世說・傷逝》1：「王仲宣好驢鳴，既葬，文帝臨其喪，顧語同遊曰：『王好驢鳴，可各作一聲以送之。』赴客皆一作驢鳴。」善彈棊。	傅玄曰：「近者魏武好法術，而天下貴刑名；魏文慕通達而天下賤守節。」獎勵文學，標舉文章爲經國大業，不朽盛事，開啓「文學自覺」的思潮。
曹叡 （西元204～239年）		太和四年詔斥浮華不務道本者。太和六年董昭上疏，奏除合黨連群之風，明帝乃發切詔免諸葛誕、鄧颺等。令劉邵作「都官考課法」。青龍三年大治洛陽宮，直臣切諫。	斥浮華，申名法。
曹植 （西元192～232年）	釋愁文、釋疑論、辨道論、相論	性簡易，不治威儀，任性而行，飲酒不節。	與曹操、曹丕合稱「三曹」。善詩文，有文才，能「七步成詩」，鍾嶸列爲上品。爲建安文學之首。
陸績 （西元187～219年）	周易注、渾天儀說、述玄		「渾天說」爲最重要的天文思想之一。
王基 （西元190～261年）	時要論	明帝大興土木切諫之。	切世事、糾浮弊
華歆 （西元157～232年）	請受禪上言	據華嶠《譜敘》：淡於財欲，爲眾所義，能劇飲，陳群嘆其「通而不泰，清而不介」。又薦管寧，遇子弟甚整，閑室之內儼若朝典。	避地江南者甚眾，皆出其下，人人望風。有識度，爲王朗所推。
管寧 （西元158～241年）		與華歆、邴原相善。年十六喪父，中表愍其孤貧，咸共贈賻，悉辭不	《世說・德行》11 載管寧、華歆共園中鋤菜，見地有片金，管揮鋤與瓦石

		受。史評：「淵雅高尚，確然不拔。」妻卒，知故勸更娶，寧曰：「意常嘉之，豈自遭之而違本心哉？」	不異，華捉而擲去之。又嘗同席讀書，有乘軒冕過門者，寧讀書如故，歆廢書出看。寧割席分坐曰：『子非吾友也。』」為清高足以淨俗者。
諸葛亮 （西元181～234年）	出師表	《出師表》言「鞠躬盡瘁，死而後已！」人稱「臥龍」，佐劉備，與魏、吳三足鼎立。	諸葛亮與司馬懿治軍渭濱，尅日交戰，懿戎服蒞事，使人視亮，獨乘素輿，葛巾毛扇，指麾三軍，隨其進止，懿歎曰：「諸葛君可謂名士矣。」（〈諸葛亮傳〉注引《世說》）
諸葛靚 （生卒年不詳）		父諸葛誕叛，入質於吳，孫皓問曰：「卿字仲思，為何所思？」對曰：「在家思孝，事君思忠，朋友思信，如斯而已。」	以其父被司馬昭所殺，於吳亡入洛後，誓不見晉武帝，靚姊為武帝叔母，因靚在姊間，乃往見之，靚逃於廁中。屢召不起，常背洛而坐。時嵇紹死父仇，而全其忠，談者咸曰：「觀紹、靚二人，然後知忠孝之道區以別矣！」
劉廙 （西元180～221年）	政論 刑禮論	司馬徽稱其「黃中通理」，以「清鑒」著，為曹操謀士。主考課督實、去偽存真，為奉法、憂公、恤民之良吏。以符讖勸曹丕受禪。	善陰陽、讖緯、天文、曆數之學。主「刑先禮後」之治道，務切時要。
桓範 （西元？～249年）	世要論	世為冠族，魏明帝時為中領軍，賞士愛才，性剛烈。曹爽時拜大司農，高平陵事變時毅然赴難，勸曹爽奉帝幸許，號令天下兵，但曹爽不聽，終被族誅。	有「智囊」之號，與何晏同日被司馬氏斬戮，當時有天下名士一日減半之言。〈世要論〉為其治國方略，主「德主刑輔」，用人循名責實。
蔣濟 （西元188～249年）	萬機論	每次獻策，帝若不從，皆敗；帝若從之，皆勝。高平陵政變時，為司馬氏所借重，用以招服曹爽。	觀睟子引「言意」為說。

杜恕 （西元 198～252 年）	體論 篤論 與性論	正色直節，不飾名譽，在朝不結交援，爲黃門侍郎，每正言諫諍，出爲幽州刺史。因事被彈劾，而遭流放。	與司馬懿不合，屢在外任，議劉卲考課論，著〈體論〉成一家言，主爲政以德，法不可偏廢，審聽察，重擇人，謹言明誠。
范粲 （西元 202～285 年）		司馬師廢齊王芳于金墉城，粲陽狂不言，寢所乘車，足不履地，三十六載，拒司馬氏之征召。	激貪止競，足以矯俗
楊泉 （生卒年不詳）	物理論	清操自然。言立天地者，水也，成天地者，氣也。	主「氣一元」論，言氣，自然之體。在天文上，主鈞天說。人含氣而生，精盡而死。批判浮華、清談。
劉卲 （西元？～245 年）	人物志 都官考課論	循名覈實，分數精比。值英雄馳騁天下之時，乃申論「英雄」一格。	提出鑒別人物有「八觀」、「七繆」之說。爲總結漢代人倫鑒識之理則。考課法，事下三府，制下百僚。知人、用人之準則。玄學一多、體用、主從觀念及聖人中和平淡之說，多本劉卲。
姚信 （生卒年不詳）	士緯、昕天論、姚氏新書。	言孔文舉金性太多，木性不足。昕天論爲重要天文學說，以五行論人物。	
荀粲 （西元 203～231 年）	言不盡意論	《世說・惑溺》2 載荀奉倩與婦至篤，冬月婦病熱，乃出中庭自取冷，還以身熨之。婦亡，奉倩後少時亦卒。以是獲譏於世。奉倩曰：「婦人德不足稱，當以色爲主。」	言「六籍雖存，固聖人之糠粃」。爲正始玄風之先導。尚玄遠，指功名志向不等於識略。
曹爽 （西元？～249 年）		與司馬懿輔佐齊王芳，重用浮華之士，如夏侯玄、何晏、鄧颺、李勝，奪司馬懿之權，尊之爲太傅。伐蜀不成，造成民怨，改制失敗，反失民心，貪圖享樂。	促成正始玄風，並造成高平陵事變，司馬黨終取代曹氏，曹黨悉被肅清，當時有「名士一日減半」之說。士人因之噤若寒蟬，佯狂自污。影響一代士風。

〔正始名士〕			袁宏〈名士傳〉以夏侯太玄、何平叔、王輔嗣為正始名士。顧炎武《日知錄》:「正始時名士風流,盛於洛下,乃其棄經典而尚老、莊,蔑禮法而崇放達。」
夏侯玄 （西元209～254年） 〔正始名士〕	辨樂論 難劉邵考課論 道德論 與劉陶論「仲尼不聖」 時事議	風格高朗,宏辯博暢,亦正始談座之佼佼者。世名知人,正始中,盛有名勢,為「四聰」之一。為「正始改制」提出辯解。以反司馬篡權被誅。	裴令公目夏侯太初:「蕭蕭如入廊廟中,不修敬而人自敬。」（《世說·賞譽》8）至死不與鍾會交,亦不與陳騫交。曰:「可得同,不可得而雜。」（《世說·方正》7）此自覺意識拓之已深也。
何晏 （西元？～249年） 〔正始名士〕	無名論 道論 聖人無喜怒哀樂論 論語集解 景福殿賦 言志詩	開清談之風氣,號稱「正始之音」。服寒食散,動靜粉白不離手,行步顧影,風流自賞。正始中晏主選舉,內外眾職各的其才。維護曹魏而終被誅。	《世說·文學》6注引《文章敘錄》:「晏能清言,而當時權勢、天下談士,多宗尚之。」 《顏氏家訓·勉學篇》:「何晏、王弼祖述玄宗、遞相誇尚,影附草靡。」 《文心雕龍·論說》:「何晏之徒,始盛玄論,於是聃周當路,與尼父爭塗矣。」錢大昕《潛研堂集》有〈何晏論〉一文。 集釋《論語》開援道釋儒之學風,千載不廢。
王弼 （西元226～249年） 〔正始名士〕	易、老注 老子指略 周易略例 論語釋疑 貴無論 聖人體無論	正始談界代表,論理為一坐所不及,(裴)徽問(弼)曰:「無者,誠萬物之所資,聖人莫肯致言,而老子申之無已,何邪?」弼曰:「聖人體無,無又不可訓,故言必及有,老莊未免於有,恆訓其所不足。」（《世說·文學》8）	與何晏開正始玄風。范寧〈罪王何論〉:「王、何蔑棄典文,不遵禮度,游辭浮說,波蕩後生。飾華言以翳實,騁繁文以惑世。搢紳之徒,翻然改轍,洙泗之風緬焉將墜。」「貴無」論波蕩所及,士流競以任誕為高,故裴頠作「崇有」論以糾之。
何曾 （西元199～278年）		每飯萬錢,猶曰無下箸處。奏阮籍敗禮傷教,宜流放海外。	為阮籍所諷刺的標準虛偽的「文俗之士」。

孫登 （生卒年不詳）與 嵇、阮同時		隱龍門山修道，與阮籍長嘯相和，籍歸作〈大人先生傳〉，又誡嵇康露才用光，才多識寡，難免於今之患。	嵇臨刑爲詩自責：「昔慚柳惠，今愧孫登」。
阮武 （生卒年不詳）	阮子正論	爲闊達博通的淵雅之士，有才落拓，位清河太守。《世說・賞譽》13 載王戎目阮文業：「清倫有鑒識，漢元以來，未有此人。」	善知人，知杜恕之耿介，勉其著作，立言不朽。又見阮籍而偉之，以爲勝己。
嵇喜 （西元 220～270 年）	嵇康別傳 答嵇康詩	居謹守禮，重事功，有當世才。曹魏時投軍，嵇康與詩勸阻，晉時歷徐州刺史、揚州刺史。	呂安比之爲「凡鳥」，阮籍以「白眼」對之，爲志在鐘鼎，以建功業，務守名教之防者。
仲長敖 （生卒年不詳）	覈性賦	直言無隱，不作諛語，慟世亂俗衰，反社會，不滿於現實。	發揮性惡說，以「裸蟲三百，人最爲劣」，肇因其「唯賴詐僞，迭相嚼齧」。
麋元 （生卒年不詳）	譏許由 弔夷齊文	歷散騎常侍。	以許由矯俗干名，背俗逆命。輕天下，不能佐天理物，拔濟生民，故亦無可取。又〈弔夷齊文〉，則以朝代更替爲常，質夷齊何以背周深藏？此諷隱士之自私、拘執不通。
〔竹林名士〕			《世說・任誕》1：「陳留阮籍、譙國嵇康、河間山濤，三人年皆相比、康年少亞之。預此契者，沛國劉伶、陳留阮咸、河內向秀，琅邪王戎，七人集於竹林之下，肆意酣暢，故世謂竹林七賢。」 《晉陽秋》：「于時風譽扇於海內，至於今咏之。」
山濤 （西元 205～283 年） 〔竹林名士〕	山公啓事	薦嵇紹，言「天地四時，猶有消息，而況人乎？」爲吏部尚書，拔無所遺。隱身自晦，孫	《世說・政事》5：「山公以器重朝望，年踰七十猶知管時任。貴勝年少，若和、裴、王之徒並共宗

		綽鄙之曰：「吏非吏，隱非隱。」《晉書》卷四十三：「性好莊老，每隱身自晦。」	詠。」又：「山司徒前後選，殆周遍百官，舉無失才，凡所題目，皆如其言。」（《世說・政事》7）〈賞譽〉8：「王戎目山巨源：『如璞玉渾金，人皆欽其寶，莫知名其器。』」
阮籍（西元210～263年）〔竹林名士〕	通易論通老論樂論達莊論大人先生傳詠懷詩獼猴賦清思賦	《世說・德行》15「晉文王稱阮籍至慎，每與之言，言皆玄遠，未嘗臧否人物。」值天下多故，名士少全，由是不與世事，酣飲為常。言「禮豈為吾輩而設。」（〈任誕〉7）母死，飲酒食肉。醉眠酒家婦側、兵家女死往哭送之。嫂歸寧，籍相見與別。率意獨駕，不由徑路，車跡所窮，慟哭而返。登廣武，觀楚漢戰處，曰：「時無英雄，使豎子成名。」拜東平相，乘驢到郡，壞府舍屏障，使內外相望，旬日而還。能青白眼，見禮俗之士以白眼對之。聞兒殺母者，曰：「嘻！殺父乃可，至殺母乎？」蓋殺父為禽獸，殺母則禽獸不如。	王隱《晉書》：「魏末阮籍嗜酒荒放、露頭散髮、裸裎箕踞。其後貴遊子弟阮瞻、王澄、謝鯤、胡毋輔之之徒，皆祖述於籍，謂得大道之本。故去巾幘、脫衣服、露醜惡、同禽獸。甚者名之為通，次者名之為達也。」劉琨〈與盧諶書〉：「遠慕老莊之齊物，近嘉阮生之放曠。」《文心・才略》：「阮籍使氣以命詩。」《晉書・姚興載記》：「（姚興）時，京兆韋高慕阮籍之為人，居母喪、彈琴飲酒，（給事黃門侍郎古成）詵聞而泣曰：『吾當私刃斬之，以崇風教。』遂持劍求高。詠懷詩：「厥旨淵放，歸趣難求」。《抱朴子・刺驕》：「世人聞戴叔鸞、阮嗣宗傲俗自放，見謂大度。而不量其材力，非傲生之匹，而慕學之。」宋・陳善評其「殺父乃可」之言為非。
嵇康（西元223～262年）〔竹林名士〕	與山巨源絕交書養生論聲無哀樂論難自然好學論聖賢高士傳	「非湯武而薄周孔。」「越名教而任自然。」本傳：「王戎自言與嵇康居二十年，未見其慍喜之色。」鍾會求見，康「揚槌不輟，傍若無人，移時不	《世說・文學》21：「王丞相過江左，止道〈聲無哀樂〉、〈養生〉、〈言盡意論〉三理。」其中〈聲無哀樂〉、〈養生論〉乃嵇康之理，影響甚大。《文心・才略》嵇康師心以遣

	明膽論 太師箴 釋私論 管蔡論	交一言。」言老子、老周，吾之師也。其形姿鶴立雞群，臨刑，奏「廣陵散」，嘆「廣陵絕響」。言作官有「七不堪、二不可」。	論」。〈竹林七賢論〉：「是時竹林諸賢之風雖高，而禮教尚峻，迨元康中，遂至放蕩越禮。」
劉伶 （西元約 221～300年） 〔竹林名士〕	酒德頌	「以細宇宙齊萬物為心。」出遊必載酒，使人荷鍤以隨曰：「死便埋我」，自言：「五斗解醒」。《晉書》：「常縱酒放達，或脫衣裸形在屋中。」盛言無為之化。	土木形骸，遨游一世，以酒為名，幕天席地，縱意所如。頌「酒德」，千古受其影響。
向秀 （西元？～272年） 〔竹林名士〕	思舊賦 難嵇康養生論 莊子注 儒道論	〈秀別傳〉：「康被誅，秀遂失圖，乃應歲舉到京師、詣大將軍司馬文王，文王問：『聞君有箕山之志，何能自屈。』秀曰：『常謂彼人不達堯意，本非所慕。』一座皆悅。」 樂遊浪，不慮家之有無，外物不足怫其心。 於晉初朝局「朋黨紛然」，向秀蕭屑卒歲，入世容跡而已。	呂安嘆秀《莊子注》曰：「莊子不死矣。」〈竹林七賢論〉：「秀為此義、讀之者無不超然，若已出塵埃，而窺絕冥，始了視聽之表，有神德玄哲，能遺天下，外萬物，雖復使動競之人，顧觀所徇，皆悵然自有振拔之情矣。」 本傳：「惠帝時郭象又述而廣之，儒墨之迹見鄙、道家之言遂盛。」與嵇康論「養生」辭難往復，蓋欲發康之高致。〈答養生論〉云：「有生則有情，稱情則自然，若絕之而外之，則與無生同，何貴於有生哉！」此重視情欲！隱解《莊子》，振起玄風。
阮咸 （生卒年不詳） 〔竹林名士〕	《易注》 論樂律	任達不拘，妙解音律，善彈琵琶，號稱「神解」。七月七，挂犢鼻褌於庭。《世說》載：以大甕盛酒與羣豬共飲。追鮮卑婢，曰：「人種不可失。」又「尚道棄事」。	神解音律，評荀勗音準有誤。 郭奕少所推先，見咸心醉。

王戎 （西元234～305年） 〔竹林名士〕		以「死孝」稱，遭艱，幾滅性。嗇儉好營利，任率，與世浮沉，善發談端。 家有好李，賣之，恐人得種，恒鑽其核。女貸錢數萬，未還，戎色不悅。從子婚，與一單衣，後更責之。（〈王戎傳〉） 晦默於危亂之際。	本傳引傅咸奏劾王戎曰：「戎不仰依堯舜典謨，而驅動浮華，虧敗風俗非徒無益，乃有大損，宜免戎官，以敦風俗。」以儉嗇，營利自晦，然亦爲世所譏，王濟稱其「談子房季札之間，超超玄著。」（〈王戎傳〉） 王戎玄：「情之所鍾，正在我輩。」（《世說·傷逝》4）
阮侃 （生卒年不詳）	與嵇康論「宅無吉凶攝生」。	有俊才，飭以名理，風儀雅潤，與嵇康友。	論「宅無吉凶」，以世俗禁忌皆出於無知迷信，於養生主張「性命自然」；嵇康對此則多伸發詰難。妹嫁許允，雖貌醜而有德藝，責備許允「好色不好德」，贏得允之敬重，展現魏晉婦女聰慧具識見之新形象。
伏義（生卒年不詳，約與阮籍同時）	與阮嗣宗書		譏阮籍排摧禮俗，非情性自得，於規時立業及娛情養神兩皆失落。
劉昶（公榮） （生卒年不詳）		自言「勝公榮者，不可不與飲；不如公榮者，亦不可不與飲。是公榮輩者，又不可不與飲」，故終日共飲而醉。（見《世說·任誕》4）爲人通達，性好酒。阮籍與王戎酬酢，公榮不蒙一杯，却各自得。	爲物論所先。
王湛 （西元249～295年）		少有識度而晦其智。床頭每置《周易》。 與其姪王濟談《易》，湛剖析玄理，微妙有奇趣。善識鑒。	王濟歎曰：「家有名士，三十年而不知，濟之罪也。」（《世說·賞譽》17）是人稱其「癡」而實美者。
羊祜 （西元221～278年）		樂山水，每風景，必造峴山，置酒言詠，終日	襄陽百姓於峴山祜平生遊憩之所建碑立廟，歲時

		不倦，善識鑒。開設庠序，廣修德信，吳人稱爲「羊公」。	饗祭，望其碑者莫不流涕，杜預因名爲「墮淚碑」。（〈羊祜傳〉）
孫楚 （西元約 218～293年）	除婦服詩 反金人銘	才藻卓越，爽邁不群，與王濟交好，王濟喪時，孫楚爲其驢鳴。主立言可長久，莫怕禍而緘其口。	濟讀〈除婦服詩〉，言：「未知文生於情，情生於文，覽之淒然，增伉儷之重。」知孫楚文才超然出類，卻以負才任誕而沈廢。
何劭 （西元236～302年）	荀粲傳 王弼傳	何曾次子，博學善屬文，驕奢簡貴有父風，不貪權勢，及三王交爭，劭以軒冕游其間，無怨之者。位至太宰。	爲荀粲、王弼作傳，頗能呈顯二人學術之精要及其影響。
袁準 （西元約 237～316年）	才性論 正論 正書	曾向嵇康學〈廣陵散〉，嵇康靳固不與。善清言，不恥下問，以清氣生美，濁氣生惡，性言其質，才名其用，爲才性論之重要概念。	阮籍醉於袁準處，未作勸進表，被催促乃寫。以體用論德、才，別具一說，影響才、性論述。
劉陶 （西元？～255年）		善論縱橫，高才而薄行。	與夏侯玄論「仲尼不聖」。與王弼談辯，每屈弼，然弼天才卓出，當其所得莫能奪也。
管輅 （西元210～256年）	易義	精於術筮、五行、占相、天文、音律之學。與單子春，郭恩、劉長仁、諸葛原、裴徽、何晏、鍾毓、劉邠、石苞、徐季龍等論「五行、鬼神、災異、風角、音律、鳥鳴」諸事。	王隱《晉書》：「（郭）璞消災轉禍，扶厄擇勝，時人咸言京、管不及。」《世說・規箴》6：「何晏、鄧颺令管輅作卦云：『不知位至三公不？』卦成，輅稱引古義，深以戒之，颺曰：『此老生之常談！』晏曰：『知幾其神乎？古人以爲難，交疏吐誠，今人以爲難。今君一面盡二難之道，可謂『明德惟馨』。詩不云乎：中心藏之，何日忘之！』
傅嘏 （西元209～255年）	才性論 （才性同）	精練名理。 〈文學〉9 注引《傅子》：「嘏既達治好正，	《南史・隱逸傳》：「會稽孔珪嘗登嶺尋歡，共談四本。歡曰：『蘭石（嘏）

	難劉邵「都官考課論」	而有清理，識要，好論才性，原本精微，尠能及之。」 評夏侯玄、何晏、鄧颺等虛浮。	危而密，宣國（李豐）安而疏，士季（會）是而非，公深（廣）謬而是。』 《世說·文學》34 云：「殷浩於才性四本偏精。」
李豐 （西元204～254年）	才性論 （才性異）	善識別人物，然傾巧機變，善弄政治。	《魏志·夏侯尚傳》注引《魏略》云：「曹爽專政，豐依違二公間，無有適莫，故于時有謗書曰：「曹爽之勢熱如湯，太傅父子冷如漿，李豐兄弟如游光。」
王廣 （西元207～251年）	才性論 （才性離）	分析曹爽「正始改制」失敗之因在「驕奢失民」。	有風量才學，名重當世。
鍾會 （西元225～264年）	才性論 （才性合） 老子注 芻蕘論	與荀顗論「易無互體」。 與時人論史漢人物，如夏少康漢高祖優劣。 為司馬昭之智囊，於「庭論」中誣嵇康負才亂群惑眾，康終被殺。	鍾會作才性論，集合前者而成〈才性四本論〉。《魏志·鍾會傳》：「嘗論易無互體，才性同異。及會死後，于會家得書二十篇，名曰道論，而實刑名家也。」
李康 （西元約 196～265年）	運命論	性介立，不能和俗，政有美績。	從「五德更運」觀點出發，探討國家治亂與個人出處問題，強調「治亂，運也；窮達，命也；貴賤，時也」肯定命運，非人為努力所能改變。
荀顗 （西元202～274年）	與何晏等共撰《論語集解》	顗年踰耳順，孝善蒸蒸，以母憂去職，毀幾滅性，海內稱之。 顗明三禮，知朝廷大儀，而無質直之操，唯阿意苟合於荀勗、賈充之間。	本傳：「難鍾會『易無互體』。」與扶風王司馬駿辯「仁孝孰先」見稱於世。 釋荀粲、傅嘏之義，通彼此之懷。

和嶠 （西元？～292年）		直言司馬衷（時為太子）「聖質如初」，天下謂之為忠。性雅正，疾荀勖之詔諛，不與共車。	和嶠為令，荀勖為監，本監、令共車，因嶠強抗，專車而坐，自此始監、令異車。
王濟 （西元247～292年）		少有逸才，能清談，善《易》。 奢豪，以人乳飲狁，編錢匝地，時號「金溝」。	《世說·術解》4注引《語林》：「武子性愛馬亦甚別之。故杜預道：『王武子有馬癖。和長輿有錢癖。』」
裴徽 （西元約 209～255年）		有高才遠度。 善言玄妙，每論易與老莊之道。	參與太和談座，能釋荀粲、傅嘏之爭，使兩情皆得，彼此俱暢。 與管輅清論終日。 與王弼談「聖人體無」。
成公綏 （西元231～273年）	嘯賦 天地賦 錢神論	口訥不能談論，默而內朗，人有劇問，以筆墨答之。	其賦善敷演，「嘯」為魏晉士人發天地之情，邁向洪荒之境。
荀勖 （西元？～289年）		司馬昭時，與裴秀、羊祜共掌機密，晉初建，與賈充共定律令、修律呂，依附賈充，遺佞媚之譏，宜入「佞幸傳」。	按鄭默《中經》另作《新簿》，將典籍分成甲、乙、丙、丁四部。善解音聲，號稱「闇解」，正雅樂。
夏侯湛 （西元約 243～291年）	抵疑、莊周贊、家風詩	容貌俊美，與潘岳友善，時人謂之「連璧」。	夏侯湛早年受儒家教育，自稱「獨雍藝文，蕩駘儒林，志不輟著述之業，口不釋雅頌之音。」著〈抵疑〉以自我寬慰。
李充 （西元250～320年）	學箴 釋莊論	好刑名、抑虛浮。 稱聖教救末，老莊明本，殊途而教一。善楷書。	兼綜儒玄，視放誕為離本。
王沈 （生卒年不詳）	釋時論	不與世浮沈，為豪門所抑。	指「百辟君子，奕世相生，公門有公，卿門有卿。」諷高門之壟斷。
杜嵩 （生卒年不詳）	任子春秋		疾時而作。

魯褒 （生卒年不詳）	錢神論	憤世嫉俗，隱居而終，諷有錢可使鬼。	疾時者共傳其文。
蔡洪 （生卒年不詳）	孤憤論	有才名，善辯，由吳入洛。	所作〈孤憤論〉與〈釋時〉意同，讀之者莫不歎息。
杜預 （西元222～284年）	春秋左氏傳集解	自言有「左傳癖」。人稱爲「杜武庫」，言其無所不有。	好名，刻石爲二碑，記其勛績，一沈萬山下，一沈峴山下，言：「焉知此後不爲陵谷乎？」
張華 （西元232～300年）	鷦鷯賦 輕薄篇 女史箴 博物志	《晉書》：「少自修謹，造次必以禮度，勇於赴義。篤於周急，器識弘曠，時人罕能測之。」何劭評張華「處有存無」，爲趙王倫所殺，天下痛之。	盡忠匡輔，彌縫補闕，雖當闇主虐后之朝，而海內晏然，華之功也。華懼后族之盛，作〈女史箴〉以爲諷。誘進人物，至於窮賤侯門之士，有一介之善，皆爲延譽。
傅玄 （西元217～278年）	傅子	斥貴遊浮華。《晉書》：「少孤貧，博學善文，解鍾律，性剛勁亮直，不能容人之短。」 玄天性峻急，不能有所容，每有奏劾，或值日暮，捧白簡，整簪帶竦踊不寐，坐而待旦。於是貴遊懾伏，台閣生風。	王沈曰：「省足下所著書，言富理濟，經綸政體，存重儒教，足以塞楊墨之流遁，齊孫孟於往代。每開卷，未嘗不歎息也。『不見賈生，自以過之，乃今不及。』信矣。」 對於虛玄之風，放蕩之論盈於朝野，造成綱維不設，頗爲憂心，故大聲疾呼，撰文砭之。強調經世致用。
皇甫謐 （西元214～282年）	玄守論 釋勸論 篤終論 高士傳 列女傳 帝王世紀	《晉書》稱其沉靜寡欲始有高尚之志，以著述爲務，自號玄晏先生。耽翫典籍，忘寢與食，時人謂之「書淫」。或有箴其過篤將損耗精神，謐曰：「朝聞道，夕死可矣，況命之修短分定，懸天乎？」	服寒食散以避仕途。 主張裸葬。雜揉儒道思想。〈玄守賦〉明出處之節，不受徵辟。採「身不屈于王公，名不耗於終始」之高士作傳，以屬濁激貪。
魯勝 （生卒年不詳）	注墨辯序 刑名 正天論	《晉書·魯勝傳》曾云：「名必有形，察形莫如別色。」故有堅白之辯	於名辯術有功。當歲日望氣，知將來多故，便稱疾去官，爲能見機而隱。

歐陽建 （西元？～300年）	言盡意論	雅有理思，才藻美贍，時人爲之語曰：「渤海赫赫，歐陽堅石。」	以言意關係爲聲發響應，形存影附。肯定名言之作用。
石崇 （西元249～300年）	金谷園序 思歸引 許巢論 金谷詩序	豪奢，與王愷、羊琇之徒以奢侈相競。	《晉書》：崇穎悟有才氣，而任俠，無行檢。與潘岳諂事賈謐，謐與之親善，號曰「二十四友」。言「士當身名俱泰」。於河南金谷有別廬，冠絕時輩，時宴賓客，賦詩不成，罰酒三斗，及時行樂。
賈謐 （西元？～300年）		權過人主，負其驕寵，奢侈踰度，開閣延賓，海內輻湊。	以權勢欲立足於名士中，集貴游豪戚及浮競之徒爲「賈謐二十四友」。
摯虞 （西元250～311年）	文章流別論	與杜預議禮，又論荀顗《新禮》。長於翰墨，以「情義」與「事形」別古今之賦。	談辯不如太叔度，退而著筆難廣，廣不能答。（由人物流品到文章流別。）
潘岳 （西元247～300年）	許由頌 閑居賦 悼亡詩 哀辭	性輕躁，趨世利，與石崇等諂事賈謐，每候其出，望塵而拜。	賈謐二十四友之首，文人無行，出處徘徊審顧。美姿儀，乘車出行，群嫗爭睹，而投以果物。
潘尼 （西元約250～311年）	懷退賦 安身論	少有清才，性靜退不競，唯以勤學著述爲事。值八王之亂，從容保身。	著〈安身論〉以明處世當謹行寡欲，釋私塞欲，淡名位，去勢利，足以作爲戀棧者戒。
張載 （生卒年不詳）	權論	個性閑雅，博學能文，其賦、銘爲傅玄、張敏所歎。八王之亂起，無復進仕意。	作〈權論〉指摘時弊，抨擊世族把持仕途，言「今士循常習故，規行矩步，積階級，累閥閱，碌碌然以取世資。」言辭激烈。
陸機 （西元261～303年）	豪士賦 幽人賦 遂志賦 文賦	張華云：「伐吳之役,利獲二俊。」葛洪稱其文爲「一代之絕」。頗以子書未成而憾恨。	與其弟陸雲，合稱「二陸」。爲賈謐二十四友之一，以其爲江南士族，無法立足北方權貴之中，河橋兵敗，爲盧志所讒，臨

	辨亡論 思歸賦		刑有「華亭鶴唳」之慨嘆。鍾嶸贊爲「太康之英。」《文賦》影響歷代文學批評。
陸喜 （生卒年不詳）	西州清論・較論格品篇言道、審機		論人物以晦明沈默，以遠悔吝爲上，以濟世近咎累爲戒，至於依阿保寵則爲下。
左思 （西元約 250～305年）	詠史詩 三都賦 白髮賦	形絕醜，出行，爲群嫗所唾。詠白髮以惋時傷歲。	作〈三都賦〉，得皇甫謐高譽，張華又嘆賞之，於是豪貴競相傳寫，洛陽爲之紙貴。以詠史詩記懷，影響文學。
荀隱 （生卒年不詳）		與陸雲在張華坐，張令共語，陵曰：「雲間陸士龍。」荀答：「日下荀鳴鶴」，互相反覆，陸連受屈。隱辭皆美麗，張公稱善。	清談不作常語，陸雲非其對手。
阮脩 （西元270～311年）	無鬼論 大鵬贊	《晉書》：「性簡任，步行以百錢掛杖頭，至酒店便酣暢。雖當世富貴而不肯顧，言寡旨暢。」好易老，善清言。	王衍問脩：「老庄與聖教同異？」對曰：「將無同！」王衍善之，辟之爲掾，世謂「王語掾」。
嵇紹 （西元253～304年）	贈石季倫 趙至序	《晉書》：王戎謂其「昂昂然如野鶴之在雞群。」不與賈謐交，死於蕩陰之役。	成其忠義之節，爲忠義傳之首。郭象與郗鑒往來論嵇紹出處之是非。澄清世傳呂安〈與嵇康書〉，實爲趙至〈與嵇蕃書〉。
劉寔 （西元220～310年）	崇讓論	清身潔己，行無瑕玷。好學，博通古今。	對俗之競躁，著〈崇讓論〉以糾之，推揖讓之風。
潘京 （生卒年不詳）	與刺史辯「忠孝可否兩全」論。	機辯善談，樂廣與戴昌、戴若思皆贊其辯才。	《晉書》良吏本傳：機辯，樂廣與談累日，深歎其才，謂京曰：「君天才過人，恨不學耳，若學，必爲一代談宗。」京感其言，遂勤學不倦。
裴頠 （西元267～300年）	崇有論 貴無論 辯才論	疾世俗尚虛無，故著〈崇有〉、〈貴無〉二論以折之。《晉書》：「頠	矯「貴無」虛誕之弊。嘗與王衍、張華、王戎、裴邈等清言，號稱「言談

		深患時俗放蕩，不尊儒術，何晏、阮籍素有高名於世，王衍之徒，聲譽太盛，遂相放效，風教陵遲，乃著崇有之論。」	之林藪」。 王導過江前曾數與顧及阮瞻談道。
周處 （西元236～297年）	默語 風土記	少不脩細行，縱情肆恣，州里患之，被視爲「三害」之一。後改勵自新、以身殉國，盡人臣之節。	爲改過遷善之典範，時人贊其舍身忘死之氣節，頗多歌詠，如潘岳〈關中詩〉等。
江統 （西元？～310年）	酒誥 徙戎論	靜默有遠志。患諸夷亂華，將爲大患，知人善任，忠君憂國。	統深惟四夷亂華，宜杜其萌，乃作〈徙戎論〉。帝不能用。未及十年，而夷狄亂華，時服其深識。時人謂之「嶷然稀言江應元」。
董養 （生卒年不詳）	無化論	預知天下將亂，與妻荷擔入蜀，莫知所終。	愍時之將亂，作〈無化論〉以非之。
〔中朝名士〕			袁宏《名士傳》以裴叔則、樂彥輔、王夷甫、庾子嵩、王安期、阮千里、衛叔寶、謝幼輿爲中朝名士。 《晉書·儒林傳》：「有晉始自中朝，迄於江左，莫不崇飾華競，祖述虛玄，擯闕里之典經，習正始之餘論，指禮法爲流俗，目縱誕以清高。」
裴楷 （西元237～291年） 〔中朝名士〕		精老、易，少與王戎齊名，衍稱楷：「精明朗然，籠蓋人上，非凡識也。若死而可作，當與之同歸。」 裴楷「清通」，善言應。	《世說·任誕》載往弔阮籍母喪，籍箕踞不哭，裴楷哭弔之，人問裴：「凡弔，主人哭，客乃爲禮，阮既不哭，君何以哭？」曰：「阮方外之人，故不崇禮制；我輩俗中人，故以儀軌自居」，時人歎爲兩得其中。《世說·容止》12：「裴令公有儁容儀，

			脫冠冕，粗服亂頭皆好。時人以爲玉人。見者曰：『見裴叔則如玉山上行，光映照人。』」 行己任率，有知人鑒。
樂廣 （西元？～304年） 〔中朝名士〕	與人論「旨不至論」，與衛玠論「夢」	善談論，爲客剖析「旨不至」之理，客悟服。「簡約」爲其特色。王衍、裴頠與言，覺其簡至，自覺已煩。	〈樂廣傳〉：「廣與王衍俱宅心事外，名重於時，故天下言風流者王、樂稱首焉。」衛瓘見樂廣與中朝名士談論，奇曰：「自昔諸人沒已來，常恐微言將絕，今乃復聞斯言于君矣。」（賞譽） 言「名教中自有樂地何必乃爾。」對放蕩之士有所針砭。
王衍 （西元256～311年） 〔中朝名士〕	與裴頠論辯有、無。 主貴無論	好縱橫之術。神姿高徹，容貌整麗，口不論世事，唯雅詠玄虛。衍將死，顧而言曰：「嗚呼！吾朝雖不如古人，向若不祖尙浮虛，戮力以匡天下，猶可不至今日。」 衍因謂澄、敦曰：「荊州有江漢之固，青州有負海之險，卿二人在外，而吾留此，足以爲三窟矣。」 爲苟且求生，全無介節，終爲石勒排墻所殺。	《世說・輕詆》11 注引《八王故事》：「夷甫雖居台司，不以事物自嬰，當世化之，羞言名教。自台郎以下，皆雅崇拱默，以遺事爲高。」 本傳：「善玄言，義理有所不安隨即改更，世號『口中雌黃』。朝中翕然，謂之『一世龍門』，累居數職，後進之士，莫不景慕放效，選舉登朝皆以爲稱首，矜尙浮誕，遂成風俗。」 〈裴頠傳〉：「王衍之徒聲譽太盛，位高勢重，不以物務自攖，遂相相放效，風教陵遲，乃著崇有之論，以釋其蔽。」
庾敳 （西元262～311年） 〔中朝名士〕	意賦 幽人箴	值天下多故，從容醋暢，寄通而已，著〈意賦〉以豁情，暢「意在有無之間」。	庾敳卿王衍，曰：「卿自君我，我自卿卿，我自用我家法，卿自用卿自法。」 時人目爲「善于托大，長於自藏」。

阮瞻 （西元281～310年） 〔中朝名士〕	與王戎論「自然與名教之異同」 無鬼論 上巳會賦	性清虛寡欲，遇理而辯，辭不足而旨有餘。善彈琴，讀書不甚研求，而識其要。不修名行，自得於懷。 言理辯物，遇艱險，處之夷然，雖家人近習不見其憂喜之色。既至下邳，登山北望，歎曰：「人言愁，我始欲愁矣。」	王戎問：「聖人貴名教，老莊言自然，其旨同異？」瞻曰：「將毋同。」其名望為中興第一。王導自說昔在洛水邊，數與裴成公、阮千里諸賢共談道。
衛玠 （西元286～312年） 〔中朝名士〕	與樂廣論「夢」究為「想」或「因」	風神秀異，世稱「玉人」。及長，好言玄理，善《易》《老》，風流雅著，不見喜慍之色，為當時名士第一。下都，觀者如堵牆，遂成病而死，時人稱「看殺衛玠。」	《世說·傷逝》6：「丞相王公教曰：衛洗馬當改葬，此君風流名士，海內所瞻。」《世說·賞譽》45 注引〈玠別傳〉：「琅琊王平子每聞玠之語議，至於理會之間，要妙之際，輒絕倒於座。前後三聞，為之三倒。時人遂曰：『衛君談道，平子三倒。』」
王承 （西元269～314年） 〔中朝名士〕		為政寬恕從容，識者服其「約而能通」。	本傳：「渡江名臣王導、衛玠、周顗、庾亮之徒，皆出其下，為中興第一。王衍以之比樂廣，當時標榜為「樂廣之儷」。司馬越敕世子毗：「夫學之所益者淺，體之所安者深，閑習禮度，不如式瞻儀形；諷味遺言，不如親承音旨。王參軍人倫之表，汝其師之。」
諸葛宏 （生卒年不詳）			《世說·文學》15：「諸葛宏年少不肯學問。始與王夷甫談，便已超詣。王歎曰：『卿天才卓出，若復小加研尋，一無所愧。』宏後看莊、老，更與王語，便足相抗衡。」
諸葛恢 （西元265～326年）		與王丞相共爭族姓先後。矜門第。	

陶侃 （西元259～334年）	相風賦	《晉書》本傳：「晬曰易稱：『貞固足以幹事』陶士行是也。」袁宏頌曰：「精金百汰，在割能斷，功以濟時，職思靜亂，長沙之勳，爲史所贊」。	斥浮華曰：「老莊浮華，非先王之法言，不可行也。君子當正其衣冠，攝其威儀，何有亂頭養望，自謂宏達邪？」 惜光陰，務實用。
賀循 （西元260～319年）		《晉書》本傳：「服寒食散，露髮袒身，示不可用。」精禮傳，有知人鑒。	與紀瞻、閔鴻、顧榮、薛兼齊名，號爲「五儁」。朝廷疑滯，皆諮之於循，爲當世儒宗。
束皙 （西元263～302年）	玄居釋	《晉書》本傳：「作玄居釋以擬客難，其辭曰：蓋聞道尚變通，達者無窮，世亂則救其紛，時泰則扶其隆，守分任性，唯天所授。」	太康二年，汲郡人不準盜發魏襄王墓，或言安釐王冢，得竹書數十車，皙在著作，得觀竹書，隨疑分釋，皆有義證，眾人服其博識。
嵇含 （西元263～306年）	弔莊周圖文並序 南方草木狀	有遠致，有事功，被薦爲廣州刺史，未發遭刺。有知人鑒，富文采，博采異聞。	諷「戶詠恬曠之辭，家畫老莊之象」者，爲斥假玄虛以助溺，引道德以自獎者。
應詹 （西元279～331年）		嘗上疏元帝：「元康以來，賤經尚道，以玄虛宏放爲夷達，以儒術清儉爲鄙俗，永嘉之弊未必不由於此。」	糾任誕之弊。
裴遐 （西元？～312年）		性虛和，善言玄理，音辭清暢，泠然若琴瑟，時人比之於王家之王導。	《世說・文學》19 注引鄧粲《晉紀》：「遐以辯論爲業，善敘名理，辭氣清暢，泠然若琴瑟。聞其言者，知與不知，無不歡服。」 「識通暗處」（《世說・品藻》33）
郭象 （西元252～312年）	莊子注 論語體略	談理時人謂爲王弼之亞。王衍、孫綽亦賞其「口若懸河」。取向秀《莊子注》，補注〈秋水〉、〈至樂〉兩篇，並略作改易，以成己注。	隱解莊子，大暢玄風，使「儒墨之迹見鄙，道家之言遂盛。」溝通「有」、「無」，調和「自然」與「名教」，爲朝隱風氣提出理據。暢適性逍遙，波蕩後生。

張翰 （西元 260？～305？年）	首丘賦	嘗言：「使我有身後名，不如及時一杯酒。」任心自適。秋風起，思故鄉鱸魚蓴菜，命駕而歸，時謂「見機」。	時人稱「江東步兵」，貴其曠達及能見機而退。
顧榮 （西元？～312年）		縱酒酣暢，彈琴詠懷，以恭遜自勉。與陸機兄弟號為「三俊」。 亂世當職，酣暢謂友人張翰曰：「惟酒可以忘憂，但無如作病何耳！」	為南土著姓，終日昏酣，以酒為避禍工具，為後人所取法。 時南土之士未盡才用，顧榮書奏，皆納之。
董京 （生卒年不詳）		至洛陽，被髮而行，逍遙吟咏，常宿白社中。時乞於市，得殘碎繒絮，結以自覆，全帛佳棉則不肯受，或見推排罵辱，曾無怒色。	為回歸自然、遁世存真，高尚其志者。
郗鑒 （西元269～339年）		《世說·言語》38：拜司空，語同座曰：「平生意不在多，值世故紛紜，遂至台鼎。朱博翰音，實愧於懷。」	《世說·品藻》24：卞望之云：「郗公體中有三反：方於事上，好下佞己，一反。治身清貞，大脩計校，二反。自好讀書，憎人學問，三反。」
王忱 （西元？～392年）		本傳：「性任達不拘，末年尤嗜酒，一飲連月，裸體而遊。」婦父有慘，往弔，裸體繞床，三匝而回。	《世說·任誕》52：王佛大歎言：「三日不飲酒，覺形神不復相親。」助長任誕之風。
〔八達〕			〈光逸傳〉：「尋以世難，（逸）避亂渡江，復依輔之。初至，屬輔之與謝鯤、阮放、畢卓、羊曼、桓彝、阮孚，散髮裸裎，閉室酣飲已累日。逸將排戶入，守者不聽，逸便於戶外脫衣、露頭於狗竇中窺之而大叫……遽呼入，遂與飲，不捨晝夜。時人謂之『八達』。」

王澄 （西元269～312年）		《世說・簡傲》6：「王平子出爲荊州，王太尉及時賢送者傾路。時庭中有大樹，上有鵲巢。平子脫衣巾，徑上樹取鵲子。涼衣拘閡樹枝，便復脫去。得鵲子還，下弄，神色自若，傍若無人。」善題目人物，邁世獨傲，情無所繫。	《世說・德行》23：「王平子、胡毋彥國諸人，皆以任放爲達，或有裸體者。樂廣笑曰：『名教中自有樂地，何爲乃爾也！』」《世說・賞譽》54注引鄧粲《晉紀》：「初，咸和中，貴遊子弟能談嘲者，慕王平子、謝幼輿等爲達。（卞）壼屬色于朝曰：「悖亂傷教，罪莫斯甚，中朝傾覆實由於此。」
謝鯤 （西元281～323年） 〔八達〕 〔中朝名士〕		任達不拘，居身可否之間，處身若穢。 〈卞壼傳〉：「時貴遊子弟多慕王澄、謝鯤爲達，壼屬色於朝曰：「悖禮傷教，罪莫斯甚！中朝傾覆，實由於此。」 衛玠過江與謝鯤相見欣然，言論終日。爲迹逸口慧、形濁言清。	王隱《晉書》：「故去巾幘、脫衣服、露醜惡、同禽獸，甚者名之爲通，次者名之爲達也。」 謝鯤與王澄之徒，慕竹林諸人，散首披髮，祖裸箕踞，謂之八達。自謂端委廟堂，使百僚準則，則不如庾亮；而一丘一壑，自謂過之。（《世說・品藻》17）
胡毋輔之 （西元264～311年） 〔八達〕		吐佳言如屑，霏霏不絕，爲後進領袖。 胡毋輔之與荀邃邀光逸上車，與談良久。 本傳：「有知人之鑒，性嗜酒，任縱不拘小節。」	與王澄、王敦、庾敳，俱爲太尉王衍所昵，號曰「四友」。 又阮放爲「宏伯」，郗鑒爲「方伯」，胡毋輔之爲「達伯」，卞壼爲「裁伯」，蔡謨爲「朗伯」，阮孚爲「誕伯」，劉綏爲「委伯」，羊曼爲「艓伯」，凡八人，號稱「兗州八伯」，蓋擬古之八雋也。
胡毋謙之 （生卒年不詳）		傲縱過其父輔之，酣醉常呼其父字，輔之正酣飲，謙之窺而厲聲曰：「彥國年老，不得爲爾！」輔之歡笑，呼入與共飲。	子稱父名，而父不以爲意。

阮放 （西元280～323年） 〔八達〕		放素知名，而性清約，不營產業，為吏部郎，不免飢寒。	常說老莊。放少與（阮）孚並知名。
畢卓 （西元322～？） 〔八達〕		少希放達，常飲酒廢職，為吏部郎，比舍郎釀熟，卓因醉夜至其甕間盜飲之，常為掌酒者所縛。	從其言「得酒滿數百斛船，四時甘味置兩頭，右手執酒杯，左手執蟹螯，拍浮酒池中，便足了一生。」（本傳），見其放逸樂生之形像。
羊曼 （生卒年不詳） 〔八達〕		本傳：「曼任達穨縱，好飲酒，與溫嶠、庾亮、阮放、桓彝同志友善，並為中興名士。」	以真率為時論所稱。蘇峻亂時，人勸其避難，曼曰：「朝廷破敗，吾安所求生？」成其忠節。
阮孚 （西元279～327年） 〔八達〕		嘗謂卜壺曰：「卿恒無閒泰，常如含瓦石，不亦勞乎？」	本傳言其蓬髮飲酒，不以王務嬰心，嘗以金貂換酒，自歎：「未知人生當著幾量屐。」
光逸 （生卒年不詳） 〔八達〕		脫衣露頭於狗竇作犬叫。	戴逵指元康八達為「無德而折巾」，為效七賢之迹而落拓者。
桓彝 （西元276～328年） 〔八達〕		《晉書》言其少孤貧，雖簞瓢，處之晏如。 有人倫識鑒，拔才取士或出於無聞，或得之孩抱，時人方之許郭。少與庾亮深交，雅為周顗所重。於薦徐寧時，言：「人所應有而不必有，人所應無而不必無。」	袁宏〈東征賦〉頌之曰：「風鑒散朗，或搜或引，身雖可亡，道不可隕，宣城之節，信義為允」。
王尼 （生卒年不詳）		本傳：尼時以給府養馬，輔之等入，遂坐馬廄下，與尼炙羊飲酒，醉飽而去，竟不見護軍。惟畜露車，暮則與子共宿車上，常歎曰：「滄海橫流，處處不安。」	卓犖不拘，斥何綏奢侈過度。諷東海王越「無宰相之能」。

殷融 （約西元 300 前後）	象不盡意論、大賢須易論	飲酒善舞，終日嘯詠，未嘗以世務自嬰。	善屬文而不善口辯，每辯不過殷浩，言：「汝更思吾論。」著論理義精微，談者稱焉。
王胡之 （西元？～349 或364 年）		《世說·豪爽》12：詠：「入不言兮出不辭，乘廻風兮載雲旗。」語人云：「當爾時，覺一坐無人！」有知人鑒。	《世說·賞譽》129：謝公云：「司州造勝遍決。」〈賞譽〉136 載林公云：「見司州警悟交至，使人不得住，亦終日忘疲。」
周顗 （西元269～322年）		《世說·任誕》25引鄧粲《晉紀》：「往紀瞻家觀伎，於眾中欲通其妾，露其醜穢，顏無怍色。」善應對。	過江積年，恆大飲酒，嘗經三日不省，時人號爲「三日僕射」。以斥王敦之反，而爲王敦所殺，王導言：「我不殺伯仁，伯仁爲我而死」。
葛洪 （西元284～363年）	抱朴子養生論	本傳：「性寡欲，無所愛翫，不知棊局幾道樗蒲齒名，爲人木訥不好榮利，閉門却掃，未嘗交遊。」	反對「無君論」。外儒內道。注重養生煉丹。貴今思想。爲道教學理立說，其神仙方藥，丹鼎符籙，養生延年影響後世。
郭文 （生卒年不詳）		愛山水、尚嘉遁。每遊山林，彌旬忘反。跨華堂如行林野，結廬山中，自蘇峻亂後，不復語，舉手指揮以宣其意。	言「情由憶生，不憶故無情」、「人無害獸之心，則獸亦不害人」，葛洪、王導迎之。
鮑敬言 （生卒年不詳）	無君論	葛洪有〈詰鮑篇〉以駁之。	斥暴政、諷禮法，揭統治之本質。以爲古者無君，勝於今世。
王敦 （西元266～324年）		嘗於帝坐振袖揚槌擊鼓，神氣豪上；傍若無人，爲雄爽者。酒後以如意打唾壺，詠「老驥伏櫪，志在千里」。	《世說·賞譽》，桓溫行經王敦墓邊過，望之，云：「可兒！可兒！」
何充 （西元292～346年）	神不更受形論 奏言沙門不應敬王者	器識過人，任人以功臣爲先。	王濛、劉惔、深公訪何充，充看文書不顧，王對何曰：「望卿擺撥常務，應對共言！」何曰：「我不看此，卿等何以得存？」以布衣居宰相，方正務實。奉佛護法。

庾闡 （西元295～348年）	揚都賦 蓍龜論	本傳：「闡不櫛沐，不婚宦，絕酒肉，垂二十年，鄉親稱之。」 〈蓍龜論〉主得神則蓍可廢。	庾亮爲其〈揚都賦〉名價云：「可三二京，四三都」，於此人人競寫，都下紙爲之貴。
庾龢 （西元329～370年）		與王文度、韓康伯清談自云：「思理倫和，吾愧康伯，志力彊正，吾愧文度。自此以還，吾皆百之。」	曾言：「廉頗、藺相如雖千載上死人，懍懍然有生氣；曹蜍、李志雖見在，厭厭如九泉下人」，此見時人重視內在精神氣韻。
干寶 （西元？～336年）	晉紀 搜神記	《晉紀‧總論》反虛浮之風氣，「性好陰陽術數，留意京房、夏侯勝等傳。」明神道之不誣。	糾正學風與世風。劉惔稱其爲「鬼之董狐」。
溫嶠 （西元288～329年）	侍臣箴	本傳：「少以孝悌稱於邦族，風儀秀整，美於談論，見者皆愛悅之。」喜慢語。 《中興書》：「嶠有儁朗之目，而不拘細行。」	散騎常侍庾敳有重名，而頗聚斂，嶠舉奏之，京都振肅。爲東晉初年砥柱。 《世說‧品藻》25：「世論溫太眞是過江第二流之高者。時名輩共說人物，第一流將盡之間，溫常失色。」 庾敳目溫嶠：「森森如千丈松，雖磊砢有節目，施之大廈，有棟梁之用」（〈賞譽〉15）
劉琨 （西元271～318年）	答盧諶書	有縱橫之才，善交勝己，而頗浮誇。	賈謐二十四友之一。 自言：「昔在少壯，未嘗檢括，遠慕老莊之齊物，近嘉阮生之放曠……，然後知聃周之爲虛誕，嗣宗之爲妄作也。」
祖逖 （西元266～321年）		輕財好俠，慷慨貞烈。過江時，常指揮勇士劫掠。	與劉琨聞雞起舞，北伐中原。擊楫中流曰：「祖逖不能清中原而復濟者，有如大江。」
郝隆 （生卒年不詳）		《世說‧排調》31 載於七月七日出日中仰臥，人問其故？答曰：「我晒書。」	善機應，詼諧富機趣。

庾亮 （西元289～340年）		美姿容，善談論，性好莊老，風格峻整，動由禮節，閨門之內不肅而成。與殷浩、范汪、王胡之清談。	淵雅有德量，時人方之夏侯太初、陳長文之倫。為召蘇峻而激起蘇峻之亂。世稱庾亮為「豐年玉」，庾亮亡，何揚州臨葬云：「埋玉樹著土中，使人情何能已已？」權勢漸取代王導，而為王導所不安。庾不以王導之遺事為然。
紀瞻 （西元253～324年）	易太極論	於赴洛塗中，與顧榮共論「易太極」。 瞻立宅烏衣巷，館宇崇麗。	認為宇宙萬物在時間上無開端，亦不是由「無」所生，而是自然之存在，反駁「聖人成其身」之說。又認為太極蘊藏產生物質與精神的因素，贊成「太極」是「有物混成先天地生」之說，而反對「太極」即「天地」。
范宣 （西元292～345年）	禮 論 易 論	本傳：「少尚隱遁，加以好學，手不釋卷，以夜繼日，遂博綜眾書，尤善三禮。」 閑居屢空，常以講誦為業，戴逵等皆聞風宗仰，自遠而至。諷誦之聲有若齊魯。	博學好禮，講誦不輟，教化大行。
褚裒 （西元303～349年）		對孫安國言：「北人學問，淵綜廣博」。	《世說・賞譽》66：「桓茂倫云：『褚季野皮裡陽秋』謂其裁中也。」褚季野雖不言而四時之氣亦備。（〈德行〉34）又：「世目季野穆少。」（〈賞譽〉70）素有重名。
阮裕 （西元300～360年）		宏達蕭然，不驚寵辱，常內足於懷，好飲酒，有肥遁志。	與謝萬談「才性四本」，論難甚精。與謝安道「白馬論」。嘗言人不須廣學，正應以禮讓為先。為世所宗。

湛方生 （生卒年不詳）	廬山神仙詩序 老子贊 孔公贊 北叟贊	曾任西道縣縣令、衛軍諮議，後辭官歸隱。其〈諸人共講老子詩〉，體現追求主體自由之精神，斥社會名教之束縛，回歸眞率自然。	湛方生詩、文、賦風格均近，多富玄思。其雜言詩，在文體方面上承西晉傅玄、夏侯湛，下啓南朝宋謝莊。
顧和 （西元285～351年）		周顗遇之，和方覓蝨，夷然不動，顗既過顧指和心曰：「此中何所有？」和徐應曰：「此中最是難測地。」個性方正，不畏權貴。	導謂和曰：「卿珪璋特達，機警有鋒、不徒東南之美，實爲海內之俊。」
杜乂 （生卒年不詳）		美姿容，性純和，名播江左。	王羲之歎弘治曰：「面如凝脂，眼如點漆，此神仙中人！」世目弘治「標鮮」、「膚清」。
王導 （西元276～339年）	辨亡論	導有〈上元帝疏〉：「自魏世以來迄於太康之際，公卿世族，豪侈相高，政教陵遲，不遵法度、群公卿士皆厭于安息，遂使姦人乘釁，有虧至道。」穩定東晉政權。時人云：「王與馬共天下。」	世稱「江左夷吾」，乃東晉政界及談界領袖。過江後曾邀集庾亮、桓溫、謝尚、王濛、王述等共談析理，然其所論，蓋以「聲無哀樂」、「言盡意」、「養生」三理爲主。
王羲之 （西元307～365年）	蘭亭詩序 誓墓文 雜帖 題衛夫人筆陣圖後	雅尙服食養性，樂遊山水，好清談，性愛鵝。與許邁學道，上山採藥。	世號「書聖」。 〈蘭亭詩序〉言「固知一死生爲虛誕，齊彭殤爲妄作」。其〈雜帖〉記日常生活，淡而有味。時人目王右軍：飄如遊雲，矯若驚龍。
江惇 （西元305～353年）	通道崇檢論	《晉書·江統傳》：「孝友淳粹，高節邁俗，性好學，儒玄並綜。」	又：「東陽太守阮裕，長山令王濛皆一時名士，並與惇遊處，深相欽重。」斥浮僞。
張憑 （西元約 312～347年）		號稱「理窟」，善判微旨，嘗論《莊子·漁父》爲鄉閭所稱，舉孝廉，負其才。	劉惔與王濛清言有所不通，憑於末座判之，言旨深遠，足暢彼我之懷，一座皆驚，爲之成名。

殷羨 （生卒年不詳）		投郡人所附百許函書於江，祝曰：「沉者自沉，浮者自浮，殷洪喬不能作致書郵。」（〈任誕〉31）	
殷浩 （西元308～356年）	易象論	與孫盛論「易象妙於見形論」，奮擲塵尾。偏精才性四本論，精解佛義，言「理應在阿堵上」。北伐敗，被黜為民，恆書空作「咄咄怪事。」曾云：「我與君（桓溫）周旋久，寧作我！」	《世說·賞譽》82 注引徐廣《晉紀》云：「清言妙辯玄致，當時名流皆為其美譽。」為風流談論者所宗，而擅名一時。乃簡文帝援以制衡桓溫者。
卞壼 （西元281～328年）		《世說·賞譽》54 注引鄧粲《晉紀》：「咸和中，貴遊子弟能談嘲者，慕王平子、謝幼輿等為達，壼厲色于朝日：『悖禮傷教，罪莫斯甚，中朝傾覆，實由於此。』」	本傳：「壼正色立朝，百寮嚴憚，貴遊子弟，莫不祇肅。」
王濛 （西元309～347年）		本傳：「美姿容，嘗覽鏡自照，稱其父字曰：「王文開生如此兒邪？」 與支道林、謝安等人聚會，大談莊子中之玄理。	本傳：「與沛國劉惔齊名友善，時人以惔方荀倩，濛比袁曜卿，凡稱風流者，與濛、惔為宗。」
劉惔 （西元314～349年）		性簡貴，為政清整，門無雜賓，雅善言理，尤好老莊，為當時一流談家。有風流美譽，為人助辯。《世說·文學》46：嘗與殷浩論「何以善人少，惡人多」之故。孫綽誄之云：「居官無官官之事，處事無事事之心。」	《世說·品藻》48：苟子問父曰：「劉尹語何如尊？」長史曰：「韶音令辭不如我，往輒破的，勝我。」言第一流「正在我輩」（〈品藻〉37）〈劉惔別傳〉：「惔有儁才，其談詠虛勝，理會所歸，王濛略同，而敘致過之，其詞當也。」 其「名通」為一時絕歎。（〈文學〉46）

王脩 （西元334～357年）	賢人論 聖人無情論	能參微言。	言聖人如籌算，雖無情，運之者有情。 劉眞長見之言：「見敬仁（王脩）所論，便足參微言。」
桓溫 （西元312～373年）		桓公北征，經金城，見前爲琅邪時種柳皆已十圍，慨然曰：「木猶如此，人何以堪？」簡文帝爲會稽王，與孫綽商略諸風流人，綽以桓溫與劉惔、王濛、謝尚並舉。《世說·輕詆》11：「與僚屬登平乘樓，眺矚中原，慨然曰：『遂使神州陸沉，百年丘墟，王夷甫諸人，不得不任其責。』」	言：「既不能流芳後世，亦不足復遺臭萬載邪！」（〈尤悔〉13） 讀《高士傳》，至於陵仲子，便擲去，曰：「誰能作此溪刻自處？」（〈豪爽〉9） 聽講《禮記》，云：「時有入心處，便覺咫尺玄門」（〈言語〉64）凡有會意，即可參玄，乃魏晉時代之精神特色。 桓溫門下亦有文學集團，若孫盛、郗超、王坦之、謝安、習鑿齒、袁宏、顧愷之等皆爲其所用，其中不乏借文學行政治服務之目的。
袁耽 （西元312～336年）		善摴蒲，守喪時，爲桓溫贏回數百萬。	以通脫俶儻，不羈禮法，影響世風。
郗愔 （西元313～384年）		本傳：「性至孝，居父母憂，殆將滅性。……在郡優遊，頗稱簡默。」	奉天師道甚勤。 與姊夫王羲之、高士許詢並有邁俗之風。
毛伯成 （生卒年不詳）		負才氣，常稱「寧爲蘭摧玉折，不作蕭敷艾榮」。	足見魏晉士人之自尊自重。
羅友 （生卒年不詳）		有大韻，性滑稽，嘗伺人祠，往乞餘食，與習鑿齒、顧愷之等爲桓溫幕府。	與世無爭，隨性稱情，大智若愚。
王恬 （西元314～349年）		性卓犖不羈，據胡床，庭中晒髮，不理謝萬。與江虨以善奕聞。	簡文目之爲「朗豫」。

孫綽 （西元314～371年）	道賢論 遂初賦 喻道論 名德沙門贊 至人高士傳贊	本傳：「博學善屬文，少與高陽、許詢俱有高尚之志。」 綽性通率、好譏調。言山濤「吏非吏，隱非隱」。	時人咸笑其才而性鄙。《世說·文學》86：「孫興公作天台山賦成，以示范榮期云：『卿試擲地，要作金石聲。』」主周孔即佛，佛即周孔。以「託懷玄勝，遠詠老莊，不以時務經懷」自許。以天竺七僧比竹林七賢。文冠當時。以玄言詩知名。
謝萬 （西元328～369年）	八賢論	與孫綽辯「八賢出處之道論」。嘯咏自高，性簡傲。	與阮裕敘「才性四本」（《全晉文》）。以處者為優，出者為劣。孫綽難之曰：「體玄識遠者，出處同歸。」
王述 （西元303～368年）		每坐客馳辨，異端競起，而述處之泰然。性急，為人晚成。嘗見王導，述每發言，一坐莫不讚美。為政沈靜簡默，以柔克為用。簡貴靜正，不交非類，蔑視俊乂。	《世說·賞譽》78：謝公稱藍田（述）：「掇皮皆真。」簡文稱王述「才既不長，於榮利又不淡，直以真率少許，便足對人多多許。」
謝安 （西元320～385年）	與支遁、許詢、王濛等人談〈漁父〉	本傳：「登台輔，碁喪不廢樂，王坦之書喻之不從，衣冠效之，遂成風俗。……取（蒲葵扇）捉之，京師士庶競市，價增數倍。安本能為洛下書生詠，有鼻疾，故其音濁，名流愛其詠而弗能及，或手掩鼻以斅之。」與兒女講論文義，清談時才峰秀逸，一往奔詣。	《世說·言語》70：王右軍與謝太傅共登冶城，謝悠然遠想，有高世之志。王謂謝曰：「夏禹勤王，手足胼胝，文王旰食，日不暇給。今四郊多壘，宜人人自效。而虛談廢務，浮文妨要，恐非當今所宜！」謝答曰：「秦任商鞅，二世而亡，豈清言致患邪？」
謝道韞 （西元336～405年）	擬嵇中散詩	神情散朗，有林下風氣。	鄙薄其夫王凝之，譏謝玄學殖不進。善於清談，使人心形俱服。為具才情見自我的典型女流，可稱為女名士。

袁山松 （西元？～401年）	行路難	山松每出遊，好令左右作挽歌。人謂：「山松道上行殯。」	羊曇善唱樂，桓伊能挽歌，及山松行路難繼之，時人謂之「三絕」。
張湛 （西元 332～398？年）	列子注	好於齋前種松柏，人謂：「湛戶下陳尸，山松道上行殯。」	〈楊朱篇〉多述享樂縱慾思想，影響時風甚鉅。張湛酒後挽歌甚苦。士人喜唱挽歌以發泄情緒。
裴啓 （西元340～？年）	語林	風姿綽絕，才氣萬丈，喜評點古今人物。	時流年少，無不傳寫《語林》，謝安譏其所載非實，而貶之爲「裴氏學」。
鄧粲 （生卒年不詳）	晉紀 老子注	少高潔，與劉驎之友善	言「夫隱之爲道，朝亦可隱，市亦可隱，隱初在我，不在于物。」（〈鄧粲傳〉）爲朝隱、市隱之論也。
袁宏 （西元328～376年）	名士傳 去伐論 明謙、七賢序 詠史詩 東征賦	本傳：「謝尚與之譚論，申旦不寐，自此名譽日茂。」機對辯速，言無阿屈。	《世說・文學》94：「袁彥伯作名士傳成，見謝公，公笑曰：『我嘗與諸人道江北事，特作狡獪耳，彥伯遂以著書！』」詠史詩尤爲風情所寄。
袁悅 （生卒年不詳）		有口才，能短長說、縱橫術。	《世說・讒險》2載其語人曰：「少年時讀《論語》、《老子》，又看《莊》、《易》，此皆是病痛事，當何所益邪？天下要物，正有《戰國策》。」
許詢 （西元305～352年）	玄言詩 與簡文帝論「君親先後」問題	據《世說・文學》85及其注：「幼號神童，長擅法言，爲劉惔所愛重，爲一時文宗。」有高情。 其與司馬昱相會之情況是：「爾夜風恬月朗，乃共作曲室中語，襟情之咏，偏是許之所長，辭寄清婉，有逾平日。」	《晉中興士人書》：「許詢能清言，于時士人皆欽慕仰愛之。」《世說・寵禮》4：「許玄度停都一月，劉尹無日不往，乃歎曰：『卿復少時不去，我成輕薄京尹！』」好遊山水，而體便登陟，時人云：「許非徒有勝情，實有濟勝之具」。

王恭 （西元？～398年）		《世說・任誕》53載其言：「名士不須奇才，但使常得無事，痛飲酒，熟讀離騷，便可稱名士。」	王恭美姿儀，人多愛悅，或目之云「濯濯如春月柳」。嘗披鶴氅裘，涉雪而行，孟昶窺見之，嘆曰：「此眞神仙中人也。」
孫盛 （西元300～371年）	老聃非大賢論 老子疑問反訊 魏氏春秋 晉陽秋 易象妙於見形論 與羅君章書	博學名理，有辯才，與褚裒論南北學風之異。	孫盛思以儒家思想打擊老莊，強調儒、道之別。《晉陽秋》理正詞直，號稱「良史」。
孫放 （生卒年不詳）		隨機制勝，應答捷給。	孫盛二子孫放、孫潛。放字齊莊，潛字齊由，庾亮問二兄弟何齊？曰齊許由、齊莊周。庾亮：「何以不齊仲尼？」答以：「仲尼生而知之，非希企所及」。此爲聖人生知，不可致之論。
王蘊 （西元330～384年）		嘗云：「酒正使人人自遠。」（《世說・任誕35》）	世稱：「荀子秀出，阿興（蘊）清和。」（〈賞譽〉137）
王坦之 （西元330～375年）	廢莊論 公謙論 沙門不得爲高士論	《世說・賞譽》149：「謝車騎初見王文度，曰：『見文度，雖蕭灑相遇，其復愔愔竟夕。』」又：「謝太傅道安北：『見之乃不使人厭；然出戶去，不復使人思。』」時人語：「江東獨步王文度。」崇尚刑名之學。	與支道林往來詆嘲。不爲林公所知，乃著〈沙門不得爲高士論〉，大略云：「高士必在於縱心調暢，沙門雖云俗外，反更束於教，非情性自得之謂也。」（《世說・輕詆》25）斥莊子害天下較利天下爲多。以圍棊爲坐隱。
殷仲堪 （西元？～399年）	與羊孚論〈齊物〉。問慧遠「易以何爲體」？	精覈玄論，事天師道，儉嗇，事佛，曰：「三日不讀道德經，便覺舌本間強。」	殷仲文言仲堪「足以映徹九泉」。有人問袁侍中曰：「殷仲堪何如韓康伯？」答曰：

		歎曰：「使我解四本，談不翅爾！」（〈文學〉60）與桓玄語次作「了語」、「危語」。	「理義所得，優劣乃復未辨，然門庭蕭寂，居然有名士風流，殷不如韓」，故殷作誄云：「荊門晝掩，閑庭晏然。」（《世說・品藻》81）
支道林（西元314～366年）	即色遊玄論逍遙論大小品對比要鈔序釋矇論	養馬重神駿，放鶴欲復其凌霄姿；欲買山而居。才藻新奇。善標宗會。玄映色空。	王濛推崇支遁曰：「尋微之功，不減輔嗣。」與名士交往談辯，爲風流所宗。談逍遙卓然標新理於向、郭之表，斥向、郭以適性爲逍遙，後遂用「支理」。講《道行經》白黑欽從，朝野悅服。言「北人看書，如顯處視月，南人學問，如牖中窺日。」
竺法雅（生卒年不詳）		凝正有器度。善外學，通佛義。	與康法朗等以經中事數擬配外書，爲生解之例，謂之「格義」。外典佛經，遞互講說。（《高僧傳》）
高坐道人（生卒年不詳）		來自西域，不學晉語，簡文曰：「以簡應對之繁。」與王導、周伯仁、卞壺交往。	《高坐別傳》載：「諸公與之言，皆因傳譯。然神領意得，頓在言前。」
康僧淵（西元296？～346？年）		《世說・文學》47：「在殷淵源座，語言辭旨一往參詣，曾無愧色。」《世說・排調》21：「目深而鼻高，王導調之，答曰：『鼻者面之山，目者面之淵，山不高則不靈，淵不深則不清。』」	以高僧的身份，與名士清談，辭旨無愧色。在豫章立精舍，希心理味，閑居研講。
康法暢（西元298？～340？年）	人物始義論	悟銳有神，才辭通辯。常執麈尾，每值名賓輒清談盡日，庾亮曾謂暢曰：「此麈尾何以常在？」暢曰：「廉者不取，貪者不與，故得常在也。」	

竺道潛 （西元286〜374年）		著屐。或暢方等，或釋老莊。與簡文遊，自謂遊朱門如蓬戶（《高僧傳》）又言：「未聞巢由，買山而隱。」以諷支遁。	開「本無異宗」。有宿名，爲先達知稱。《高逸沙門傳》言：「晉元、明二帝，遊心玄虛，託情道味，以賓友禮待法師。王公、庾公傾心側席。」
于法開 （生卒年不詳）		與支道林爭名，才辯縱橫。	開「識含宗」。
竺法汰 （西元320〜387年）		少與道安、竺法雅等師事佛圖澄。孫綽贊曰：「博練經義，又善老、易。風流趣好與慧遠齊名。」高亮開達。	開「本無宗」。晚年收弟子道生，倡「一闡提皆有佛性」。王洽每與俱訪名流，不得汰，便停車不前。
道壹 （生卒年不詳）		晦跡隱智，爲時論所宗，好整飾音辭。孫綽贊曰：「文鋒富贍，馳騁遊說，言固不虛。」	開「幻化宗」。
于道邃 （生卒年不詳）		支遁稱「識通理清」，性好山澤，不屑毀譽。	開「緣會宗」。
支愍度 （生卒年不詳）	心無義	名德沙門題目：「才鑒清出。」	至江南，權且救饑，而標「心無」義。
何承天 （西元370〜447年）	達性論 報應問	聰明博學而性剛愎，曾奏請改定《元嘉曆》，影響後代曆法。	站在儒家立場，反佛、反生死輪迴，抨擊神不滅論。
王薈 （西元 305？〜360？年）		不爭榮利，遇荒年，發私米，施粥食，濟活甚眾。	嘗言「酒正自引人著勝地。」
桓伊 （西元？〜383年）		善吹笛，每聞清歌，輒喚：「奈何！」謝公聞之曰：「子野可謂一往有深情！」（《世說·任誕》42） 王子猷舊聞桓伊吹笛，偶遇於江岸，便請爲奏。伊時已貴顯，素聞王名，即踞胡床爲作三調，弄畢便上車去，客主不交一言。（《世說·任誕》49）	有笛聖之稱。善唱輓歌，與羊曇唱樂及袁山松〈行路難〉合稱「三絕」。

劉疇 （西元？～310年）		嘗避亂塢壁，賈胡欲害之，無懼色，援笳而吹，群胡垂泣而去。	為一時名士，庾亮、裴遐皆重之，王導稱：「劉王喬若過江，我不獨拜公。」傅宣定九品，未訖，劉疇代之，悉改宣法，於是人人望品，求者奔競。
孔群 （西元300？～350？年）		為人志尚不羈，有智局。	與親友書：「今年田得七百石秫米，不足了麴糵事。」常縱酒，王丞相語云：「卿何為恆飲酒？不見酒家覆瓿布日月靡爛。」群曰：「不爾，不見糟肉，乃更堪久！」
張韓 （生卒年不詳）	不用舌論		以「不用舌論」論證「言不盡意」。
郭璞 （西元276～324年）	遊仙詩 注解《爾雅》、《山海經》、《穆天子傳》	善術數、占驗、地理、卦相，《世說·術解篇》多記其異事。多記其消災轉福之異事。	文人欲借遊仙以詠懷，及借方術以箴規。 詞賦為中興之冠。
習鑿齒 （西元330～382年）	晉承漢統論 漢晉春秋 襄陽耆舊記	《世說·文學》80：「習鑿齒史才不常，宣武甚器之，未三十，便用為荊州治中。」「於病中猶作《漢晉春秋》，品評卓逸。」與孫綽清談。	時人譽為「四海習鑿齒」。為第一流之史才，著《漢晉春秋》以蜀漢為正統。鋒辯天逸，籠罩當時。善論人物優劣。
道安 （西元312～385年）	安般注序 道行經序	提出佛經翻譯有「五失本」、「三不易」。	時人譽為「彌天釋道安」。反格義，確立僧團戒律整理經典。分散徒眾宣教，開「本無宗」。
周顗 （西元278？～330？年）		居喪廢禮，脫落名教。	本傳言其失志歸家，淫佚縱慾，每謂人曰：「人生幾時？但當快意耳！」
韓伯 （西元332～380年）	辨謙論 易繫辭傳注	精名理，脫廢名教。殷中軍道韓太常曰：「康伯少自標置，居然是出群器，及其發言遣辭，往往有情致。」（《世說·賞譽》90）史稱「清和有思理，留心文藝」。	箴斥周顗居喪廢禮，識者謂伯：可謂澄世所不能澄，而裁世所不能裁矣。

		王中郎令伏玄度、習鑿齒論青楚人物，臨成，以示韓康伯，康伯都無言，王曰：「何故不言？」韓曰：「無可無不可。」	
郗超 （西元336～378年）	奉法要	爲高隱者辦百萬居宇。善談論，義理精微。少卓犖不羈，有曠世之度，交游士林，每存勝拔，善談論，義理精微，……超性好施，一日中散與親故都盡，其任心獨詣，皆此類也。敬奉釋氏。與支道林友善。	《世說・賞譽》12：諺曰：「揚州獨步王文度，後來出入郗嘉賓。」爲桓溫所親信，號爲「入幕賓」。與謝玄不善，及苻堅狼噬，超仍推薦謝玄必能濟事，見其先覺，又不以愛憎匿善。時人語：「盛德絕倫郗嘉賓，江東獨步王文度。」及死之日，貴賤操筆爲誄者四十餘人，其爲眾所宗貴如此。
羅含 （西元293～369年）	更生論	太守謝尚與含爲方外之好，乃稱曰：「羅君章可謂湘中琳琅。」與孫盛辯「更生」。	《晉書》：「桓溫嘗與僚屬謙會，含後至，溫問眾坐曰：『此何如人？』或曰：『可謂荆楚之材。』溫曰：『此自江左之秀，豈唯荆楚而已。』」仿牟子〈理惑論〉而造〈更生論〉，倡「精神不滅」。
范寧 （西元339～401年）	罪何王論 春秋穀梁傳集解	善書法，精經學	斥何、王之罪深於桀紂，桀紂之罪獨止於一身，而王何二人有海內浮譽，其害無窮。
顧愷之 （西元約 344～405年）	《畫論》、《魏晉勝流畫贊》、《畫雲台山記》	倒食甘蔗，曰：「漸入佳境。」以痴絕、畫絕、才絕號「三絕」。世言其癡黠各半，畫尚傳神寫照。好諧謔。	《世說・巧藝》13：「顧長康畫人，或數年不點目睛，人問其故，顧曰：『四體妍蚩，本無關於妙處，傳神寫照，正在阿堵中。』畫人重神采識具，影響藝術之創作。謝太傅云：「顧長康畫，有蒼生以來所無。」以〈洛神賦圖〉及〈女史箴圖〉傳世。

王徽之 （西元340～388年）		所住之處必令種竹，言「何可一日無此君。」嘗夜乘小船訪戴逵，至，不前而反，曰：「吾本乘興而行，興盡而反，何必見戴？」	爲簡傲之代表，居官無官官之事。賞《高士傳贊》，贊長卿慢世。任桓玄參軍而不任事，以遺事爲高。
王獻之 （西元344～388年）		本傳：「雖閑居終日，客止不怠，風流爲一時之冠。」「工草隸，善丹青。」簡傲。	《世說・品藻》77：「人有問太傅：『子敬可是先輩誰比？』謝曰：『阿敬近撮王、劉之標。』」注引《續晉陽秋》稱：「擅名一時，爲風流之冠。」與王羲之並稱「二王」。
蔡謨 （西元281～356年）	議太后敬父議 議日蝕不廢朝 議父母乖離	本傳：「性公亮守正，行不合己，富貴不交也。」「王丞相作女伎，施設床席，不悅而去。」性尤篤愼，每事必爲過防。時人云：「蔡公過浮航，脫帶腰舟。」	嘗曰：「佛者，夷狄之俗，非經典之制，先帝量同天地，多才多藝，聊因臨時而畫此象，至於雅好佛道，所未承聞也。」通於經國禮制。
曹毗 （西元307？～384？年）	對儒	名位未達，著文自釋。	主達觀任化，出不極勞，處不巢皓，在儒亦儒，在道亦道。屈伸用舍自如。孫綽說曹毗「才如白地明光錦」。
司馬昱（簡文帝） （西元320～372年）		入華林園，顧謂左右曰：「會心處不必在遠，翳然林水，便自有濠濮間想，不覺鳥獸禽魚自來親人。」〈言語〉39：高坐道人不作漢語，或問此意，簡文曰：「以簡應對之煩。」	常召集談士清談。淵靜，然無經國之才。跟許詢共作曲室中語，既而曰：「玄度才情，故未易多有許。」（〈賞譽〉144） 謝安稱之爲惠帝之流，惟「清談差勝耳」。
謝尚 （西元308～356年）	談賦	八歲被視爲「一座之顏回」，又時人稱「小安豐」。能作異舞。神懷挺率，清暢似達，著喪服與人酣宴。	言：「企腳在北牖下彈琵琶，故自有天際眞人意！」以自在適性爲樂。

戴逵 （西元326～396年）	放達非道論 七賢論 釋疑論 閑遊贊	本傳：「少博學，好談論，善屬文，能鼓琴，工書畫，其餘巧藝，靡不畢綜，……性不樂當世，常以琴書自娛。」 屬操東山，不改其樂。 「性高潔，常以禮度自處，深以放達為非道。」 宗室司馬晞請其彈琴，逵破琴斷弦，言：「戴安道不為王門伶人！」	王珣曰：「逵執操貞厲，含味獨遊。年在耆老，清風彌劭。」信奉佛教，善造佛像，但反對「因果報應」說。 王徽之雪夜訪戴，過門不入，興盡而返。 言「竹林之為放，有疾而顰者也，元康之為放，無德而折巾也。
王珣 （西元350～401年）		珣夢人以大筆如椽與之，既覺，語人云：「此當有大手筆事。」 本謝氏壻，因猜嫌絕婚，謝安亡，往哭甚哀，以氣量稱。	珣神情朗悟，經史明徹，風流之美，公私所寄。雖逼嫌謗，才用不盡，然君子在朝，弘益自多。
桓玄 （西元369～404年）	沙汰眾僧教 論沙門應敬 王者	本傳：「及長，形貌瑰奇，風神疏朗，博綜藝術，善屬文，常負其才地，以雄豪自處，眾咸憚之。」	與道曜講《老子》。 每見人不快，輒嗔云：「君得哀家梨，當復蒸食不？」 為王孝伯作誄。以歷代咸有肥遯之士，己世獨無，令皇甫希之為著作，給其資用，令讓不受，號曰高士，時人名為「充隱」。
釋僧肇 （西元384～414年）	涅槃無名論 物不遷論 般若無知論 不真空論	愛好玄微，每以莊老為心要，善談說。	世稱「解空第一」。 總結玄學，批判般若學，為三論宗先驅。 鳩摩羅什弟子，與道融、僧叡、道生並稱「關中四傑」。
釋慧遠 （西元334～416年）	沙門祖服論 明報應論 三報論 法性論 沙門不敬王者論	性度宏偉，風鑒朗拔，弱而好書，博綜六藝，尤善莊老。 嘗與桓玄互難「沙門應否敬王者」。 自升高座，躬為導首，明三世因果。答殷仲堪問：「易以感為體」。	太元九年入廬山，居東林寺，與劉遺民、宗炳，慧永等十八人結白蓮社，又與劉遺民等僧俗一百二十三人，共誓生於西方，世稱「結社」。在山三十餘年，「淨土宗」奉為初祖。於廬山整肅僧團、聚徒講學，並組織譯經事業，常以書信與鳩摩羅什討論義理。

法顯 （西元342～423年）	佛國記	於晉隆安三年（西元399年）從長安出發，西行印度求經，從海道回，於建康道場寺譯經。	譯《方等涅槃經》等百餘萬言，流布教化。另攜回三部佛教戒律。又譯出《阿毗曇心》等，對毗曇學頗有貢獻。
竺道生 （西元355～434年）	二諦論、佛性當有論、佛無淨土論	依竺法汰，又從鳩摩羅什受業，頗神悟。	主闡提人皆得成佛，孤明先發。又主張頓悟成佛、善不受報說，影響深遠。
陶潛 （西元約 365～427年）	歸去來辭 桃花源記 形影神詩 五柳先生傳 閑情賦	採菊，畜無絃琴，樂飲酒，性愛自然，歌咏山水田園，穎脫不拘，任真自得，爲鄉里之所貴重，不營生業，家務悉委之兒僕，未嘗有喜慍之色。「不爲五斗米折腰」。	其人格及作品影響，造成自然主義之詩風暨隱遁之處世哲學。爲「古今隱逸詩人之宗」。

附錄二：魏晉玄學史料

　　魏晉玄學研究中，首先須澄清的問題是哪些是玄學思想家，哪些不是玄學思想家，又哪些是反玄學的思想家。其次，要釐出玄學思想家的哪些著作屬於玄學範圍，他的有關玄學著作，分屬於那些玄學主題，並指出其前承後啓的觀點，以爲評價的準據。要做到上面所說的系列相聯貫的工作，於是除注意魏晉玄學的論述外，還要對魏晉玄學家的思想資料進行研析。

　　魏晉學術思想，當自漢魏之交談起，當時浮華交游盛行，故劉梁作〈破群論〉，朱穆作〈絕交論〉以針砭朋遊之私。而王符《潛夫論》，仲長統《昌言》，徐幹《中論》，尚名實，曹操申名法、重才智。曹魏時，王廣、李豐、傅嘏、鍾會尚名理，有《才性四本論》之作。而人倫鑒識，一直盛行不輟，劉邵作《人物志》，以爲知人、官人的準則，可以說是歸納漢末以來鑒識學之總理則。何晏集解《論語》，開儒學玄學化之風氣，他又著〈無名論〉與〈道論〉，而爲「貴無論」的先聲；王弼注《易》掃象，注《老》暢玄，完成「以無爲本」的體系，又《老子指略》、《周易略例》爲其注《易》、《老》之綱領，《論語釋疑》有「執一統眾」之道，又與何晏辯聖人有情否，證成「體無用有」之命題。當時何晏爲吏部尚書，屢召開大型談座，使清談之風大盛，號稱「正始之音」。接著，阮籍〈達莊論〉、〈通老論〉、〈通易論〉，闡天地一體之理、無爲之道及闡發治國立身之本；〈大人先生傳〉斥禮法之士，宣揚無君思想；嵇康〈養生〉、〈聲無哀樂〉等論，爲過江後之名論，〈與山巨源絕交書〉見其出處之節；〈釋私論〉辨公私，暢顯情無措；〈明膽論〉則屬「英雄」議題；〈太師箴〉爲對於理想政治的勾勒。劉伶作〈酒德頌〉寄其意氣。向秀注《莊》，大暢玄風；楊泉〈物理論〉，主氣一元之自然觀；裴頠〈崇有論〉，以矯虛誕之弊；郭象隱解《莊子》，標「自生獨化」之理、「迹冥圓融」、「適性

逍遙」之論，另其《論語體略》，可印證《莊子注》之旨。王沈〈釋時〉，魯褒〈錢神〉之論則在刺時；荀粲有〈言不盡意論〉，歐陽建則持〈言盡意論〉，與王弼〈忘言忘象以得意〉，郭象〈寄言出意〉說，乃對言意關係的辨析，涉及其立論的方法。而魯勝《墨辯注序》之辨同異、明是非。鮑敬言的〈無君論〉，宣揚無政府主義，其學說保存於《抱朴子·詰鮑篇》中。張湛注《列子》，講生化之問題，提出「至虛」說，其〈楊朱篇〉存享樂之人生觀。葛洪作《抱朴子》，外儒內道，為道教丹鼎派之始祖，內篇言神仙方藥，養生延年、禳邪却禍之事，其〈暢玄〉提出「守一存神」，為其仙道說張目；外篇存其政治思想，又對當時社會風氣加以針砭。東晉尚有袁宏、韓伯、王坦之之有〈明謙〉、〈辨謙〉、〈公謙〉之論，屬修養論。

至於佛教般若學方面，道安於《道行經》、《大十二門經》、《安般經》、《合放光贊隨略解序》中，倡其「性空」思想；慧遠著〈法性論〉，主張法性實有；〈沙門不敬王者〉論則主形盡神不滅；〈三報論〉、〈明報應論〉主三世因果、生死輪迴說。支遁有〈逍遙論〉，以「即色遊玄」駁「適性逍遙」，〈妙觀章〉明「即色是空」之義。支愍度、竺法蘊立「心無義」，言「無心於萬物，萬物未嘗無」。至於竺道生，持「頓悟成佛」、「善不受報」、「一闡提人可成佛」義，著〈二諦論〉、〈佛性當有論〉、〈佛無淨土論〉。僧肇以「中觀義」破有無兩邊，著有〈不真空論〉、〈物不遷論〉、〈般若無知論〉、〈涅槃無名論〉等論，為批判般若、涵攝玄學之大師。而因佛學的生根、衍盛，故儒道之士紛紛起來對抗之，如戴逵、何承天等，尤其在沙門是否要禮敬王者、沙門袒服及形神生滅、果報有無等辯論，方外與方內之忠孝、禮制各有不同的堅持，此在《弘明集》中，保存著完整的文獻。而三教之訾應，更在南朝梁時最為激烈。

而自始玄學即在儒學派的糾彈之下，自何曾斥阮籍悖禮傷教，裴頠之反貴無，陶侃斥虛談，卞壼、應詹、江惇、桓溫、王坦之、戴逵、孫盛、陳頵、荀顗、庾亮等皆斥浮偽虛談、縱任頹放。甚且有范寧追溯玄風肇始的何晏、王弼，言其「罪深桀紂」，另如王坦之〈廢莊論〉，及孫盛〈老聃非大賢論〉、〈老子疑問反訊〉之作，由非頹縱之八達，到非王衍、阮籍之放任，進而非何、王之貴無，最後將矛頭指向老、莊，此反玄的理路，亦宜追蹤之。像伏義之質疑阮籍，從來未被重視，今亦列入「自然」與「名教」之爭中，是儒道之相訾，亦應予注意。對於批判任誕風氣的言論，較具有代表性的有干寶〈晉紀總論〉、戴逵〈放達為非道論〉、〈竹林七賢論〉；還有葛洪《抱朴子》

中的〈刺驕〉、〈疾謬〉、〈詰鮑〉，則反映虛浮之風。另《顏氏家訓》、《金樓子》及搜神志怪之作，亦有反映時代士風民情之文獻。

本書以上列史料爲立論之根據，而《易》、《老》、《莊》三玄及《列子》之注與《肇論》，更爲上篇「玄理之研究」的主要資料來源；《世說新語》、《三國志》及《晉書》之傳注，又爲下篇「玄風之研究」主要之出處，至於《高僧傳》、《弘明集》、《出三藏紀集》，則爲佛學人物生平事蹟及其思想的根據所在，也是儒、釋、道三教之衝突與調適問題的淵藪。

附錄三：魏晉玄理體系表

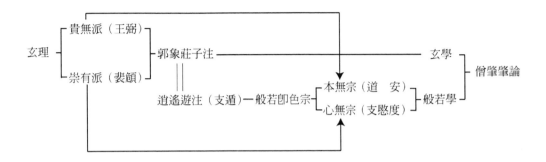

註：（一）本表乃遵循指導老師黃錦鋐先生之指示。
　　（二）由本表可明白魏晉玄理發展之脉絡。
　　（三）由本表可窺玄釋交融之迹。

本論文之體系表

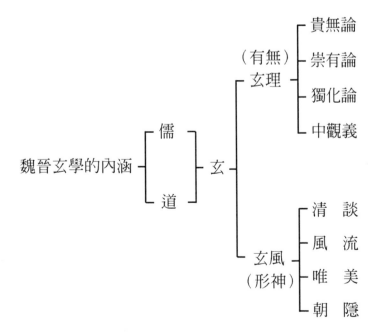

參考引用書目

（一）

1. 《周易注》，魏・王弼，台北：藝文印書館，1972 年。

2. 《周易略例》，魏・王弼，台北：新興書局，1970 年。

3. 《論語集解》，魏・何晏等集解，台北：商務印書館，1975 年。

4. 《經典釋文》，唐・陸德明，台北：藝文印書館，1967 年。

5. 《經學歷史》，清・皮錫瑞，台北：河洛出版社，1974 年。

（二）

1. 《後漢書集解》，（劉）宋・范曄撰，唐・李賢注，清・王先謙集解，台北：藝文印書館，1956 年。

2. 《東觀漢記》，漢・劉珍等撰，台北：中華書局，1970 年。

3. 《後漢紀》，晉・袁宏，台北：中華書局，1974 年。

4. 《三國志集解》，晉・陳壽撰　盧弼集解，台北：藝文印書館，1958 年。

5. 《晉書斠注》，唐・房玄齡撰，清・吳士鑑、劉承幹同注，台北：藝文印書館，1960 年。

6. 《九家舊晉書輯本》，清・湯球，北京：中華書局，1985 年。

7. 《晉紀》，晉・干寶，台北：藝文印書館，1971 年。

8. 《襄陽耆舊記》，東晉・習鑿齒，鄭州：中州古籍出版社，1987 年。

9. 《高士傳》，晉・皇甫謐，台北：中華書局，1972 年。

10. 《高僧傳》，梁・釋慧皎、湯用彤注，北京：中華書局，1992 年。

11. 《宋書》，梁・沈約，台北：鼎文書局，1975 年。

12. 《南齊書》，梁・蕭子顯，台北：鼎文書局，1975 年。

13. 《梁書》，唐・姚思廉，台北：鼎文書局，1975 年。

14. 《北齊書》，隋・李百藥，台北：鼎文書局，1975 年。

15. 《周書》，唐・令狐德棻等，台北：鼎文書局，1975 年。

16. 《隋書》，唐・長孫無忌等，台北：鼎文書局，1975 年。

17. 《唐書》，宋・歐陽修等，台北：鼎文書局，1975 年。

18. 《南史》，唐・李延壽，台北：鼎文書局，1975 年。

19. 《北史》，唐・李延壽，台北：鼎文書局，1975 年。

20. 《資治通鑑》，宋・司馬光，台北：藝文印書館，1955 年。

21. 《讀通鑑論》，清・王夫之，台北：河洛圖書出版社，1976。

22. 《十七史商榷》，清・王鳴盛，台北：新文豐出版社，1985 年。

23. 《廿二史箚記》，清・趙翼，台北：商務印書館，1958 年。

24. 《兩漢三國學案》，清・唐晏，台北：世界書局，1962 年。

25. 《廿五史補編》，清・文廷式等，台北：開明書局，1959 年。

26. 《英雄記鈔》，魏・王粲，台北：藝文印書館，1967 年。

27. 《群輔錄》，晉・陶潛，台北：藝文印書館，1967 年。

28. 《眾家編年體晉史》，清・湯球，天津：天津古籍出版社，1989 年。

29. 《三國會要》，清・錢儀吉，上海：上海古籍出版社，1991 年。

30. 《稿本晉會要》，清・汪兆鏞，北京：書目文獻出版社，1988 年。

31. 《六朝事跡類編》，清・張敦頤，台北：廣文書局，1970 年。

32. 《二十二史考異》，清・錢大昕，台北：藝文印書館，1965 年。

（三）

1. 《老子注》，魏・王弼，台北：藝文印書館，1975 年。

2. 《老子周易王弼注校釋》，樓宇烈，台北：華正書局，1981 年。

3. 《莊子集釋》，晉・郭象注，清・郭慶藩集釋，台北：世界書局，1974
   年。

4. 《列子》，晉・張湛注，台北：中華書局，1968 年。

5. 《淮南鴻烈集解》，劉文典，台北：明倫出版社，1971 年。

6. 《太玄經》，漢・揚雄，台北：商務印書館，1967 年。

7. 《論衡》，漢・王充，台北：新興書局，1968 年。

8. 《潛夫論》，漢・王符，台北：商務印書館，1967 年。

9. 《中論》，漢・徐幹，台北：新興書局，1983 年。

10. 《風俗通義》，漢・應劭，台北：新興書局，1983 年。

11. 《人物志》，魏・劉邵，台北：中華書局，1971 年。

12. 《抱朴子》，晉・葛洪，台北：世界書局，1955 年。

13. 《抱朴子外篇校箋》，楊明照，北京：中華書局，1991 年。

14. 《世說新語注》，劉宋・劉義慶撰，梁・劉孝標注，台北：世界書局，1969 年。

15. 《世說新語箋疏》，余嘉錫，台北：華正書局，1984 年。

16. 《世說新語校箋》，楊勇，台北：明倫出版社，1972 年。

17. 《世說新語校箋》，徐震堮，台北：文史哲出版社，1985 年。

18. 《世說新語補》，明・李卓吾，台北：廣文書局，1980 年。

19. 《顏氏家訓集解》，北齊・顏之推撰，王利器集解，台北：明文書局，1982 年。

20. 《洛陽伽藍記校箋》，北魏・楊衒之撰，楊勇校箋，台北：正文書局，1982 年

21. 《劉子集證》，王叔岷，台北：台聯國風出版社，1975 年。

22. 《蓮社高賢傳》，台北：藝文印書館，1967 年。

23. 《容齋隨筆》，宋・洪邁，台北：商務印書館，1956 年。

24. 《郭子翼莊》，明・高凳，台北：藝文印書館，1965 年。

25. 《意林》，唐・馬總，台北：商務印書館，1983 年。

26. 《搜神記》，晉・干寶，台北：里仁書局，1982 年。

27. 《金樓子》，梁・元帝，台北：世界書局，1959 年。

28. 《肇論疏》，唐・元康，台北：新文豐出版公司，1983 年。

29. 《肇論略注》，明・憨山大師述，新竹：靈隱佛學院影印，年代不詳。

30. 《日知錄》，明・顧炎武，台北：明倫出版社，1970 年。

31. 《兩晉清談》，明・沈杲之，台北：廣文書局，1976 年。

32. 《焚書》，明・李贄，台北：河洛出版社，1974 年。

33. 《義門讀書記》，清・何焯，北京：中華書局，1987 年。

34. 《四庫全書總目提要》，清・紀昀，台北：藝文印書館，1969 年。。

35. 《文士傳輯本》，古田敬一，京都：中文出版社，1981 年。

36. 《古小說鈎沈》，周豫才，台北：盤庚出版社，1978 年。

37. 《五朝小說大觀》，佚名，台北：廣文書局，1979 年。

（四）

1. 《阮籍集校注》，魏・阮籍、陳伯君注，北京：中華書局，1987 年。

2. 《嵇康集校注》，魏・嵇康、戴明揚注，台北：河洛出版社，1978 年。

3. 《支遁集》，晉‧支遁，台北：商務印書館，1981 年。

4. 《昭明文選》，梁‧蕭統、李善注，台北：河洛出版社，1980 年。

5. 《文心雕龍》，梁‧劉勰，台北：世界書局，1988 年。

6. 《古文苑》，唐人所編，宋‧章樵注，台北：商務印書館，1979 年。

7. 《北堂書鈔》，唐‧虞世南，台北：文海出版社，1963 年。

8. 《藝文類聚》，唐‧歐陽詢等，台北：中文出版社，1980 年。

9. 《樂府詩集》，宋‧郭茂倩，台北：里仁書局，1979 年。

10. 《漢魏六朝百三家集》，明‧張溥，台北：文津出版社，1979 年。

11. 《太平御覽》，宋‧李昉等，台北：商務印書館，1983 年。

12. 《漢魏叢書》，明‧程榮校刻，台北：新興書局，1970 年。

13. 《全上古三代秦漢三國六朝文》，清‧嚴可均，台北：宏業書局，1975 年。

14. 《先秦漢魏晉南北朝詩》，清‧丁福保編，逯欽立補，台北：木鐸出版社，1988 年。

15. 《癸巳存稿》，清‧俞正燮，台北：世界書局，1963 年。

16. 《玉函山房輯佚書》清‧馬國翰輯，台北：文海出版社，1967 年。

17. 《漢魏遺書鈔》，清‧王謨，京都：中文出版社，1981 年。

18. 《詩品集注》，梁‧鍾嶸，曹旭注，上海：上海古籍出版社，1994 年。

19. 《陶淵明集》，逯欽立校注，台北：里仁書局，1985 年。

20. 《弘明集》，梁‧僧祐，台北：新興書局，1960 年。

21. 《廣弘明集》，唐‧釋道宣，台北：商務印書館，1983 年。

22. 《出三藏記集》，梁‧僧祐，台北：新文豐出版公司，1983 年。

23. 《漢魏六朝百三家集題辭注》，殷孟倫，台北：河洛出版社，1975 年。

（五）

1. 《魏晉玄學論稿》，湯錫予，台北：廬山出版社，1972 年。

2. 《魏晉清談思想初論》，賀昌群，台北：文理出版社，1977 年。

3. 《魏晉思想論》，劉大杰，台北：中華書局，1973 年。

4. 《魏晉自然思想》，盧建榮，台北：聯鳴文化有限公司，1980 年。

5. 《魏晉清談述論》，周紹賢，台北：商務印書館，1966 年。

6. 《魏晉的自然主義》，容肇祖，台北：商務印書館，1970 年。

7. 《魏晉玄學析評》，呂凱，台北：世紀書局，1980 年。

8. 《魏晉思想》，袁行霈等，台北：里仁書局，1984 年。

9. 《漢晉思想的轉折》，丘爲君，台北：木鐸出版社，1981年。

10. 《才性與玄理》，牟宗三，台北：學生書局，1974年。

11. 《中國哲學史·兩漢魏晉南北朝部分》，任繼愈，北京：人民出版社，1979年。

12. 《漢末人倫鑒識之總理則》江建俊，台北：文史哲出版社，1983年。

13. 《先秦漢魏易例述評》，屈萬里，台北：學生書局，1969年。

14. 《三國時代之經學研究》，汪惠敏，台北：漢京文化事業公司，1981年。

15. 《王弼及其易學》，林麗眞，台北：台大文學院，1977年。

16. 《何晏王弼玄學新探》，余敦康，濟南：齊魯書社，1991年。

17. 《向郭莊學之研究》，林聰舜，台北：文史哲出版社，1981年。

18. 《王弼之老學》，王淮，國科會論文。

19. 《郭象莊子注之檢討》，王淮，國科會論文。

20. 《魏晉南北朝時代儒道釋三教在思想上之相與訾應》，王淮，國科會論文。

21. 《先秦道家與玄學佛學》，方穎嫻，台北：學生書局，1986年。

22. 《郭象莊子注校記》，王叔岷，台北：商務印書館，1950年。

23. 《郭象莊學平議》，蘇新鋈，台北：學生書局，1980年。

24. 《郭象與魏晉玄學》，湯一介，台北：谷風出版社，1987年。

25. 《嵇康年譜》，莊萬壽，台北：三民書局，1981年

26. 《竹林七賢研究》，何啓民，台北：學生書局，1984年。

27. 《魏晉南北朝士人之價值取向與講學之風》，趙玲玲，台北：文鶴出版社，1984年。

28. 《中國學術思想史論叢（三）》，錢穆，台北：東大圖書公司，1980年。

29. 《魏晉南北朝史》，王仲犖，台北：仲信出版社，1979年。

30. 《漢晉學術編年》，劉汝霖，台北：長安出版社，1979年。

31. 《東晉南北朝學術編年》，劉汝霖，台北：長安出版社，1979年。

32. 《魏晉南北朝史論叢》，唐長孺，台北：帛書出版社，1985年。

33. 《中古文學繫年》，陸侃如，北京：人民文學出版社，1985年。

34. 《五朝門第》，王伊同，台北：文海出版社，1973年。

35. 《中古門第論集》，何啓民，台北：學生書局，1978年。

36. 《中國知識階層史論（古代篇）》，余英時，台北：聯經出版公司，1980年。

37. 《漢唐史論集》，傅樂成，台北：聯經出版公司，1977年。

38. 《兩晉南北朝士族政治之研究》，毛漢光，台北：中國學術著作獎助委員

會，1966 年。

39. 《中國文化史》，柳詒徵，台北：正中書局，1978 年。

40. 《讀史札記》，呂思勉，台北：木鐸出版社，1983 年。

41. 《中國通史簡編》，范文瀾，北京：人民出版社，1994 年。

42. 《魏晉史學及其他》，逯耀東，台北：東大圖書公司，1998 年。

43. 《魏晉南北朝研究論集》，鄺士元，台北：文史哲出版社，1984 年。

44. 《漢唐方志輯佚》，劉緯毅，北京：北京圖書館出版社，1997 年。

45. 《六朝墓誌檢要》，王壯弘、馬成名編，上海：上海書畫出版社，1985 年。

46. 《漢魏南北朝墓誌彙編》，趙超，天津：天津古籍出版社，1992 年。

47. 《漢魏六朝專家文研究》，劉師培，台北：中華書局，1969 年。

48. 《中國中古文學史講義》，劉師培，台北：文海出版社，1972 年。

49. 《漢魏六朝文學論集》，逯欽立，西安：陝西人民出版社，1984 年。

50. 《中古文學史論》，王瑤，台北：長安出版社，1986 年。

51. 《兩晉詩論》，鄧仕樑，香港：香港中文大學，1972 年。

52. 《六朝詩論》，洪順隆，台北：文津出版社，1978 年。

53. 《由隱逸到宮體：六朝隱逸詩論續集》，洪順隆，台北：河洛出版社，1980 年。

54. 《魏晉南北朝文學史》，胡國治，台北：金園出版社，1983 年。

55. 《魏晉南北朝文學思想史》，張仁青，台北：文史哲出版社，1978 年。

56. 《南朝詩研究》，王次澄，台北：中國學術著作獎助委員會，1984 年。

57. 《山水與古典》，林文月，台北：純文學出版社，1978 年。

58. 《中國山水詩研究》，王國瓔，台北：聯經出版事業公司，1986 年。

59. 《建安七子學述》，江建俊，台北：文史哲出版社，1982 年。

60. 《阮步兵詠懷詩注》，黃節，台北：藝文印書館，1975 年。

61. 《阮籍詠懷詩研究》，邱鎮京，台北：文津出版社，1980 年。

62. 《魏晉南北朝志怪小說研究》，王國良，台北：文史哲出版社，1984 年。

63. 《廬山慧遠學述》，田博元，台北：文津出版社，1974 年。

64. 《支道林思想之研究：魏晉時代玄學與佛學之交融》，劉貴傑，台北：商務印書館，1982 年。

65. 《竺道生思想之研究》，劉貴傑，台北：商務印書館，1982 年。

66. 《道安研究》，田博元，台北：原泉出版社，1983 年。

67. 《僧肇思想研究：魏晉玄學與佛教思想之交涉》，劉貴傑，台北：文史哲

出版社，1985 年。

68. 《漢魏兩晉南北朝佛教史》，湯用彤，台北：商務印書館，1962 年。

69. 《漢唐佛教思想論集》，任繼愈，北京：人民出版社，1973 年。

70. 《般若思想研究》，張曼濤，台北：大乘文化出版社，1979 年。

71. 《魏晉南北朝佛教小史》，黃懺華，台北：大乘文化出版社，1979 年。

72. 《漢魏兩晉南北朝佛教思想史》，李世傑，台北：新文豐出版公司，1980 年。

73. 《魏晉南北朝佛教論叢》，方立天，北京：中華書局，1982 年。

74. 《中國佛教思想資料選編》，石峻等，台北：龍田出版社，1982 年。

75. 《中國佛教源流略講》，呂澂，台北：里仁書局，1985 年。

76. 《絕對與圓融：佛教思想論集》，霍韜晦，台北：東大圖書公司，1986 年。

77. 《中國佛教史》，任繼愈，台北：谷風出版社，1987 年。

78. 《中國古代音樂史稿》，楊蔭瀏，台北：丹青圖書公司，1985 年。

79. 《春秋戰國秦漢音樂史料譯注》，吉聯抗，台北：源流出版社，1982 年。

80. 《莊子藝術精神析論》，顏崑陽，台北：華正書局，1985 年。

81. 《中國美學史大綱》，葉朗，台北：滄浪出版社，1986 年。

82. 《中國藝術精神》，徐復觀，台北：學生書局，1976 年。

83. 《美從何處尋》，宗白華，台北：元山書局，1985 年。

84. 《美學散步》，宗白華，台北：洪範書店，1981 年。

85. 《美的歷程》，李澤厚，台北：元山書局，1986 年。

86. 《中國庭園與文人思想》，黃長美，台北：明文書局，1986 年。

87. 《等韻源流》，趙蔭棠，台北：文史哲出版社，1985 年。

88. 《選堂集林》，饒宗頤，台北：明文書局，1982 年。

89. 《章氏叢書》，章太炎，台北：世界書局，1982 年。

90. 《章太炎學術史論集》，傅杰編校，北京：中國社會科學出版社，1997 年。

91. 《三松堂學術文集》，馮友蘭，北京：北京大學出版社，1984 年。

92. 《管錐篇》，錢鍾書，台北：蘭馨室書齋，1978 年。

93. 《陳寅恪先生全集》，陳寅恪，台北：九思出版公司，1977 年。

94. 《黃侃論學雜著》，黃侃，台北：學藝出版社，1969 年。

95. 《余嘉錫論學雜著》，余嘉錫，台北：河洛出版社，1976 年。

96. 《中華學術論文集》，于省吾等，中華書局，1981 年。

97. 《注史齋叢稿》，牟潤孫，北京：中華書局，1987 年。

98. 《梅園論學續集》，戴君仁，台北：藝文印書館，1974 年。

99. 《晚學齋文集》，黃錦鉉，台北：東大圖書公司，1994 年。

100. 《古典文學論探索》，王夢鷗，台北：正中書局，1984 年。

101. 《文學研究叢編第一輯》，周豫才等，台北：木鐸出版社，1981 年。

102. 《經子肄言》，劉百閔，台北：遠東圖書公司，1964 年。

103. 《莊老通辨》，錢穆，台北：三民書局，1973 年。

104. 《莊子及其文學》，黃錦鉉，台北：東大圖書公司，1977 年。

105. 《文心雕龍校釋》，劉永濟，台北：華正書局，1974 年。

106. 《中國思想史》，錢穆，台北：學生書局，1977 年。

107. 《中國思想通史》，侯外盧，北京：人民出版社，1980 年。

108. 《中國政治思想史》，蕭公權，台北：聯經出版公司，1982 年。

109. 《中國哲學問題》，安樂哲，台北：商務印書館，1973 年。

110. 《中國哲學原論》，唐君毅，台北：學生書局，1977 年。

111. 《中國哲學之精神及其發展》，方東美，成均出版社，1984 年。

112. 《中國古代著名哲學家評傳》，丁冠之等，濟南：齊魯書社，1982 年。

113. 《中國隱士與中國文化》，蔣星煜，台北：龍田出版社，1982 年。

（六）

1. 《六朝思想史研究》，村上嘉實，京都：平樂寺書店，1976 年。

2. 《中國佛道年譜》，矢嶋玄亮，東京：國書刊行會，1974 年。

3. 《六朝精神史研究》，吉川忠夫，京都：同朋社，1986 年。

4. 《中國哲學思想史》，武內義雄，新竹：仰哲出版社，1982 年。

5. 《魏晉南北朝の貴族制》，越智重明，東京：研文出版社，1982 年。

6. 《中國佛教通史》，野上俊靜等，台北：牧童出版社，1978 年。

（七）

1. 《魏晉清談主題之研究》，林麗眞，台大中文所博士論文，1978 年。

2. 《魏晉清談轉變之研究》，張釩星，政大中文所碩士論文，1983 年。

3. 《魏晉南北朝文士與道教之關係》，李豐楙，政治大學中文所博士論文，1978 年。

4. 《東漢士風及其轉變》，張蓓蓓，台大中文所碩士論文，1979 年。

5. 《漢晉人物品鑑研究》，張蓓蓓，台大中文所博士論文，1984 年。

6. 《言意之辨——魏晉玄學對語言的反省及其影響》，孫大川，輔大哲研所

碩士論文，1983 年。

7. 《言意之辨與魏晉名理》，吳旺，香港新亞研究所碩士論文，1983 年。

8. 《論語何晏集解研究》，錢文星，台灣師大國文研究所碩士論文，1976 年。

9. 《郭象思想研究》，徐潔珠，東海大學中文所碩士論文，1977 年。

10. 《莊子齊物論郭注商榷》，吳淑媛，輔大哲學所碩士論文，1975 年。

11. 《僧肇般若思想之研究》，蔡纓勳，台灣師大國研所碩士論文，1985 年。

12. 《肇論淺釋》，古正美，台大哲研所碩士論文，1970 年。

13. 《六朝詩發展述論》，劉漢初，台大中文所博士論文，1984 年。

（八）

1. 《漢晉之際士之新自覺與新思潮》，余英時，新亞學報第四卷第一期，1959 年 8 月。

2. 《三國政權的社會基礎》，毛漢光，史語所集刊第四十六本第一份，1974 年。

3. 《漢晉變局中的中原士風》，何啓民，中國歷史學會史學集刊第五期，1973 年 5 月。

4. 《王弼注易老的觀念造詣》，金忠烈，大陸雜誌第廿八卷第六、七期，1964 年 4 月。

5. 《論魏末政爭中的黨派分際》，劉顯叔，史學彙刊第九期，1978 年 10 月。

6. 《何晏與魏晉學術的關係》，王韶生，崇基學報第三卷第一期，1963 年 11 月。

7. 《魏晉風度及文章與藥及酒之關係》，魯迅，1927 年 7 月於廣州中山大學演講稿。

8. 《魏晉思想與士族心態》，何啓民，政大歷史學報第一期，1983 年 3 月。

9. 《魏晉士大夫的生活藝術》，吳天任，大陸雜誌第四十二卷第六期，1971 年 3 月。

10. 《魏晉任誕人物的分類與行爲的探究》，古苔光，淡江學報第十二期，1974 年 3 月。

11. 《老莊、郭象與禪宗：禪道哲理聯貫性的詮釋學試探》，傅偉勳，哲學與文化第十二卷第十二期，1985 年 12 月。

12. 《魏晉清談家評判》，戴君仁，幼獅學誌第八卷第三期，1969 年 3 月。

13. 《阮籍和他的達莊論》，黃錦鋐，師大學報第廿二期，1977 年 6 月。

14. 《魏晉清談名士之類型及談風之盛況》，林麗眞，書目季刊第十七卷第三期，1983 年 12 月。

15. 《論魏晉名士之政治生涯》，馮承基，國立編譯館刊第二卷第二期，1973年9月。

16. 《魏晉史學的思想與社會基礎》，逯耀東，中華文化復興月刊第八卷第六期，1975年6月。

17. 《論文化蛻變兼述我國歷史上第一次文化大革新》，沈剛伯，中山學術文化集刊第一集，1968年3月。

18. 《山濤論》，徐高阮，史語所集刊第四十一本，1967年3月。

19. 《荆州學派對三國學術之關係》，王韶生，崇基學報四卷一期，1964年11月。

20. 《清談與魏晉政治》，繆鉞，中國文化研究彙刊第八卷，1948年9月。

21. 《魏晉之際關於名實、才性的辯論》，馮友蘭，《中國哲學史研究》第四期，1983年。

22. 《試論魏晉士風不競之成因》，鄺利安，幼獅學誌八卷二期，1969年7月。

23. 《清談起源考》，孫道昇，東方雜誌四十二卷三期，1946年2月。

24. 《略論魏晉南北朝學術文化與當時門第之關係》，錢穆，新亞學報第五卷二期，1963年8月。

25. 《魏晉之際的變法派及其敵對者》，盧建榮，食貨月刊第十卷七期，1980年10月。

26. 《東漢魏晉的清流士大夫與儒學大族》，劉顯叔，簡牘學報第五期，1977年1月。

27. 《魏晉門第勢力轉移與治亂之關係》，鄺利安，史學彙刊第八期，1977年8月。

28. 《論魏晉時代知識份子的思想分化及其社會根源》，范寧，歷史研究第四期，1955年。

29. 《魏晉玄學中的社會政治思想和它的政治背景》，湯用彤、任繼愈，歷史研究第三期，1954年。

補　跋

　　揆之現今學位論文，必注解詳實，時有注文超出本文者，且必廣徵西方學理以作爲理據，在文獻的解讀上，亦必窮深極妍，處處警徹，其衍繹力令人嘆爲觀止，蓋後出轉精，今青年學子所掌握的學術資訊，實非吾輩所能想像的。而且善用治學方法，加上好學深思、不落窠臼，務去陳言，勇於自出機杼，別闢蹊徑，故銳思穎義，甚見光彩。相形之下，類此大體系之作，雖亦有脈絡以綜攝之，然爲了使「玄理」與「玄風」互相呼應，常在文獻的徵引上出現重疊，或因處理不同主題，卻文意複出者。或有鎔鑄未研精，立言模糊處，本應與時俱進，不惜汰蕪存精。然自詡偶有留意到一些人所未注意之議題，或能兼顧玄學的全面內涵，故僅對舊作之某些章節略作增飾，於體系則仍保留之。而各章節之論述，雖有自覺滿意者，然多嫌其粗疏雜亂，又以文獻出處，多附於徵引之文後，甚少旁徵博引，凡此缺弊，俱見作者學殖譾陋，思緒紛繁，此有望於讀者原諒者。感謝花木蘭文化出版社之獎掖學術，使此論文得刊行於世，或可作爲「魏晉玄學」學門領域之教學或研究時，釐清眉目之參考耳。

江建俊後誌於成功大學中文系

民國 101 年 4 月 23 日